어른아이학개론

: 누구보다 좋은 어른이 되고 싶다

지은이 **김희윤**

김희윤은 평범한 회사원이다. 대학원을 휴학하고 한동안 기자로 활동했다.
2010년 청산문학 제1회 신인문학상 시 부문 신인상을 수상했고, 2012년에는 경기도의회
의장상을 수상했다. 2015년에는 제4회 세계평화안보문학축전 강원도화천교육지원청교육
장상을 수상했고, 같은 해 제14회 병영문학상 시 부문에 입선했다. 2016년에는 한국문학예
술 희곡 부문 신인상을 수상했다.
개인 저서로는 『나를 말할 권리』, 『불현듯 사랑한다는 것』, 『빠르게, 카운터 펀치』 등이
있다.

어른아이학개론
: 누구보다 좋은 어른이 되고 싶다

©김희윤, 2018

1판 1쇄 인쇄_2018년 12월 20일
1판 1쇄 발행_2018년 12월 30일

지은이_김희윤
펴낸이_양정섭

펴낸곳_도서출판 경진
　　　등록_제2010-000004호
　　　이메일_mykyungjin@daum.net
　　　사업장주소_서울특별시 금천구 시흥대로 57길(시흥동) 영광빌딩 203호
　　　전화_070-7550-7776　팩스_02-806-7282

값 14,000원
ISBN 978-89-5996-592-2 03300

누구보다 좋은 어른이 되고 싶다

어른아이학 개론

김희윤 지음

일러두기

1. 인용된 참고자료의 표기는 '(홍길동: 쪽수)'의 형식으로 통일하고자 한다. 이에 해당되는 참고문헌을 참고하기 바란다.
2. 본문의 글은 가독성을 위해 구어체와 문어체를 고루 활용하였다.
3. 본문은 논리의 완결성보다는 특정 시기를 보내고 있는 보통의 존재들과 그 생활상을 사유하는 데 치중했으므로, 필자의 부족함에 대해서는 너그러움을 발휘해 주길 기대한다.

벌써 서른이다. 같은 하루인데 20의 끝자락과 30의 시작점은 달라도 너무 다르다. 청년이라 말하기도 애매한데 어른이라 하기에도 어색하다. 이전보다 무르익었다고 발설하기도 어딘가 찜찜하고 자신 없다. 어느 시인의 말처럼 이렇게 살 수도 없고 죽을 수도 없어 서른을 맞았다. 문득 다가온 서른에 아무것도 준비된 것이 없으니 불안정하기 짝이 없다.

현재진행형인 청년기를 돌아보면 '치열함'이라는 한 단어만 남는다. 누구나 그렇듯 20대는 불길같이 맹렬한 얼굴이다. 하루 벌어 하루를 살기 위해 평일, 주말 가리지 않고 열심히 일했다. 학교에선 틈틈이 시험도 보고 그날그날 주어진 과제를 성실하게 했다. 술도 마셨다. 틈틈이 시와 소설과 희곡 작품을 만들고 사회과학 서적도 써봤다. 군대도 다녀왔다. 무자본으로 1인 회사도 차려봤다. 웨이터와 기자생활을 하며 다양한 사람들을 만났다. 주어진 시간 안에서 무엇이든 촘촘하게 해냈다. 바삐 움직이느라 삶이 저절로 치열해질 수밖에 없었다. 내 모든 행위의 주 에너지원은 언제나 열등감이었으므로 남들보다 치열하지 않으면 정말이지 볼품없기 그지없는 인생이었다.

그렇다고 물불 안 가리고 무작정 달려들기만 하는 삶은 아니었다. 어느 때고 신중했다. 너무 과하게 신중한 나머지 발걸음을 떼지 못한 순간이 부지기수였다. 덕분에 후회할 때도 많았다. 하지만 그것은 세상이 매순간 갈팡질팡하던 내게 준 진보의 뒷걸음질이 분명하다. 그 한 발자국은 나를 '사유하는 자'로 만들어갔다. 사유의 형태는 '아름다움을 향한 감수성'이고, 그 진원지는 '인간에 대한 애정'에서 비롯된다.

과연 '어떻게 살아야 할지' 끊임없이 고민했으나, 삶이 완벽히 아름답지 못한 것은 내가 '진정한 어른'이 되지 못해서가 아닐까.

나는 생각한다. 꽃이 피고 지기를 반복하다 무덤으로 돌아가기까지 역시 '난 제대로 된 어른'이 될 수 없다고. 성인이 된 지는 10년이나 지났는데, 아직도 당당히 어른이라 말할 수가 없다. 부끄럽다. 남한테 조언을 해주기엔 아직도 어설프고 이른 것만 같은데, 누군가에게 기대고 의지하기엔 너무 커버린 것 같다. 어른도 아니고 아이도 아닌 생. 여전히 통과의례를 겪고 있는 과도기의 삶에서 나는 언제쯤 확실하게 어른이라 말할 수 있을 것인가?

우리사회는 수많은 어른들을 길러낸다. 다양한 광채를 내뿜는 어른들이 지상 곳곳에 널려 있다. 그러나 어른다운 어른이 있는 반면 어른답지 못한 어른도 있다. 제각기 다른 색깔을 띠고 있기에 우리에게 받아들여지는 어른은 좋은 어른이 되고, 그렇지 못하는 어른은 나쁜 어른이 된다. 그리고 모든 어른은 모두 아이에서 시작된다. 아이는 자라면 어른이 되지만, 시간이 지난다고 전부 다 제대로 된 어른으로 성장하는 것은 아니다. 시간은 단지 흘러갈 뿐이다. 날씨나 배경처럼 그냥 세계를 휘감은 채로 존재할 뿐인 것이다.

우리는 줄곧 시간이 모든 것을 해결해준다고 믿는다. 하지만 그것은 지나친 착각에 불과하다. 시간은 아무것도 해결해주지 못한다. 만약 시간이 모든 것을 해결해준다면 우리는 지난 과오들을 결코 반복하지 말았어야 한다. 그렇지만 인간사는 수많은 과실을 지속적으로 범해 왔다. 그야말로 부주의한 투쟁의 역사였다. 인류사가 시작되고부터 아이가 어른이 될 때까지 끊임없이 배우고 지혜를 익혀도 마찬가지였다. 인간은 분노를 삭이지 못했고, 항상 같은 실수를 반복해 왔다. 수천 년 전부터 인간은 다른 인간에게 해를 끼치거나 죽이며 살아왔다. 내가 살고자 남을 죽여 왔던 것이다. 진화를 거듭한 현대인들은 여전히 다른 인간을 파멸시키는 결말만을 되풀이하고 있다. 그것이 인류 지혜의 한계다.

결국 과학만 진보했지 인간의 판단은 실수투성이인데다 해를 더할수록 잔인해져만 간다. 잔악무도한 범죄가 현대에도 끊임없이 되풀이되고 있다는 사실이 그 증거다. 그 어떤 고등교육을 받아도 인간의 성품은 온전한 방향으로만 진화되지 않는다. 우리사회의 진화가 꼭 더 나은 방향으로만 이루어지지 않는다는 사실을 이제 누구나 다 알고 있다. 우리가 태어나 어떤 어른으로 사라날지도 미지수다. 시간은 단지 우리 주변을 배회하며 존재할 뿐이니까.

결국 항해하는 것은 우리 자신이고, 더 나은 방향으로 흘러가기 위해 키를 잡는 것도 우리 스스로 개척해나가야 할 몫이다.

아무리 사회가 각박하고 인간들 서로가 피눈물 흘리게 만든다 할지라도 인간은 인간에 대한 애정을 놓아선 안 된다. 그것이 인간의 도리다. '꼭'이라는 의무는 없다. 그러나 그렇게 하는 것이 더 아름답다. '삶이 왜 결과보다 과정이 더 아름다워야 하는지'에 대한 당위성. 그럼에도 끝끝내 사회에서 '좋은 어른' 소리 한번 듣지 못하고 낙엽처럼 바스러져 버리는 일생이라면 인간으로서 그 얼마나 치욕스럽고 억울한 삶일 것인가?

누구보다 좋은 어른이 되고 싶다. 아직은 아이도 어른도 아닌 모순형용에다 불가해적 존재지만, '어른아이'라는 과도기적 삶에도 바라는 것은 있다. 고향에 정착하지 못한 추방자처럼 심적으로 불완전하고 방황을 걷어내지 못하는 미완의 인간일지라도, 따뜻한 감수성으로 사람들을 바라볼 줄 아는 좋은 사람으로 거듭나고 싶은 꿈만은 놓을 수가 없다.

그리고 더 훌륭하고 좋은 사람들이 많은 세상을 희망한다. 그런 사회에 대한 선한 애정이 이 평범한 원고를 쓰게 만들었다.

우리의 삶은 아름다워야 한다. 정말이지 아름다워야만 한다.

목차

일러두기 —— 4
들어가며 —— 5
참고문헌 —— 293

1. 불현듯 떠오른 내 정체성 —— 13
: "대체 난 어른이야? 애야?"

청년이라는 원죄 ···································· 15
나를 지탱하는 기억 ······························· 24
인간실격 곱하기 2 ······························· 30
부모라는 거대한 성 ······························· 36
근심 고민 계급설 ································· 43
만년 아마추어 ·································· 50
문명적인 야만인, 야만적인 문명인 ·············· 56
쓸모 있는 인간에 대한 고찰 ·················· 62
사랑도 이별도 없는 세대 ···················· 68
자기파괴와 후회 ································ 74
드러블 메이커를 위하여 ···················· 80
어른이 되어 간다는 것 ···················· 86

2. 길 위에 내던져진 어른아이의 삶 —— 89

시간 속에 스며든 인간 ·················· 91

절망이라는 집요함 ·················· 97

썩은 사과는 썩은 사과일 뿐 ·················· 103

사회를 씹어 먹을 수 있을까? ·················· 108

열등감의 미학 ·················· 114

가끔은 세상을 향해 대들고 싶다 ·················· 120

삶을 자유케 하라 ·················· 126

타인의 얼굴을 잊은 사회 ·················· 132

쟤는 왜 저 모양일까? ·················· 137

지구별 리포트 ·················· 143

인생항해의 본질적 측면 ·················· 148

스스로 가꾸는 삶에 대하여 ·················· 154

3. 반복되는 인간의 굴레, 그 치열한 속사정 ___ 159

공감의 이유 ·· 161

'갑'옷을 입은 사람들 ··· 167

권위주의에 대하여 ··· 172

국가에 힘을 실어주는 교육이 어떻게 폭력이 되는가? ······ 177

공부를 중단해야 하는 사람들 ································ 184

오만한 제국 ·· 190

프로크루스테스의 침대 ··· 197

욕설의 농도와 사회상 ·· 204

죽는 날까지 프롤레타리아 ······································ 209

인생할부사人生割賦史 ··· 216

밑바닥 따라지 인생 ·· 222

의식과 자기반성 ·· 228

4. 그래서 어떻게 살 것인가? ____ 233

우리들의 어리석은 방주 ·························· 235
아이도 어른도 아닌 생의 모험길 ·················· 240
아이들도 이렇게 남을 생각하는데 ················ 246
감사가 있는 풍경 ····························· 251
내 안의 우주 ································ 256
이 시대의 지성인 ····························· 261
정치적 관점에 혜안이란 존재하는가? ············· 267
세일즈맨의 죽음 ····························· 272
청소부 아주머니는 누군가의 어머니 ·············· 276
효도+ing ·································· 281
용서에 대하여 ······························ 285
사랑의 대상 ································ 289

1. 불현듯 떠오른 내 정체성

: "대체 난 어른이야? 애야?"

청년이라는 원죄

글을 쓰는 이에게는 원죄가 있다고 한다. 한 장면에 하나의 이야기를 채워나가기 위해 사랑하는 사람들과의 소통을 잠시 저버리는 일, 나 홀로 어두운 동굴 속으로 들어가 작업에 임해야만 하는 아픔, 곧이어 손을 뻗쳐 다가오는 올가미가 땅속 깊은 곳까지 끌고 들어가 목을 옭죄는 죄의식이 글을 쓰는 이의 원죄다. 마침 나에게도 원죄가 있다.

'엉덩이가 무거워야 할 텐데….'

어쩌면 난 세계적인 작가를 꿈꾸기에 가장 어려운 타입의 인간일지도 모른다. 엉덩이가 가볍다. 대신 입만 살았다. 그래서 사람들에게 맘껏 허세를 부려놓고 그걸 실제로 이루려고 차근차근 한 계단씩

올라서는 짜릿함이 즐겁다. 물론 실패할 때가 더 많다. 내게는 굳은 결심을 끝까지 밀어주는 무한한 체력이 없다. 그럼에도 많은 사람들로부터 '넌 그거 하나밖에 모르는 바보' 소리를 듣고 싶다. 물론 그러기 위해선 나의 원죄와 싸워 이기는 것이 우선이다.

　사람은 하고 싶은 것을 하기 위해 원죄를 갖는다. 또, 다른 걸 하기 위해서 자신이 하고자 하는 일을 멈출 때 원죄를 맛본다. 주로 하고 싶은 걸 포기하고 다른 것을 해야만 하는 청년기의 삶은 원죄 그 자체다. 청년들은 보통 경제적인 사유로 하고 싶은 것을 내려놓는다. 이 시기의 삶은 고달프다. 지금 하고 싶은 걸 할 수 없기에 무덤에 들어앉은 듯 삶이 무겁기만 하다. 그래서 청년기는 실존의 무덤이다. 누구나 오늘을 살아가지만, 원죄를 품어 현재에 집중하지 못하는 삶은 생기 없는 시체나 다름없다. 때문에 원죄는 무겁고 퀴퀴하며 외로운 색채를 지녔다.

　이 못된 중압감의 시기엔 주변의 기대로 시작해, 당장 생계와 학자금 빚, 꿈을 꾸는 자기 수준과 괴리된 현실, 잘나가는 동료들과의 비교 등 신경 써야 할 일이 한두 가지가 아니다. 그래서 더 무겁고 비참하다. 프랑스 사상가 롤랑 바르트의 표현을 빌리자면 "나의 어떤 부분은 절망으로 잠들 줄 모른다"[1)는 말이 이 시기에는 절대적 진리처럼 느껴질 정도다. 그만큼 현대인에게 이상은 현실과는 먼 허상이고, 아득한 꿈같은 생각에 매달리는 우리는 가슴속 빈곤함을 벗어던질 수가 없다. 그러다 보면 꿈은 뒷전이다. 단순히 먹고

---

1) 롤랑 바르트, 김진영 옮김(2016: 35).

살기 위해 애쓸 뿐이다. 그렇게 한 사람의 인생 여정이 일단 먹고 사는 문제에 초점이 맞춰지면, 다른 것은 다 2순위가 된다.

인간의 삶은 이처럼 단순하다. 사람이 먹고 살기 위해 일하는 것은 응당 당연한 것이다. 그래서 누구든 어느 정도 나이가 차면 출근이라는 것을 몸소 경험하게 된다. 그때부터가 진정한 사회인의 시작이다. 정직한 인간은 평생 일을 해야 먹고 살 수 있다. 이것도 세상의 당연한 이치다.

그러나 당연한 것을 당연하다고만 여길 때, 우리는 당연하지 않을 수도 있다는 사실을 곧잘 잊게 된다. 누군가는 '아프니까 청춘'이라는 얘기도 하고, '젊어서 고생은 사서도 한다'며 때론 현실을 간과한 말을 던지기도 한다. 이러한 상투적인 언어에 영혼이 없는 것은 둘째 치더라도, 내 안에선 불길이 번지듯 한 가지 의문이 이어졌다.

'청년기는 왜 꼭 고달파야만 하는가?'

누구든 무작정 아파봐야만 다른 사람을 이해할 수 있는 것일까. 안 아파 봐도 더 열심히 살 사람은 그렇게 산다. 문제는 사회가 그러한 개인을 포용하거나 용인하지 않는다는 사실에 있다. 무엇보다도 눈물 젖은 빵. 그 안에 담긴 의미는 참 좋다. 인내하며 노동하는 인간은 아름답다. 그런데 한 가지 어폐가 있다. 마치 눈물 젖은 빵을 먹어보지 않은 사람은 그만큼 노력하지 않고, 세상물정도 모르고, 아파본 사람을 공감할 줄 모르는 어설픈 자처럼 취급된다는 사실이다. 이는 우리사회의 저급한 문화적 속성이자 오만한 얼굴을 한 공공프레임이다.

　문제는 이 프레임이 개개인의 성향을 결코 고려하지 않는다는 점이다. 누가 됐든 감정 없이 한 언어로 뭉뚱그려 표기해 버리면 그만이다. 무엇보다 한 개인으로 하여금 수갑을 채워놓고 무조건 열심히 일하도록 만든다. 인간은 강도 높은 노동을 하며 저임금에 허덕이는 것에 대한 근본적인 질문을 애초부터 차단당한다. 행여 낙오하게 돼도 그것은 개인의 잘못으로 둔갑하고, 사회는 문제가 없다고 책임을 덜어내기 일쑤다.

　거기에 소위 사회적으로 성공한 사람들이나 명문대 출신 인사들의 사례를 들어 반동을 줄인다. 사회는 엇비슷한 대다수의 사람들을 향해 '당신이 성공하지 못한 건 이 사람들처럼 노력하지 않았기 때문'이라고 말한다. 행여나 누군가 '출발선상이 다르다'고 이야기를 하면, 남들보다 뒤에서 출발해 누구보다 출세한 소수의 삶을 이슈화한다. 이처럼 사회는 언제라도 개인의 논리를 맞받아칠 준비가 되어 있다. 모든 것은 노력하지 않은 당신의 탓이라고 세뇌할 뿐이다. 그래서 우리는 원죄를 안고 살아갈 수밖에 없다. 원죄란 참으로 뻔뻔한 것이다.

　그런데 여기서 중대한 문제가 또 하나 있다. 우리가 언제 노력하지 않은 적이 있었단 말인가?

　우선 자랑스러운 나의 조국은 수많은 선진들의 피와 땀으로 이룩한 소중한 사회임을 밝혀두고자 한다. 다만 나라를 팔아먹은 인간들이나, 이에 동조한 인사들, 또 현대에 이르러서는 자신이 잘살기 위해 타인에게 해를 끼치는 파렴치한들이 훌륭한 버전을 짓밟고 치욕을 안기고 있다. 국제사회에서 치욕은 곧 원죄다. 그래서 대한민국은 원죄의 나라가 됐다. 선조들이 어떻게 일궈낸 조국인데, 갱생 불가한 삶을 살아가는 몇몇 이들 때문에 대한민국은 원죄의 나라가 된 것이다. 가장 악명 높은 정치 이야기를 할 것도 없다. 세월호 사건 첫날 해외 언론이 조난자의 수온별 생존시간을 따지는 사이, 우리나라는 사망 시 보험금을 계산하고 있었다.[2]

우리사회는 아직도 한참 멀었다. 개인의 원죄를 인정하지 않는 사회의 어두운 단면이 아이러니하게도 대한민국의 원죄다. 그러한 원죄의 나라에서 가장 비극적일 수밖에 없는 것이 바로 우리사회의 청년들이 아닌가싶다. 앞서 이야기한 것처럼 청년들은 사회에 나오자마자 원죄를 갖는다. 누구 하나 잘못한 사람은 없다. 하물며 청년들이 사회를 그렇게 만들어놓은 것도 아니다. 그런데 그들은 사회가 요구하는 중압감에 필요 이상으로 시달리며, 못난 자신을 탓하고 죄의식을 가지게 된다. 나쁜 건 그런 세상이 당연하다고 여기며 사회적 반발을 용납하지 않는 사람들이고, 무작정 '네가 잘못됐다'고 타인을 탓하며 손가락질하는 사람들이다. 그동안 청년들은 불온한 사회구조를 지탱하는 자들의 무자비한 폭력 속에서 철저하게 짓밟히던 희생양이었을 따름이다.

대한민국에서 어떤 세대라도 아프지 않은 세대는 없었다. 일제강점기부터 2000년대 이후까지 질풍노도의 시기를 거친 수많은 청년들의 고뇌와 고난이 잔존한다. 그들 중 몇몇은 이미 흙으로 돌아갔

---

2) 김애란 외(2014: 10).

거나 노년기를 보내고 있고, 몇몇은 장년층이 되었으며, 또 몇몇은 이제 막 청년기라는 문턱에 다다랐다. 문제는 비슷한 청년기를 보낸 어른들이 현 청년들의 아픔을 인정하지 않으려 든다는 사실이다. 이는 세대를 거듭해도 변하지 않는 만고불변의 현실원리다. 기성 문화권에 뿌리내린 사람들의 의식구조는 완고함으로 동화되어 쉽사리 변하지 않기 때문이다.

그래서 청년들은 자신들의 원죄를 벗어던질 수가 없다. 오로지 출세가도를 달리며 사회의 요구가 빚어낸 허위의 욕망을 자신의 생활 가운데 깊이 욱여넣는다. 노량진 고시촌만 가도 명절날 고향에 내려가지 못하고 청운의 꿈을 구슬프게 노래하는 이들이 부지기수다. 그들은 따뜻한 떡국 대신 인스턴트 컵밥을 택한, 원죄에 대항하는 가장 극단적인 형태의 모험가들이다. 자신의 모험에 성공하면 원죄든 뭐든 다 뒤집어버릴 수 있을 것 같은데, 실패할 경우 현재 삶보다 더 큰 원죄를 들이붓는 꼴이 된다. 더군다나 위험부담도 크기에 성공하기까지 원죄 속에 갇혀 살게 된다. 어떤 모험가라도 예외는 없다. 이는 모든 모험가들에게 해당되는 이야기다. 원죄를 가진 자들은 현재를 온전히 살아갈 수 없다. 억지로 의미를 찾아내라 강요해도 며칠 가지 못한다. 내일도 마찬가지다. 현재를 살아가지 못하는 인간의 삶은 우연히 피어날지라도 금세 시들어버린다. 이와 관련해 2300년 전 에피쿠로스는 현재적 삶의 신성함을 강조하기 위해 이렇게 경고했다.

"우리는 단 한 번 태어날 뿐 두 번 태어나지는 못한다. 우리는 죽은 다음에는 이미 존재하지 않는다. 영원히. 그런데 그대들은 그대들이 가진 유일한 것, 곧 현재 이 시간에 주목하지 않는다. 마치 그대들이 내일을 마음대로 할 수 있는 것처럼! 우리들의 인생은 우리가 '산다는 것'을 언제나 내일로 미루기 때문에 무가되는 것이다. 따라서 우리는 '자기가 현재 살고 있다'라는 의미를 분명히 인식하지 못한 채 무덤으로 들어간다."3)

모든 인간은 과연 온전한 현재를 살아갈 수 있을 것인가. 원죄에 짓눌려 족쇄가 된 의식은 삶을 조롱하고, 오늘의 전부를 내일로 미뤄 나 자신을 무의미하게 만든다. 오늘이 유의미하지 않기에 내일을 기약한다. 다가오지 않은 내일을 위해 오늘의 나를 희생하는 것이다. 그러나 막상 내일이 되어도 변하는 현실은 없다. 또 다른 내일은 무덤 같은 허위의 삶뿐이다.

그렇다면 우리는 우리의 원죄를 완전히 벗어던질 수 없는 것일까. 사실 거대한 사회가 변하지 않는 이상 거의 불가능에 가깝다고 본다. 세상이 자생적으로 변할 일도 없을뿐더러 톱니바퀴에 불과한 몇몇 개개인의 힘만으로는 움직여지지도 않는다. 다만 개인의 힘이 조금씩 모아진다면 어떻게든 가능해질 여지는 있다. 아주 원론적인 이야기라서 자못 미안한 마음이 들기까지 한다. 그렇지만 우리사회는 이처럼 단순한 원리로 작동하는 메커니즘 안에서 해결될 수 있는 지점이 많다. 결코 사람 혼자선 해낼 수 없다. 단지 혼자서는 할

---

3) 김용규(2009: 331).

수 없는 사람들이 한 사람, 또 한 사람 자신의 원죄를 벗어던지기 위해 몸부림쳐야만 사회가 똑바로 설 수 있는 기틀이 마련된다. 방법론적인 차원의 이야기라고 여기서 끝을 내선 안 된다. 그러면 정말로 그저 그런 하나의 이야기로밖에 남질 않는다. 각박한 사회에다 대고 고함 한번 치지 못하면 말이 안 되지 않겠는가.

이재철 목사는 청년들을 가리켜 '현존하는 미래'[4]라는 표현을 한 적이 있다. 여기서 미래란 '오늘을 저당 잡힌 내일'을 뜻하지 않는다. 희망 없는 지금 이 순간 떠오르는 막연한 꽃길도 아니다. '현재 존재하는 미래'란 수많은 가능성을 품고 다양한 삶의 색채를 드러내 보일 수 있는 현존재를 뜻한다. 미래는 오늘 만들어갈 내일의 모습이다. 오늘이 내일을 좌우한다. 그래서 미래는 현재성을 지닌다.

현존하는 미래

이러한 미래의 역설만이 원죄를 벗겨줄 수 있다. 그러므로 현존하는 미래 그 자체인 청년들은 훗날을 기약하며 고달프게 살아갈 이유가 없다. 오로지 현재를 만끽하며 삶의 모든 순간들을 소중히 껴안고 살아가야 한다.

청년이라고 꼭 고달플 이유는 없다. 젊어서 고생을 사서할 필요도 없다. 컨디션이 좋은 날도 있고 그렇지 않은 날도 있는 것처럼,

---

4) 이재철(2009: 9).

살아가다보면 이런저런 고생을 할 수도 있고, 그렇지 않을 수도 있다. 다만 고생을 권장하거나 맹목적으로 미화되는 세상이 옳지 못하다는 점만은 분명하다. 그런 사회는 자라나는 새싹들을 잡초처럼 짓밟고 노예근성을 주입할 따름이다.

청년은 잡초가 아니다. 단지 짓밟히기를 반복하다 보니 스스로 잡초라고 인식하게 된 것뿐이다. 사회가 요구하는 대로 그저 따라가다 보니 오늘날 청년기의 삶은 여유가 없고, 오로지 내일의 모습만이 유일한 낙으로 자리하게 됐다. 그러나 내일이 희망으로 둔갑하는 삶은 그다지 매력적이지 못하다. 오늘은 내일을 위한 디딤판이 아니다. 현재를 온전히 살아갈 수 있어야 한다. 그래서 우리는 지금 이 순간에도 발목을 잡고 놓아주질 않는 원죄를 끊어버리기 위해 애쓸 수밖에 없다. 이를 위해 족쇄를 채우듯 원죄의 씨를 뿌리는 세상을 향해 브레이크를 걸고 끊임없이 회의감을 던져야 하지 않을까. 불온한 세계를 살아가는 개개인의 사회적 인식이 점진적으로 바뀌어야만 하는 이유다.

나를 지탱하는 기억

  감기몸살을 앓는 날이면 문득 이마를 짚어주던 차가운 손이 생각난다. 그 손은 수시로 내 이마에 손을 얹어가며 한시도 곁을 떠나지 않는다. 최초로 이마에 손이 닿았을 때, 그 감촉은 어찌나 차가웠던지. 38.9도까지 치솟은 체온계의 숫자가 금방이라도 쑥 내려가 얼어붙어버릴 것만 같다. 또 내 손을 꼭 붙잡고 병원으로 인도하던 커다란 손. 주사 맞기 싫다고 생떼 쓰며 울던 나의 입 속으로 사탕을 쏙 넣어주던 달달한 손. 힘없는 몸짓으로 다시 터덜터덜 돌아와 이불 위에 누우면 어느새 다가와 이마에 물수건을 올려주어 열을 식혀주던 하얀 손. 20년이 지난 지금도 나는 그 손을 또렷이 기억한다.

  아무리 긴 세월이 흘러도 우리의 기억 속에는 결코 잊을 수 없는 것들이 있는가보다. 차가웠던 어머니의 손은 내 이마에 미열을 간직한 채 여전히 남아 있다. 아니면 어린 날의 구원이었던 그녀의 손자국이 이마에 새겨져 영영 지워지지 않는 것은 아닐까. 나는 누구에게나 가장 따뜻했던 시절, '이마를 짚어주던 손' 같은 선한 기억의 지점이 있다고 생각한다. 그 손은 어린 시절을 품어주었던 부모님의 손일 수도 있고, 어젯밤 움켜잡았던 연인의 손일 수도 있다. 우리는 언제라도 그러한 기억의 지점을 떠올릴 수 있으며, 아무 때고 그것을 꺼내와 열어볼 수가 있다. 그리고 소중한 기억은 우리의 삶을 따뜻하게 덥혀주어 조금은 더 살만한 세상이 되게 한다. 떠올릴 수 있는 지점만 있다면 누가 되든 상관없다. 기억은 때와 장소를 가리지 않는다. 생떼를 쓰지도 않고 또 아무것도 차별하지 않는다. 우리는 기억되는 것들을 기억함으로써 시간을 오래 전으로 되돌리고 지나간 시간을 음미해볼 수 있다. 이미 나보다 50년은 더 일찍 태어난 지성인 이어령 선생은 '이마를 짚어주던 손'에 대해 선구적인 견해를 보여준 적이 있다.

"이마를 짚는 손, 우리는 그 손을 기억한다. 어렸을 때에도 어른이 된 후에도 모든 감각이 창문을 닫듯 유폐되어 버린 노인이 된 그날에도 우리는 이마를 짚는 손을 잊을 수는 없을 것이다."[5]

우리는 노인이 된 그날에도 이마를 짚어주던 손을 잊을 수 없을 것이다. 세상이 각박할수록 '이마를 짚어주던 손'을 더욱 떠올려보

---

5) 이어령(2010: 59).

게 되고, '이마를 짚는 손'이란 기억의 한 지점은 절망적인 상황 속에서 불러들이는 하나의 환영이 된다. 하지만 기억이라는 것은 그렇게 허무맹랑한 환상만은 아니다. 기억은 절망 속에서 땅을 짚고 헤엄치는 우리를 일으켜 세우며 삶의 마지막 지지대 역할을 한다. 즉 이마를 짚어주던 손이란 기억의 보고이자 인간을 마지막까지 버틸 수 있게 해주는 희망의 다른 이름이다.

프랑스 철학자 가브리엘 마르셀은 희망을 '상황 속에 있는 존재의 감정'이라고 표현하며, "나는 나의 상황에도 불구하고 존재에의 힘을 갖는다"는 말로 희망의 속성을 밝혔다.[6] 즉 마르셀의 말대로 희망은 인간이라는 존재에의 힘이다. 희망은 우리로 하여금 절망이라는 파도에 휩쓸려도 수면 아래로 가라앉지 않게 만들어준다.

또한 희망은 절망과 대응하는 속성이다. 절망은 희망과 달리 인간을 파국 속으로 몰아넣는 고통의 형질 그 자체다. 절망은 인간으로 하여금 자기 유한성과 허무함을 깨닫도록 만들어 모든 희망을 끊어버린다. 이처럼 좌절하고 실의에 빠진 인간의 정신 상태는 죽음과도 같다. 그래서 절망은 키에르케고르의 표현처럼 '죽음에 이르는 병'에 가깝다. 작은 녹이 쇠를 다 먹어치우듯 절망은 인간을 서서히 갉아먹기 시작한다. 그리고 얼마 후면 인간은 완전한 절망 속에서 헤어 나올 수 없게 된다. 말 그대로 죽음에 이르는 병, 그렇게 절망한 인간은 나락으로 떨어지게 되고 자신만의 힘으로는 비극의 생을 온전히 벗어날 수가 없다. 절망이란 메커니즘은 인간을

---

6) 김용규(2009: 23).

완전히 무너뜨리길 주저하거나 멈추지 않는다.

결국 '신 앞에 선 단독자'에 불과한 인간이 겪는 '죽음에 이르는 병'이란 더욱 깊은 절망의 수렁 속으로 빠져들어 비극의 굴레를 쓰는 일이다. 절망에 잠식당한 인간은 안에서부터 서서히 파괴되어져 나간다. 더욱이 절망은 인간의 내면과 동화되기도 하며, 우리를 완전히 먹어치워 인간성을 상실하도록 만든다. 즉 절망은 인간을 파괴하고 더욱 절망하도록 만든다. 그리고 마침내 영혼을 갈가리 분쇄해 사망선고를 내릴 것이다. 병든 인간의 말로는 더 절망하는 것 말고는 아무것도 없다. 절망의 끝은 더욱 절망하는 것밖에 없기 때문이다.

그렇다면 인간은 절망 앞에서 필연적으로 무력해질 수밖에 없는 존재인가?

앞서 절망에 대응하는 속성으로 희망을 이야기한 바 있다. 희망은 존재에의 힘이다. 그리고 절망하는 인간에게 손길을 내밀어주는 구원이다. 인간은 절망할지라도 끝끝내 의지를 버리지 않는다면 구원으로 향할 수 있다.[7] 한줌의 희망이 있는 인간이야말로 절망의 늪에서 빠져나올 수 있는 자격을 가지게 되는 것이다.

그렇다면 희망은 어떻게 생성되는가. 사실 희망이란 거추장스러운 것이 아니다. 우리의 삶과 동떨어져 있는 관념적인 가치나 정신

---

7) 김용규(2009: 24).

적인 속성도 아니다. 외부에서 빌려올 필요도 없다. 단지 아프던 날 내 이마를 짚어주던 차가운 손을 떠올려보면 된다. 이마를 짚어주던 손은 나라는 존재에의 힘이자 희망이다. 그것을 떠올리기만 하면 된다. 과거란 이미 다 흘러간 것이기에 한없이 무의미해 보일 지라도 결코 무의미하지만은 않다. 기억은 인간을 지탱한다. 직접 눈으로 보거나 만질 수 없을지라도 기억은 희망의 발원지로써 작용한다. 인간의 희망은 바로 여기서부터 시작되는 것이다.

이렇듯 희망은 언제라도 떠올릴 수 있는 것을 떠올림으로써 생성되어진다. 희망은 결코 우리 안에 내재되어 있지 않다. 단지 어떠한 상황에서 상기됨으로써 우리의 의지를 되새겨줄 뿐이다. 희망은 절망과는 다르게 성취되지 않음으로 우리에게 존재에의 힘을 준다.[8] 성취되는 순간 희망은 희망이 아닌 것이 된다.

불현듯 절망의 한복판에 홀로 선 인간이 이마를 짚어주던 손을 떠올릴 수 있는 것처럼, 실제 피부로 닿거나 느낄 수 없을지라도, 희망에 닿기 위해 손을 뻗어가며 인간존재의 의지를 불사르는 것이 진실한 희망으로의 여정임을 부인할 수 없다.

기억이라는 아지트를 통해 인간은 희망을 희망한다. 이마를 짚어주던 손, 어린 날의 따뜻한 기억은 결정적인 순간에 나를 붙들 것이다. 기억될 수 있는 것을 기억함으로 온전히 살아갈 힘을 얻게 되는 생. 절망하는 가운데 내가 떠올릴 수 있는 기억의 한 지점은 나를 구원하던 차가운 손길이다.

---

8) 김용규(2009: 28).

나는 오늘도 열이 펄펄 끓던 이마를 짚어주던 차갑고 따뜻한 손바닥을 떠올려본다. 그녀의 손은 여전히 나를 지탱한다.

인간실격 곱하기 2

　초등학교를 다니던 무렵 나에게는 개인적인 미신이 있었다. 그것
은 어머니가 늘 목에 걸고 있던 십자가 목걸이와 관련이 있다. 금으
로 뒤덮인 얇고 작은 목걸이. 요즘처럼 금값이 천정부지로 치솟고
있어 탐이 났던 것이었을까. 아니면 단순히 금빛이 감도는 목걸이
가 예뻐 보여서였을까. 희미하게나마 기억이 머무는 자리를 더듬어
보면 어머니의 목걸이는 묘한 매력이 있었다.

　당시에도 금은 비쌌고 희귀했다. IMF 직후 전 국민이 합심해
금모으기 운동을 하고 있던 터라 금의 중요성이 더욱 대두되는 시점
이었다. 금은 장신구에만 쓰이는 게 아니라 자산 투자나 치과치료,
전자기기 등 다양한 분야에서 요긴하게 사용될 만큼 구리족 원소
중에서도 다재다능한 효자였다. 어린 내 눈에도 금은 막연하게 갖
고 싶은 대상이었다. 특히나 매일같이 눈에 띄는 어머니의 금목걸

이는 나로 하여금 자꾸만 손이 가게 만들었다. 나는 수시로 어머니의 목과 목걸이를 손으로 더듬어보았다. 내 생애 최초로 금의 존재를 인식하게 된 순간이었다.

어머니 목에 걸린 금목걸이가 탐났다. 그냥 달라고 해볼까 속으로 생각해본 적도 있었다. 하지만 단 한 번도 입 밖으로 꺼내본 적은 없었다. 아이가 생각할 수 있는 근본 없는 이유였지만, 그 목걸이가 어머니를 지켜준다고 생각했기 때문이었다. 지금 생각해도 정말 막연한 이유였다. 당시 초등학교 2학년이던 나는 십자가의 의미 같은 건 알지도 못했다. 단지 어린 눈으로 보기에도 십자가가 주는 이미지는 어딘가 모르게 고귀하고 위대해보였던 것 같다. 그도 그럴 것이 어머니는 매일 잠들기 전 엎드려 누운 상태로 성경을 읽었고, 바닥에 착 달라붙은 목걸이는 먼저 곯아떨어져 있었음에도, 금목걸이로써의 숭고함은 하나도 줄지 않는 듯했다. 그것은 TV에서나 보던 연예인들이 화려하게 치렁치렁 달고 다니는 액세서리와는 격이 달랐다. 어머니의 목을 감싸고 있는 수호신 그 자체였다.

정말로 내 어린 생애 동안 십자가 목걸이는 어머니를 지켜줬다. 여전히 그렇게 믿고 있다. 물론 초등학생에서 중학생이 되고나서는 더 이상 목걸이를 탐하지 않게 됐다. 대신 조금 더 쓸모 있는 돈을 택했다. 어머니는 내게 필요 이상으로 부를 채워주는 지갑 역할을 자처했고, 철없던 나는 그녀를 철저하게 이용했다. 그 시기에 십자가 목걸이는 내 직관에 머물지 못했다. 어머니의 수호신과는 다르게 나의 파수꾼은 돈이었다. 나는 매일 아침 등굣길마다 어머니에게 천 원씩을 받아내 불량식품을 사먹거나 PC방을 갔다. 그 시간이 나의 하루 일과 중 가장 주체적인 시간이었다. 내가 직접 번 돈은 아니었다. 하지만 금액 내에서 어떻게 사용할지는 자유로웠다. 즉 스스로의 욕망을 실현할 수 있는 유일한 시간이었다.

그렇지만 이보다 돈을 더 많이 받고 싶다는 생각은 없었다. 누군가에겐 단돈 천원이었지만, 내게는 많으면 많고 적당하면 적당하다고 할 수 있는 금액이었다. 결코 더 많이 가질 필요를 느끼지 못했다. 물론 그때나 지금이나 물욕이 없는 건 큰 장점 중 하나다. 그럼에도 가난하게 자란 만큼 '돈을 많이 벌어야 한다'는 병든 관념이 무의식중에 도사리고 있는 것도 간과할 수는 없다고 생각한다.

자본주의사회에선 대다수 사람들의 생각이 다 공통적일 수밖에 없어 너무 아쉽다. 특히나 사람이 자신과 돈의 관계를 재정립하기란 쉽지 않은 일이다. 현재와 같은 경제구조 안에서 돈은 인간의 생애 전체에 걸쳐 결코 떨어뜨려놓을 수 없는 필수요소이기 때문이다.

그렇지만 애초에 돈이라는 것이 존재하지 않았다면 어땠을까. 누구든 지금처럼 치열하게 살기보다 조금은 다른 양상에서 더 나은 삶을 살 수 있지 않았을까. '돈이 없다면'이라는 전제는 현실에서는 결코 상상할 수도 없는 세계인데다 너무나도 터무니없는 생각이지만, 나름대로 유의미한 구석은 있을 것이라는 막연한 생각도 든다.

만일 화폐가 없었다면 우리는 선사시대 조상님들처럼 조개껍데기를 주우러 다녔을지도 모르겠다. 아마 조개껍질을 줍다 문득 이런 회의감에 사로잡히면 화폐를 떠올리게 될지도 모를 일이다.

"이젠 허리가 아파서 조개도 못 줍겠구먼…."

그게 아니라면 선조들은 조개의 멸종을 우려해 돈이라는 걸 만들어낸 것인지도 모르겠다. 물론 현대인의 의식구조가 오직 돈에 의해 지배되리라고는 상상하지 못한 채 말이다. 이처럼 지금은 무엇이 주고 무엇이 객인지 잘 모르는 세상이 됐다. 특히나 요즘은 주가 '사람'인 경우가 점점 희소해져만 간다. 대개 돈이 주고 사람은 객이다. 일찍이 무위당 장일순 선생은 주와 객이 하나가 되어 일치하는 삶을 살아야 한다고 설파했으나, 요즘은 지켜지기 힘든 구호가 되어 버린 것이 현실이다.

무차별적인 생산과 소비의 구조 속에서 우리는 브레이크가 없는 삶을 살아가고 있다. 돈이 우상인 세상에서 사람의 가치는 한없이 작아진다. 어떤 사람들에게는 금전적인 부분이 인간의 생명보다 더 중요하게 여겨지기도 한다. 심지어 보험금 때문에 가족까지 살해했다는 기사가 종종 눈에 띄기도 한다. 그들은 인간으로서 실격한 자들이다. 참된 인간존재의 의미를 물을 새도 없이 물질에 잠식당해 가치의 우선순위를 잃고 방황하고 있다. 이는 우리사회의 어두운 단면이다. 자본주의사회 아래 이러한 양상은 앞으로도 계속될 것으로 보인다. 사회는 더 각박해지고 인간의 내면은 더욱 황폐해져 갈 것이다. 이에 대해 『간디의 물레』 저자 김종철은 전혀 새로운 관점에서 참다운 부에 대한 성찰을 권면한다.

"그러나 이제 우리는 다만 살아남기 위해서라도 지금까지와는 전혀 다른 삶의 방식을 받아들이지 않으면 안 되는 시점에 이르렀다. 우리는 무엇보다 가난을 재평가해야 할 필요가 있다. 가난은 덮어놓고 혐오의 대상이 될 것이 아니라 그것 없이는 인간이 참답게 건강한 정신적 생활에 도달하지 못하는 필수적인 요소가 아닌지 깊이 생각해볼 필요가 있을 것이다. 지나친 안정과 부의 축적은 자연생태계의 파괴를 초래하지만, 동시에 인간의 내면적 삶을 피폐시키고 공허한 것이 되게 한다. 무엇이 참다운 부인지―이것을 새로운 시각으로 다시 생각하는 것은 오늘의 위기를 극복하는데 불가결한 차원이 될 것이 틀림없다. 우리의 근본적인 착오는 가난은 무조건 회피하고 극복해야 하는 것이라는 상투적인 의견에 쉽게 동의하는 데서 비롯하는 것이 아닐까?"[9]

저자는 가난을 찬양하고 있지 않다. 단지 맹목적인 부의 축적이 인간의 내면을 파괴한다면, 우리는 그것이 가난보다 못하다는 인정을 해야만 한다는 것이다. 금전적으로 부유하지 않을지라도 부족함을 모르고, 세상을 살아가는 데 있어 이웃에 대한 따뜻한 시선을 잃지 않는다면 그것이야말로 참다운 부가 아닐까. 가난은 아무런 사유 없이 타파되어야 할 악이 아니다. 부족하지 않은 정도의 가난은 인간존재의 의미를 곱씹어볼 수 있는 삶의 교과서와 같은 역할을 한다. 물론 그렇다고 가난이 모든 이들에게 권장되어져야 할 것도 아니다. 단지 인간이 인간으로서 인간답게 살아가기 위한 선한 삶의 방식을 우리에게 보여주기 위한 하나의 지표이자 수단인 것이다.

---

9) 김종철(2010: 78).

우리가 어떠한 목적 없이 무작정 부를 축적하려는 것 자체가 이미 마음이 찢기고 병들었다는 증거다. 물론 타인에게 해를 가하지 않는 범위라면 여기까지는 인간으로서 실격할 정도는 아니다. 그러나 부의 축적을 위해 타인을 이용하거나 상처를 주는 것도 서슴지 않는 자들이 있다면 그들은 이미 인간으로서 실격한 자들이다.

아무리 세상이 각박하다 해도 내가 잘살기 위해 타인을 괄시하고 이용하려 들기만 한다면, 과연 그런 사람이 이 사회에 존재하는 것이 무슨 의미가 있겠는가?

그런 자들이 없어도 세상이 잘 돌아가는 것은 물론이거니와, 차라리 세상에 없는 것이 더 도움이 될 것은 분명하다.

단순한 욕심은 개인의 내면을 흐트러지게 할 뿐이다. 그렇지만 도가 지나쳐 타인에게 파멸을 가져다주는 악덕은 용납되어져선 안 될 사회적 해악이 분명하다. 그들은 자기 어머니의 목에 걸린 금목걸이를 빼앗기 위해 칼을 들이밀 자들이다.

우리는 인간으로서의 자격을 잃지 않기 위해 비열한 삶으로부터의 탈피가 절실하다. 더욱 절실해져야만 한다.

부모라는 거대한 성

초등학교 6학년이 되던 해, 천둥번개가 치는 새벽으로 기억한다. 천둥소리에 놀라 잠이 깬 나는 '엄마!' 하고 소리치며 안방으로 달려갔다. 어머니는 잠결에도 이불을 활짝 열어 나를 들이셨다. 그리고 꼭 안아주셨다. 그러자 이상하게도 마음이 놓였다. 어머니의 품 안에서 천둥소리는 차츰 가벼운 소음으로 바뀌었다. 새벽일을 나갔던 아버지도 장대비가 쏟아지는 바람에 다시 돌아오셨다. 우리는 사소한 우렛소리를 들으며 아침을 맞았다. 정말이지 보잘것없는 소리였다.

사실 커다란 천둥소리가 미미하게 느껴질 수 있었던 건 부모님이라는 든든한 '빽'이 있었기 때문이다. 아버지와 어머니가 옆에 있을 때의 나는 천하무적이었다. 결코 아무것도 두려워하지 않았다. 그러나 홀로 있을 때는 정반대였다. 나는 단순한 천둥소리에도 심장이 쿵쾅거릴 만큼 겁이 많은 편이었다. 더욱이 천둥이 치는 순간, 나는 누군가가 옆에 있지 않다는 이유만으로 겁에 질려 안방으로 뛰어가는 나약한 성격이기도 했다.

그러나 지금은 천둥소리에 아무런 감흥도 느끼지 않는다. 어른이 돼가면서 천둥은 시끄러운 소음 그 이상의 것이 아니게 된 것이다. 하지만 여전히 천둥소리를 대체할 두려운 것들이 세계에 존재한다. 그래서 때때로 두려움을 마주하는 순간들이 있다. 두렵다는 건 마음이 불안하고 염려스럽다는 것이다. 사람은 두려움을 알기에 두려워할 줄 안다. 그리고 두려움이라는 감정은 언제라도 시간을 거슬러 과거의 두려움을 다시 불러들이고는 한다. 그래서 나는 두려움을 곧잘 두려워한다.

그런데 두려움이란 무엇일까? 인간의 실존적 두려움을 이야기하기에 앞서 우선은 비트겐슈타인의 기술을 살펴보고 넘어가야겠다.

'나는 두렵다'는 말은 심리의 기술인가? '나는 두렵다'고 내가 말하면 다른 사람이 나에게 묻는다. '그것은 무슨 뜻인가? 불안의 외침인가? 그렇지 않으면 당신은 자기의 기분이 어떻다는 것을 나에게 전달하고 싶은 것인가? 그렇지 않으면 그것은 당신의 현재 상태에 관한 고찰인가?'[10]

상당히 당혹스러운 질문이 아닐 수 없다. 과연 인간이 느끼는

---

10) 비트겐슈타인, 김양순 옮김(2015: 380).

두려움이란 본질적으로 무엇을 뜻할까. 비트겐슈타인은 두렵다는 언어의 의미에 대해 '어떠한 종류의 맥락 안에서 그것이 나타나는지'를 묻고 있다.

사실 두렵다는 말은 실체가 없다. 구체적으로 대상화할 수도 없다. 누군가가 무엇 때문에 두려워한다고 이야기할 수는 있지만, 그것이 만인에게 적용될 수 있는 온전한 두려움의 원인이 될 수는 없다. 나는 뼛속까지 문과라 수학을 두려워하지만, 수학자는 수학을 두려워하지 않는다. 두려움은 개인의 머릿속에서 이미지화할 수는 있지만, 형태를 지닐 수 없는 무형의 관념체이다. 그래서 우리가 무언가를 두려워하고 있다는 것은 단순한 지시만으로는 설명되지 않는다. 두려움을 담고 있는 어떤 상황이나 맥락이 필요하다. 즉 비트겐슈타인은 자기 마음의 상태를 기술하는 일이란 일정한 맥락 안에서 이루어질 때 구체적인 의미를 지닐 따름이라고 설명한다.[11]

어릴 적의 나는 천둥번개라는 맥락 안에서 두려움을 느꼈다. 그리고 부모님과 한 덩어리로 놓인 맥락 안에서는 두려움을 느끼지 않았다. 천둥번개라는 맥락 안에서의 두려움은 내가 느끼고 있는 현재 마음 상태의 기술이지, 자기 확신에서 생겨난 추론이 아니다. 부모님이라는 맥락 또한 마찬가지다. 열세 살이던 나를 부모님이 지켜주고 보호해줄 것이라는 믿음이 있었기에 나는 아무런 두려움을 느끼지 않았다. 즉 부모님이라는 거대한 성의 존재 유무에 따라

---

11) 비트겐슈타인, 김양순 옮김(2015: 381).

내 마음가짐은 차이를 보인 것이었다.

결국 두려움이 작용하는 것과 그렇지 않은 것의 차이는 전부 내 마음 안에서 일어나는 일이다. 다만 그것은 개인이 마음대로 통제할 수 없다는 특성을 지녔다. 두려움은 거의 무한에 가까운 맥락을 가졌다. 수많은 맥락 속 두려움은 개인마다 다른 형태이므로 결코 단일한 모습으로 정형화될 수 없다. 그렇기에 통제될 수도 없다. 비트겐슈타인의 말처럼 두려움은 어떠한 맥락 안에서 나타나는 것인지 물을 수야 있겠지만, 그것이 심리의 기술인지, 불안의 외침인지, 아니면 현재 상태에 관한 고찰인지는 알 길이 없는 것이다.

두려움은 인간의 모든 맥락 안에서 일어날 수 있는 흔하디흔한 질병이다. 살아가다보면 두려움이 무뎌지는 지점도 많다. 하지만 시간이 흘러감에 따라 새로 생겨나는 두려움들도 만만치 않다. 귀신을 무서워하던 어린 시절과는 달리 지금은 무덤덤해하는 경우가 있을 수 있고, 서른 평생 족발을 사랑하다가도 한 번 체해 고생한 뒤로는 족발 냄새만 맡아도 헛구역질이 나고 꼴도 보기 싫어질 수도 있다. 이처럼 두려움은 시기나 상황을 고려하지 않는다. 생의 어느 때나 존재한다. 또한 두려움은 성별이나 연령에 관계없이 이유를 막론하고 생성과 소멸을 거듭한다. 때에 따라 얼굴을 달리할 뿐 두려움은 평생을 동반해야 할 우리의 그림자다.

그러나 나의 내면에서는 여전히 천둥번개와 같은 두려움과 함께 부모님이라는 안락함이 공존한다. 의식적인 홀로서기를 시작한 스무 살이 되어서도 마찬가지였다. 내게는 두려움이 가득했다. 세상은 살얼음판을 디디는 것처럼 긴장된 날들의 연속이었고, 스스로 정말 잘살고 있는지에 대해 묻는다면 자신 있게 그렇다고 대답하기가 쉽지 않았다. 이유는 간단했다. 나는 표면적으로는 성인이 되었지만 여전히 소년에 불과한 양가적 존재기 때문이다. 그리고 여전히 내적 성숙을 동경하는 어린 아이 같은 어른이자 어른 같은 어린 아이였다.

우리는 마치 부모님의 품을 벗어나는 것이 무한한 자유를 만끽하는 것이라고 여겨지기도 하지만, 그러한 자유는 이내 스스로 날개를 꺾고야 만다. 자정이 넘도록 연락 한번 없는 내게 어디냐고 문자를 보내는 어머니는 늘 귀찮은 존재였고, 집에서 마주치면 왠지 눈길 한번 마주치기조차 힘든 아버지는 항상 어색한 존재였다. 나는 차츰 집안에서보다 집밖에서 보내는 시간이 더 많아졌다. 점점 그분들을 피하는데 이골이 난 듯했다. 그러다 어디선가 실패하고 누군가에게 거부를 당하게 되는 날이면, 삶에 대해 회의하고 두려움을 느끼다 문득 터덜터덜 힘없이 걷는 밤길 위로 어머니의 따뜻한 목소리가 떠오른다. 그리고 매일 같이 이 모든 걸 참고 가정을 지탱한 아버지의 넓은 등판이 생각난다.

결국 우리는 평생 부모님의 울타리를 벗어나지 못한다. 의식적으로 그분들을 떨쳐내려 해도 소용없다. 지난 날 나의 삶의 궤적은 언제나 그분들이 나를 사랑하는 과정 속에서 발아한 것이기 때문이다. 그분들은 우리들 의식의 고향이며, 현존하는 그리움이다. 그렇기에 우리는 그분들을 잃는다는 것을 몹시 두려워한다. 실로 상상조차 되질 않는다. 그것은 어린 아이일 때나 다 큰 어른이 되어서도 마찬가지다. 우리는 부모님의 품을 완전히 벗어난 것 같으면서도,

의식적으로는 그분들을 잃을까 노심초사하고, 끝끝내 그분들의 품을 벗어나지 못한다.

언젠가 부모님이 돌아가시게 된다면 그것은 정말 가정하기조차 싫은 일이겠지만, 어쩔 수 없는 인간실존의 당연한 수순이다. 그럼에도 우리는 애도하고 그리워하면서도 어떻게든 살아지고 살아낼 수야 있다. 그렇게 우리는 주체적인 개인으로 살아가면서도 어느 때고 그분들을 떠올릴 것이다. 그냥 그리워서 그리운 날도 있을 테고, 어쩌면 두려움의 나날, 힘들고 위로가 필요한 순간이면 더욱 그리운 이름으로 발현될 것이 분명하다.

삶에서 승승장구하게 되고부터 혹은 아무 맥락 없이 두려움에 면역이 생기기 시작하면서 누군가의 비호 따위는 필요 없다며 자만하기 시작하게 될 때, 우리의 의식은 다시 한 번 큰 흔들림에 직면하게 되지 않을까.

> 그러나 우리의 생존은 매우 취약한 기반 위에서 영위되고 있다. 그것이 흔들리거나 붕괴될 때 우리는 비로소 그 바탕이 얼마나 절대적인지 깨닫게 된다.12)

사실 우리는 그분들이 견고하게 만들어놓은 바탕 위에 숟가락만 얹은 채 살고 있다. 그것을 간과하고 부모님을 바라볼 때 모든 것이 허술해 보이고 성에 차지 않을 뿐이다.

---

12) 김찬호(2003: 16).

다만 언젠가 우리가 그분들의 성에서 완전히 출가하게 될 날이 오게 될 테지만, 그럼에도 한 가지 꼭 기억해야 할 것이 있다.

　어느 날엔가 커다란 실패를 맛보고 상처를 입어 주저앉게 될 때면, 어릴 적 뛰어놀다 무르팍이 깨진 자리에 연고를 발라주던 부모님의 손길이 내 무릎을 씻은 듯 낫게 해줬다는 사실을 말이다.

근심 고민 계급설

가까운 어린이집 선생님으로부터 들은 웃지 않을 수 없는 이야기가 있다. 하루는 매주 진행하는 안전교육이 있는 날이었다고 한다. 화장실에서 용변을 본 어린 아이의 뒤처리를 위해 화장실에 들어간 선생님은 특이한 광경을 목격하게 됐다. 아이가 변기 옆 구석에 쪼그려 앉아 얼음처럼 굳어 있는 것이 아닌가. 그래서 선생님은 아이에게 뭐하느냐고 물었다. 그랬더니 아이는 '무서운 아저씨가 자기를 잡으러 왔다'고 한다. 알고 보니 전기기사님이 전기점검을 위해 이리저리 돌아다녔던 것이었고, 아이는 그 모습을 목격하고 난 뒤 너무나도 심각한 표정으로 얼어붙은 것이었다. 선생님은 아이가 그렇게 심각한 얼굴로 쪼그려 앉아 있는 게 참으로 귀여우면서도 안쓰러웠다고 전했다.

짤막한 토막글이지만 몇 가지 생각거리를 던져주는 이야기가 아닌가 싶다. 우선 아이들에게도 자기 나름의 고민이 있다는 것을 알 수 있다. 또 세상이 흉흉한 나머지 아이들은 가정이나 유치원 등에서 철저한 안전교육을 받아 평범한 어른조차 전부 나쁜 어른이란 도식을 주입받고 있다는 사실을 확인했다. 누군가에게는 존경받는 어른이 단순히 낯설다는 이유만으로 '나쁜 어른'으로 둔갑하는 원리가 수천 년간 치열하게 지식을 축적한 우리나라 교육의 허무한 민낯이었다.

그럼에도 무작정 부모들을 탓할 수가 없는 건 그만큼 세상이 각박하기 때문이다. 사회적 분위기가 각박하다는 것은 사람들이 정을 끊고 의심의 눈초리로 상대를 바라보거나, 선함을 가장해 범죄를 악용하는 사람들이 부지기수로 널려 있다는 방증이다. 이렇듯 몰인정한 세상이기에 부모들은 나쁜 사람을 명확한 기준으로 식별해낼 수가 없다. 그래서 자라나는 아이들에게는 '모두 경계하고 조심하라'고 가르치는 것이다. 이 때문에 어린 아이들은 안전에 관한 부모님의 말씀을 삶의 금언으로 여기고 철저히 지킨다. 그런데 아이는 조금씩 커가면서 전에 없던 혼란스러운 상황에 직면하게 된다.

"어라? 슈퍼아저씨랑 옆집 아저씨는 좋은 어른으로 보이는데….."

머리가 좀 큰 아이들은 어릴 적 부모님이 들려준 '모두 조심하라'는 금언에서 '내 주변 사람들은 어느 정도 신뢰 가능해' 정도로 의식과 무의식을 오가며 타협한다. 이제 막 자신만의 생각으로 직면한 문제에 대해 진짜 고민을 시작하게 된 것이다. 그러나 조심해야 할 사람과 그렇지 못한 사람에 대한 명확한 기준이 없고, '도둑질을 했는지', '거짓말을 했는지' 등 표면적인 선악 유무로 판단하거나, '나에게 잘해주었는지' 정도로 생각하는 단순한 직관에 불과하다. 어렸을 때부터 '어른들은 전부 경계해야 한다'는 입장에서만 살아왔기 때문이다.

그동안 아이들은 부모님이 가져다준 틀을 토대로만 자신의 고민을 만들어왔다. '나쁜 아저씨들을 조심하라'는 부모님의 말을 철두철미하게 지켜왔기에 실제로 아저씨들을 보면 경계하기 일쑤다. 물론 타인의 생각이 전이된 허울뿐인 고민이지만, 주입된 생각일지라도 그 나름의 의미는 있다. 우선 아이가 스스로의 행동양식을 정해 움직일 수가 있고, 그것이 부모님의 바람대로 자신을 지키는 무기가 될 수 있다. 결과적으로 자신의 행동과 삶에 중대한 영향을 미치므로 그러한 고민은 존중받아야 마땅하다. 물론 위험한 사회상이 반영된 씁쓸한 인식체계지만, 다시 사회가 선한 방향으로 흘러가기 전까지는 정말 어찌할 수 없는 노릇이다.

그럼에도 내가 정말 문제로 삼고 싶은 것은 안전에 관한 아이들의 획일화된 고민을 통해 알 수 있듯, 아이들 삶의 모든 부분이 부모님의 애정이라는 이름 아래 부당한 간섭을 당하고 있다는 점이다. 그러면서도 아이들 개개인에게서 우러나온 고민을 진심으로 바라봐주지 않는 어른들의 이중성을 꼬집고 싶다.

장유의 문화가 뿌리 깊은 우리사회의 어른들은 아이들의 이야기를 잘 귀담아 듣지 않는 편이다. 살아온 세월이나 경험에서 얻은 지혜도 월등하고 삶의 전반적인 능력 면에서도 아이들보다는 어른이 훨씬 뛰어나기 때문이다. 적어도 어른들의 생각은 그렇다. 그래서 아이들이 자못 심각한 고민을 이야기하면, 어른들은 자신의 수준에서 아이의 고민을 매우 작은 것으로 치부하는 경향이 있다. 여기서 아이들은 다시 한 번 혼란을 느낀다. 자신이 직접 짜낸 고민이 어른의 상황과 시야를 기준으로 거부를 당했기 때문이다.

이는 '나쁜 어른'의 경우와는 상당히 다르다. 아이들은 자신들도 '기성 어른들처럼 똑같이 자라느냐, 아니면 그것을 거부할 것이냐'라는 선택의 기로에서 갈팡질팡한다. 반면 어른들은 귀를 틀어막은 채 이미 익숙한 생활양식대로 살아가는 '일방형 행위자들'이다. 아이들은 이 일방형 행위자들을 향해 끊임없이 자신들의 고민을 쏟아놓는다. 그러나 대개 무시되거나 가벼운 것으로 규정되기 일쑤다. 실망한 아이들은 다시 한 번 요청하지만, 또 다시 묵살되고 만다. 그러고 나면 아이들은 더 이상 고민을 발설하지 않는다. 답답함을 느낀 아이는 마음을 털어놓을 수 있는 타인을 찾을 수도 있고, 혹은 누군가에게 의지하지 않고 스스로 제 고민을 분쇄하며 자신만의 활로를 개척할 수도 있을 것이다. 이렇게 놓고 보면 별다른 문제는 없어 보인다. 하지만 자립심과는 별개로 소통의 측면에서는 결코 그리하지 못하다. 일방형 어른들의 틈 속에서 대견하게 견딘 아이는 훗날 자신도 비슷한 색채의 어른이 된다. 그리고 자신의 어릴 적과 똑같은 종류의 고민을 하는 아이들을 향해 이렇게 이야기한다.

"별 것도 아닌 것 가지고. 나 때는 말이야….."

우리사회는 마치 아이의 고민보단 청년의 고민이 우선하고, 청년의 고민보단 장년의 고민이 더 우선시되는 것처럼 여겨지는 사회다. 그래서 나이나 사회적 지위라는 감투를 기준으로 타인의 고민을 서열화한다. 그런데 각 개인의 고민이라는 것이 과연 우열을 논할 수 있는 형질의 것인가?

결코 그렇지 않다. 인간의 고민이란 마음을 쓰는 정도가 깊어질수록 더 큰 형태로 자라난다. 가령 이번 달 대출금을 걱정하는 주부의 고민과, 엊그제 싸운 친구랑 어떻게 화해할까 생각하는 초등학생의 고민은 비교할 수 없는 종류의 문제다. 물론 어른들은 대출금 걱정 문제가 더 큰 공감을 불러일으켜 더욱 중대한 고민처럼 느껴지겠지만, 그렇다고 해서 대출금 문제가 더 큰 고민이라 단언할 수는 없다. 반대로 아이가 하루 종일 화해 문제에 골똘해 주부보다 오랜 시간을 고민한다 해서 대출금을 걱정하는 문제보다 더 큰 고민이라 말할 수도 없는 일이다. 주부에게는 아이의 고민이 아무런 문제가 되질 않고, 마찬가지로 아이에게도 주부의 고민이 전혀 와 닿지 않는다. 그렇기에 고민이라는 건 한 개인 각자에게 전해지는 강도가 다르고, 적용의 범위도 제각각이며, 해결 양상이나, 그로 인한 파급효과도 무수한 경우의 수를 내포한다. 그러므로 고민은 애초에 비교대상이 될 수 없다는 것이 내 생각이다.

결국 아이든 어른이든 각자의 입장이 돼보지 않고서는 그 마음의 통증을 가늠할 수 없는 게 사람 속이 아닐까. 그럼에도 기성 어른들은 현재 자라나는 아이들에 대해 모든 문제를 '손쉬운 일' 혹은 '지나고 나면 아무것도 아닌 것' 정도로 치부하고 있다. 물론 반은 맞다. 어떤 고민이든 지나고 나면 정말 아무 것도 아닌 일이 대부분이다. 그리고 반은 틀리다. 어른들은 이 시대를 살아가는 아이들에게 지나갈 날들을 거론하며 현재의 고민을 묵살하고서는, 본인들은 정작 그러한 삶을 살지 못하는 것이 현실이다. 단지 남의 고민이기 때문에 그렇게 쉽게 이야기할 수 있는 것이다. 정작 자신의 고민에 대해서는 '지나고 나면 아무것도 아닌 것' 정도로 바라보지 않는 자들이 대부분이다. 스스로가 고민 때문에 현재를 끊임없이 괴로워하면서도, 남에게만 고민다운 고민을 요구하며 날카로운 잣대를 들이대는 비열한 삶을 이어갈 뿐인 것이다.

그러므로 우리는 형편없는 지표 속에 갇힌 어른들에게 동조하거나 동화되지 않아야 할 필요가 있다. 또 우리의 세대와 다음 세대를 위해서라도 자라나는 떡잎들의 고민에 귀 기울여야 할 의무도 있다. '될성부른 나무는 떡잎부터 알아 본다'는 말은 수정되어져야 한다. 어떠한 떡잎이든 될성부른 나무가 되도록 돕는 것이 바로 진정한 어른의 역할이기 때문이다.

여기서 비슷한 맥락으로 어른의 역할에 관한 번역가 전혜린의 이야기를 귀담아들을 필요가 있다.

사랑 속에 자라나고 사랑을 지닌 사람은 반사회적이거나 위법적일 수가 없으며, 사랑을 모르고 자라나고 사랑을 모르는 사람은 전부가 다 그렇다는 것은 아니지만 적어도 그 가능성에 있어서

반사회적, 위법적일 수가 있다고 볼 수 있을 것이다. 따라서 온갖 청년의 범죄를 볼 때 그의 어린 시절이 눈앞에 그려지고 한편 구석에서 손가락을 빨거나 매를 맞고 울고 있거나 하는 아무도 돌보아주지 않는 어린아이의 모습이 선하게 떠오른다. 그리고 그 오랜 억압의 생활은 지옥보다도 길었으리라고 동정이 가고 결국 그를 도울 수 있었고 앞으로도 도울 수 있는 것은 단 하나 사랑이 아닐까 하는 생각을 금할 수가 없다. 나쁜 것은 언제나 아이가 아니라 부모인 것이다. 마치 나쁘게 자란 나무의 책임이 정원사에게 있듯이.[13]

진정한 어른의 역할은 여기서 끝나지 않는다. 헝가리 철학자 게오르그 루카치는 객체와 주체의 일치가 일어나는 인식이 바로 선이라고 했다. 그에 따르면 선은 구원이다. 더 이상 타자의 영혼을 해석하지 않고, 자기 자신의 영혼을 읽듯이 타자의 영혼을 읽는다. 그 자신이 타자로 된 것이므로 선은 구원이라고 표현한 것이다.[14]

루카치의 언어처럼 우리는 자신의 영혼을 읽듯 타인의 영혼을 읽어야 한다. 아이들에게는 아이들 나름의 고민이 있고, 청년들에게는 청년들 나름의 고민이 있다. 장년들도 마찬가지다. 타인의 고민을 가볍게 여기지 않고 자신의 고민인 것처럼 생각하는 선한 사람들이 많아질수록, 우리사회에는 훈훈한 온기가 생활 곳곳에 묻어나는 살기 좋은 세상의 초석을 마련하는 일이 될 것이다.

---

13) 전혜린(2011: 194).
14) 게오르그 루카치, 김경식 옮김(2013: 202).

만년 아마추어

"삶에 있어서 우리는 언제나 아마추어다."

매일 아침 등교하기 위해 눈을 뜰 때마다 일어나기 싫어 몸부림치던 청소년기를 기억한다. 늘 동일한 상황인데도 어째 익숙해지질 않아 곤욕스러웠다. 물론 직장인이 되어서도 아침마다 눈이 떠지지 않는 것은 마찬가지였다. 출근을 해야 하는데 머릿속으로는 '더 자고 싶다'는 말만 되뇐다. 항상 이런 익숙한 상황이 적응되질 않기에 매일 나 자신이라는 내면의 괴물과 마주해야 한다. 마침내 괴물과 싸워 이겨내야만 가까스로 몸을 일으킬 수 있다. 오늘도 어제와 같은 기지개를 켜면 또 다시 어제와 같은 오늘이 시작된다. 적응되지 않는 상황에 실컷 적응해 버린 것이다. 물론 인간이 적응하는 목적이야 저마다 다를 테지만, 그 의식의 기저에 있는 공통분모는 대개 동일한 편이다. 바로 자신의 생활을 위해서다.

학교를 갓 졸업한 청년은 대개 가진 돈이 없다. 뚜렷한 직업도 갖추지 못했을뿐더러 혈혈단신인 경우가 많다. 애초에 부모님의 손을 빌리지 않는 이상 당장은 돈이 없어 자유로운 소비생활도 불가능하다. 그래서 취직을 하든 아르바이트를 하든 해야 정상적인 경제활동이 가능해진다. 즉 사회적으로는 일단 성인이 됐지만, 아직까지 기본적인 필요조건이 다 채워지지 않은 상태인데다, 학자금 대출금이나 통신요금 등 다달이 납부해야 할 항목도 많다. 마치 스스로는 진정한 어른이 된 것 같은데 아무런 능력이 없고 초라하기만 하다. 그렇게 진짜 어른이 되려면 멀었다는 걸 깨닫고 주저앉는다. 소설가 황석영의 표현을 빌리자면 '우리는 아직까지 생활이라든가 직업이라든가 얘기할 처지가 아닌 상태'인 것이다.[15]

그런데다 청년이라는 아마추어들은 생활전선에 뛰어든 뒤에도 잦은 실수를 범하는 존재들이다. 생활에 있어서도 그렇고, 삶의 기로에서 방향을 선택하는 데 있어서도 그렇다. 시간이 지나면서 조금은 능숙해지고 같은 실수를 반복하는 일 따위도 점차 줄어드는 편이지만, 여전히 적응되지 못한 다른 종류의 실수에 대해서는 가차 없다. 마치 실수라는 것도 스스로가 새로운 항로를 개척하는 것처럼 형태를 달리하고 모양도 많아지면서, 인간이 보유할 수 있는 실수의 가짓수는 점점 많아지게 된다. 또 어떤 선택을 잘하려다 후회하기도 하고, 그것이 실수로 말미암은 경우 죄책감 속으로 빠

---

15) 황석영(2010: 118).

져들기도 한다. 혹은 지금 일어나지 않으면 정신없이 서둘러야 할 자신의 20분 뒤 모습을 예견하면서도, 당장의 안락함이라는 달콤함에 젖어 출근을 유예한 채 몸을 뒤척이듯 인지된 어리석음 속으로 함몰되는 경우도 있다.

그러나 인간이 어떠한 삶을 살든 간에 그것이 올바른 것일 수도 있고, 올바르지 않은 것일 수도 있다. 아주 교과서적인 이야기지만, 이를 항상 염두에 두지 않는 것이 인간이다. 인간은 자기 나름대로 살아가며 무언가를 선택하고 실수하며 종종 후회하기도 하는 전 인류의 공통된 속성 안에서 살아간다. 인간의 행위는 복잡한 사고체계와 환경이 결합된 복합적인 과정을 거쳐 단순화된 양상으로 나타날 뿐, 모든 선택은 한 개체의 생활 그 자체를 좌우한다고 해도 과언이 아니다.

이에 대해 일본 소설가 마루야마 겐지는 직장에서 두 갈래 기로에 놓인 보통의 인간을 이야기하는데, 그가 부정적으로 바라보는 두 가지 관점 다 우리에게 주는 시사점이 있다.

세상 사는 모든 사람들이 다 그렇고 그런 비슷비슷한 인생을 살고 있으므로 어쩔 수 없다고 체념한 사람도, 짜증나는 일이 두세 가지 한꺼번에 겹치면 심각하게 전직을 고려한다. 이래가지고선 안 되겠다고 절실하게 생각한다. 하지만 과연 새로운 사업을 벌여 처자식을 먹여 살릴 수 있을까, 성공을 할 수 있을까 하는 불안감에 시달리는데다, 그 계획을 은밀하고 구체적으로 구상하는 사이에 넌더리도 나고 지치기도 한다. 그래서 도약의 발판이 되었어야 할 분노도 차츰 가라앉고, 한 일 년쯤 더 생각해보지 뭐, 하는 핑계와 함께 제자리로 돌아가고 만다. (…중략…) 그런가 하면 반대로 하루아침에 태도를 바꾸는 사람이 있다. 아무튼 이곳에서 빠져나가자, 생각은 나중에 해도 된다는 말이 떨어지자마자 사표를 내던지는 타입. 이런 사람들도 골칫거리다. 빼도 박도 못 하는 상황으로 자신을 몰고 가면 분발하는 도리밖에 없다며 자신의 저력을 믿지만 반년이나 일 년도 채 못 가 심신이 너덜너덜해지는 경우가 많다.16)

사실 인간이 어떤 삶을 선택하든 정답은 없다. 정도도 없다. 시간의 흐름이 꼭 인간의 올바른 행동만을 촉진하진 않는다. 시간 속엔 진화뿐만 아니라 퇴화라든지 퇴보라는 경우의 수도 내포되어 있기 때문이다.

그러므로 인간이 어떻게든 올바른 선택을 하는 순간이 있는가 하면 잘못된 선택을 하는 수도 있다. 중요한 건 실존의 부름 속에서 스스로가 선택하고 그것에 끝까지 책임을 다하며 살아가는 일이다.

물론 잦은 실패를 맛볼 수도 있다. 그러나 후회하더라도 의지만 있다면 얼마든지 상황은 역전될 수 있다. 청년이라는 삶의 과도기적 시기가 언제든 재기할 수 있는 명분을 가져다주기 때문이다.

아무리 아파도 난 그 누구에게도

---

16) 마루야마 겐지, 김난주 옮김(2009: 120~121).

힘들어하는 약한 내 모습 I Never Let it show

가진 거라곤 자존심 하나뿐인 나라서

밤마다 몰래 내 노트에 눈물을 닦았어

맘 속 빈 잔에 술 대신 내 꿈들을 따랐어

할 일이 청승 떠는 것보다 내겐 훨씬 많아서

난 멈추지 않고 한걸음 내디뎠어 Every time

길은 걸어야만 그 모습을 드러내니까

모 방송에서 래퍼 더블K가 편곡해 부른 '거위의 꿈' Verse2 부분 중 일부 가사다. 더블K는 자신의 삶을 반추하며 '아무리 아파도 청승 떠는 것보다 할 일이 훨씬 많기 때문에 멈추지 않고 한 걸음을 더 내디뎠다'고 말한다. 래퍼로서 더블K는 매일 한 우물만 파며 남들처럼 낙망하더라도 주저앉지 않았다. 그렇기에 더블K는 좌절과 실패 가운데서도 트렌디함을 잃지 않고 한 걸음 진일보할 수 있었던 것이다. 이건 바로 자기 인생의 주인인 그의 뚝심 있는 선택이었다.

마찬가지로 수필가 김소운은 1966년 「특급품」이라는 수필을 통해 과실이 인생의 올 마이너스일 까닭은 없다고 했다. 과실을 통해 더 커가고 깊어가는 인격이 있고, 굳세어지는 사랑과 생활이 있기 때문이다. 17)

과실은 권장되어질 종류의 것은 아니지만, 그것 자체가 한 인간

---

17) 김소운(2014: 57).

의 삶의 역동성을 드러내주는 고귀한 지표다. 행동하는 인간만이 과실을 범할 수 있다. 그러한 사실을 기억한다면 우리는 과실을 통해 진보한다는 역설을 깊이 음미할 수 있을 것이다.

인간은 불완전한 존재다. 그런데도 마치 나 자신은 완전한 선택을 할 수 있을 거라는 착각에 빠져 살아가고는 한다. 철학 교사 안광복은 '인간의 완전한 삶은 그 자신이 불완전한 존재라는 진실을 끊임없이 깨닫는 가운데서 이루어진다'고 했다.[18] 우리는 불완전하기에 늘 실수하거나 실패하고 좌절할 수밖에 없는 나약한 존재다. 그러나 역설적이게도 이러한 사실을 인정할 때 우리는 성장한다.

더욱이 삶에는 고정된 선택지가 없다. 그렇기 때문에 우리 스스로 살아가는 일에 대한 즐거운 의미를 만들어가는 것이 중요하다. 패배했다고 절망 속에서 허우적대며 헤어 나오지 못하는 것보단, 다시 일어설 핑곗거리를 찾아 몸을 움직이는 것이 현명한 일이다. 너무 당연한 이야기에 불과하다. 하지만 우리는 이처럼 당연한 일조차 버거워하는 보통 사람들이라 짚고 넘어갈 필요가 있는 것이다.

아마추어인 우리는 언제나 과도기고 잦은 시행착오 속에서 갖은 실수를 반복한다. 그럼에도 잡을 수 없는 저 하늘의 별을 꼭 잡기 위해 애쓰는 만년 아마추어의 모습은 정말이지 아름답다.

---

18) 안광복(2010: 102).

문명적인 야만인, 야만적인 문명인

"까짓 거 이판사판이다!"
"당연히 못 먹어도 고(Go)지!"
"모로 가도 서울만 가면 된다."

우리 일상에서 널리 통용되는 불확실함의 언어들이다. 이러한 표현들은 주로 앞날의 위험성을 배제하고 막무가내로 밀어붙이는 성격을 지녔다. 특히나 자주 사용되는 언어표현인 만큼 우리의 생활상을 여실히 드러내고 있다.

그런데 지상에서 가장 이성적인 인간치고는 전혀 이성적이지 못한 언사가 아닐까. 이성이라는 이름으로 행해지는 행위의 불확실성은 어불성설이다. 나름대로 철들었다는 어른들조차 '이판사판'에 '못 먹어도 고'와 같은 무책임한 삶을 살기도 하고, 정직한 삶의 과정을 잊고 '모로 가도 서울만 가면 된다'며 자위하는 사람들이 부지기수로 널려 있다. 또 이 가운데 정말 이성적이어서 타인에게 귀감이 되는 사람도 있는가 하면, 잘못된 이성의 부름으로 자신만의 이익을 추구하고 사회에 해악을 끼치는 사람도 있다.

그렇다면 우리는 사회라는 거대한 바다 안에 파문을 일으킬 본질적인 질문을 던져야만 한다. 우선 인간이라는 이름으로 살아가는 자들의 이성이 우리사회에서 제 기능을 발휘하고 있는지를 물어야 할 것이며, 또 차원 높은 사고 능력에도 잦은 오차가 발생한다면 이성은 정말로 믿을 수 있는 것인지에 대해서도 따져볼 일이다.

이성을 지닌 인간의 자아는 자못 이중적이다. 자아는 문명과 야만을 동시에 내포하고 있다. 그래서 인간은 어떨 땐 지극히 이성적이어서 문명적이고도 유의미한 건설 행위를 하기도 하지만, 또 어떤 땐 누구보다 잔혹하고 폭력적인 야만의 얼굴을 드러내기도 한다. 사실 지난 역사를 돌이켜보건대 문명인이 생애 끝까지 문명적이거나, 야만인이 한사코 야만인이기는 어려워 문명과 야만을 똑떨어지게 구분 지을 수는 없다. 문명의 이름으로 전쟁이 행해지거나, 야만의 이름으로 문명이 건설되어 온 것이 세계 인류사의 현실이다. 즉 문명과 야만은 인간의 공통적 속성이자 영역 면에서도 서로 동떨어져 있지 않다.[19] 인간은 문명적인 야만인이자, 야만적인 문명인이다. 여기서는 보다 나은 이해를 위해 '문명과 야만'을 '신중함과 조급함'이란 자의적 속성으로 대체하여 표현하도록 하겠다.

---

19) 홍은영(2012: 81).

대다수의 사람들은 자신의 생각을 통제하는 일에 굉장히 서투르다. 매사에 신중한 사람도 조금만 흥분하면 이성이 마비돼 감정을 컨트롤하기가 쉽지 않고, 충동적인 사람은 말할 것도 없이 주변에 대해 미숙한 반응을 보이기 일쑤다. 사회적으로 원숙해 보이는 어른일지라도 감정이 있는 인간이기 때문에 종종 철이 없어지는 경우가 있다. 만약 인간에게 이성만 있고 감정이 없다면 로봇처럼 자기할 일만 뚝 부러지게 하며, 이웃과의 교류도 하지 않은 채로 자신의 모든 것을 통제하는 가운데 살아갔을 것이다. 하지만 그런 삶에는 활력이 없다. 사막의 수많은 모래알갱이처럼 개성이 없고 메마르기 그지없는 생에 불과하다.

그러나 우리에게는 삶의 생기를 오롯이 불어넣는 진솔한 감정이 있다. 감정이 있기에 직접 생을 느끼며 살아 숨 쉰다는 것의 소중함을 안다. 손가락과 발가락을 움직여보고 지금 여기에 살아있음을 경탄하는 일이나, 자주 울고 웃는 것도 전부 감정의 소산이다. 감정의 발현은 생이 현존한다는 증거다. 감정은 유기체 덩어리에 불과한 우리에게 영혼을 부여한다. 그리고 감정은 인간을 한없이 서투르도록 만든다. 그것이 긍정적인 방향이든 부정적인 지점이든 상관하지 않는다. 시기적으로 더 강하게 작용하는 기질이 있을 뿐, 인간은 상황에 따라 감정을 달리하며 살아가게 된다.

대개 젊은 시절에는 신중함보다는 조급함이 더 거센 경우가 많다. 물론 개인의 성향에 따라 신중함이 더 강하게 나타날 수도 있겠지만, 청춘을 묘사하는 사회적 통념은 신중함보단 조급함이나 충동적인 쪽에 손을 들어주기 마련이다.

모 방송에서 청춘을 한 마디로 표현하라는 인터뷰에 한 청춘이 이렇게 응답했다.

"청춘은 무엇이든 할 수 있고, 무엇이든 할 수 없는 시기다."

이 훌륭하고 역설적인 표현에는 우리사회의 정치·경제·문화적인 성품이 전부 반영되어 있다. 청춘은 무엇이든 도전해볼 수 있는 시기다. 하지만 사회·경제적 요건이 따라주지 않거나 문화풍토가 한 개인에게 배타적인 경우, 청년기의 '무엇이든 할 수 있는'이 '무엇이든 할 수 없는'으로 바뀌게 된다. 그리고 기존질서 유지와 기득권의 사회윤리를 들어 기성사회를 지탱하는 말 잘 듣는 톱니바퀴로 만든다. 여기서 신중한 사람은 묵묵히 참아낼 가능성이 높은 반면, 조급하고 충동적인 사람은 바깥으로 튕겨나갈 가능성이 높다. 사회적 인식이 그렇다. 그래서 묵묵히 참아낸 승리자에게는 '쓸모 있는 사람'이라는 낙인이, 버티지 못한 패배자에게는 '쓸모없는 사람'이라는 낙인이 찍힌다. 문제는 충동이란 꼬리표가 붙은 억울한 청년들이 정말로 문제 있는 사람인가 하는 점이다.

인간은 나이를 먹어가며 수차례 성숙의 과정을 거친다. 다만 자아가 피상적인 깨달음을 넘어 알껍데기를 스스로 깨부수고 나오는 종류의 성장은 몇 안 된다. 인간은 자의와 타의의 결합을 통해 진정으로 원숙해진다. 그 중 타의에 의한 영향이 상당하다. 보통 인간 내면의 충동질은 주변인에 대한 의식이나 사회적 통념에 붙들려 거세를 당하는 순간이 수시로 찾아오는데, 이는 나이가 들어가면서 저절로 신중해지는 가장 큰 요인이 된다.

그러므로 사회적으로 성숙해진다는 것은 결코 자랑할 만한 일이 아니다. 시야가 트였지만 남의 눈치를 더 잘 살필 수 있게 됐고, 타인의 입맛에 맞게 살아가는 행위를 지속해 가는 일이기 때문이다. 이는 과연 신중한 인간이 조급한 인간과 비교해볼 때 특별하게 고무적이거나 무조건적으로 선호되어야 할 뚜렷한 이유가 있는지 의문이 드는 지점이 아닐 수 없다.

남아프리카공화국 최초의 흑인 대통령 넬슨 만델라는 사람의 원숙함에 대해 이야기하면서, 젊은 시절 자신의 몇 가지 사고방식들이 미숙한 것이었음을 깨닫는다고 고백한 적이 있다.[20] 옥에서 27년을 복역하면서도 삶의 의지를 놓지 않은 굳건한 정신의 소유자이자 세계인권운동의 상징적 존재인 만델라조차도 2013년 타계하기 전까지 인간적 성숙에 대해 고민하는 현재진행형의 삶을 살아왔던 것이다.

이처럼 인간은 신중하고자 하나 평생을 내면의 충동과 싸워야만 한다. 결코 한 가지만을 지향한 채로 살아갈 수는 없다. 한 사람의 내면에서 의식과 감정이 서로 공생하듯 신중함과 조급함도 마찬가지다. 삶에서 신중함이 꼭 플러스적인 요소를 가져다준다거나, 조급함이 꼭 마이너스적인 요소를 가져다주는 것은 아니며, 때로는 그 반대로 이루어지는 경우도 있다. 단지 인간의 손길이 닿는 곳 어디든 문명이 있는 곳에 야만이 있고, 야만이 있는 곳에 문명이

---

20) 자크 랑, 윤은주 옮김(2009: 334).

있다. 지나간 역사가 그러한 사실을 잘 증명해 보이고 있다. 다만 중요한 것은 신중함을 필두로 조급함이 맹목적으로 배척될 경우에는 오히려 더욱 암울한 세상이 될 것이란 전망도 있다는 사실이다.

물론 미국 작가 데이비드 실즈는 "우리의 충동을 이끄는 힘이 우리의 몰락을 보장한다는 사실을 잊지 말아야 한다"고 이야기한 바 있다.[21] 도전정신이라는 이름으로 포장해 매사에 충동적이어서도 곤란하다는 이야기다. 나는 결코 조급해하라거나 충동적이기를 권장하는 것이 아니다. 조급함은 신중함과 함께 적절히 다뤄져야만 시너지를 낸다는 점을 말하고 싶을 뿐이다.

우리가 진정한 어른이 되기 전까지는 야만이라는 겉껍질에 싸여 있어 기성세대의 훈수로부터 자유롭지 못한 것이 현실이다. 또 매사에 아무리 진중하려 애써도 주변으로부터 충동적이라는 이야기를 듣는 때가 더 많을 것이다. 앞으로도 우리는 스스로의 행동에 책임을 지며 살아가겠지만, 오해는 끝이 없을 것이다.

그렇지만 곧 역풍이 불 것이다. 야만이라는 껍질을 벗겨내면 그 안에는 엄청난 문명이 숨어 있다는 사실을 말이다. 물론 이를 증명하는 것은 문명적인 야만인이자 야만적인 문명인들의 몫이 아닐까.

---

21) 데이비드 실즈, 김명남 옮김(2014: 96).

쓸모 있는 인간에 대한 고찰

"대졸자 두 명이 25년 만에 한 명의 대졸자밖에 생산하지 못하는 데, 제대로 교육받지 않은 노동자 두 명은 세 명을 재생산한다면, 능력의 저하를 어떻게 피할 수 있겠는가?"

싱가포르에서 국부로 추앙받는 리콴유 전 총리가 1983년 국정연설을 통해 한 이야기다. 리콴유는 저출산의 심각성을 깨닫고 돌파구를 찾으려고 했다. 그러나 인구정책에 있어서는 번지수를 잘못 찾은 처방을 통해 망신살을 자초한 인사로 유명하다.

리콴유는 30여 년간 총리직을 유지한 20세기 최고 국가경영자 중 한 명으로 손꼽힌다. 싱가포르를 30여 년 만에 눈부시게 발전시킨 공로자라는 평가를 받는 동시에 개발독재를 펼친 독재자란 평가도 받는다. 게다가 리콴유는 철저한 우생학 신봉자였다. 리콴유는

'우수한 교육을 받고 사회적으로 성공한 사람만 아이를 낳자'는 정책을 실시해 세계를 경악시킨 적이 있다. 리콴유는 고학력자들이 더 많은 아이를 낳지 않으면 국제사회에서 살아남지 못하고, 수십 년 내에 인적자원이 고갈될 것이라고 생각한 것이다. 수준 높은 인력만이 국가를 구할 수 있다는 리콴유의 신념은, 과거 히틀러와 같은 우생학적 정책과 뿌리가 같은 시대착오적 발상이었다. 그야말로 장님 코끼리 만지기였으니 국민들에게는 엄청난 반발을 살 수밖에 없었다.

더군다나 리콴유는 스스로가 우생학의 함정에 빠졌다는 사실을 깨닫지 못했다. 성공이나 우수한 성적은 대체로 교육에서 비롯되는 결과이지, 유전적인 결과만으로는 단정할 수 없기 때문이다. 과학적인 상식을 조금만 갖춰도 손쉽게 알 수 있는 사실이다. 이에 대해 미국 진화생물학자 스티븐 제이 굴드는 '학교에 다닌 햇수로 유전적 지능을 추론하려는 시도보다 더 어리석고 독선적인 것은 없다'는 날선 비판을 가하기도 했다.[22]

아울러 생물학의 대가인 최재천 교수는 저서 『생명이 있는 것은 다 아름답다』를 통해 '리콴유 총리의 우생학적 법안은 워낙 땅이 좁은 나라 싱가포르의 지도자로서 한번쯤 생각해볼 수 있는 발상이다. 하지만 인간의 존엄성을 사회적 유용가치로 판단하는 일은 결코 옳지 않으며, 인간은 누구나 생존의 권리를 가진다'고 말한 바

---

22) 「66조원, 깅물저림 흘러 어디로 갔나」, 세계일보, 2015.3.19. 21:01.
http://www.segye.com/content/html/2015/03/19/20150319004547.html?O
utUrl=naver (2017년 3월 5일 검색) 참조.

있다.[23] 그만큼 우수한 사회 인력을 취사선택하여 기르려고 했던 리콴유의 우생학 관련 정책은 현대사회의 관념구조로는 다소 황당한 발상일 수밖에 없다.

그렇다면 우리사회에서 정말로 필요한 사람은 어떤 사람일까? 리콴유의 말처럼 높은 지능을 가진 사람만이 사회적 기여도를 높인다고 주장할 수 있을까? 아니면 사회적 처벌을 피하고자 남한테 피해를 주진 않지만, 개인의 영달만을 위해 살아가는 사람은 사회에 도움이 될까? 아니면 그런 사람은 도움이 되지 않을까? 그것도 아니라면 쓸모 있는 사람에 대한 인류의 판단이 정확하고 공정하다고 믿는 오만함에 갇혀 스스로 헤어 나오지 못하는 오류를 범하고 있는 것은 아닐까?

도올 김용옥 선생은 '이론의 정교함으로 존재의 본연적 성격을 규정하려는 모든 노력은 본질주의의 오류에 빠질 수밖에 없다'고 이야기한 바 있다.[24] 즉 존재의 의식을 탐구하거나 세계를 탐색하는 일은 어떤 현상에 대한 국부적인 실마리를 제공할 수는 있겠지만, 근본적으로 전체를 파악하는 것은 불가능하다는 점을 시사한다.

자연 상태인 어떤 대상에 대한 언어적 규명에는 분명 한계가 있다. 그러므로 위 질문에 대한 대답은 전부 '예스(Yes)'가 될 수도 있고, '노(No)'가 될 수도 있다. 또 각종 변수가 있을 경우 답변이 유예되어질 수도 있다.

---

23) 최재천(2010: 259).
24) 김용옥(2009: 10).

그럼에도 우리사회에서 가장 필요한 존재란 바로 보편적 도덕원리에 의거해 살아가는 사람이 아닐까 한다. 모든 국민을 일렬로 나열해놓고 사회적 기여도를 측정할 수도 없을뿐더러, 개인이 일시적 기여를 했는지 혹은 평생 기여했는지를 따지는 일도 불가능하다. 또 쓸모 있는 사람의 기준조차 모호하기 그지없다.

아울러 공동체에 이바지하는 일이 쓸모 있는 사람의 척도가 된다는 것은, 사회를 위해 개인이 희생당하거나 혹은 사회가 개인의 일방적 헌신을 요구하는 일이 정당화되는 수가 있다. 게다가 자주적 인간이 자기 외적인 것을 통해 사회적으로 평가받는다는 것은 인간으로서의 주체성을 상실한다는 의미나 다름없다. 인간은 오로지 '인간성' 자체만으로 인정받아야 한다.

20세기 미국의 심리학자 로렌스 콜버그는 피아제의 인지발달 이론에 영향을 받아 인간의 도덕성 발달에 관한 이론을 제시했다. 콜버그의 도덕성 발달 이론은 '전 인습 수준', '인습 수준', '후 인습 수준'이라는 세 단계로 나누어 설명된다.

그리고 여기서 다시 여섯 단계로 나누어질 수 있는데, 전 인습 수준에는 '처벌회피'와 '보상추구'라는 두 항목을 통해 사회를 고려하지 않고 순전히 개인적인 차원에 머문 도덕성을 이야기했다. 다음으로 인습 수준에는 '자기가 속한 집단의 규범을 따르는 착한 아이', '법'에 따른 도덕성을 언급했으며, 마지막으로 후 인습 수준에는 '사회계약'과 '양심'을 들었다.

콜버그에 따르면 전 인습 수준인 '처벌 회피', 즉 처벌을 피하기 위해 도덕을 지키는 차원이 가장 낮은 단계이고, 후 인습 수준까지 순차적으로 올라가다 보면 보편적 도덕원리인 '양심'이 가장 높은 단계에 속한다.

여기서 콜버그의 이론을 다시 빌려오자면 인간의 보편적 도덕원리란 바로 양심적인 행위다. 다만 인간의 도덕성이 보편적 윤리성을 띠려면 사회공동체 모두에게 적용될 수 있는 선한 행위여야만 한다. 만약 양심의 허용범위를 자의성에만 맡겨두면 비도덕적인 행위가 관점에 따라 도덕으로 환원될 여지가 있다. 가령 일본이 저지른 각종 학살은 일본 관료나 그 측근들에게는 그들만의 윤리적 범주 안에서 용인되는 행위지만, 학살당한 민중들이나 그 가족들에겐 용서받을 수 없는 비윤리적인 행태가 된다.

그러므로 '양심'이라는 인간 내면의 목소리는 필히 보편적 윤리성을 띠어야만 한다. 가령 프랑스 대문호 빅토르 위고의 소설 『레미제라블』에서 장발장을 쫓는 자베르는 양심이 아닌 법적 질서를 준수하는 차원의 도덕성만 지녔다. 자베르는 현행 법적 권위와 사회질서 유지를 무엇보다 중시하기에 개인적인 문제보다는 전체를 위한 의무감을 최상의 가치로 여기고 행동한다. 즉 자베르의 윤리는 법치가 최대한도로 발현된 형태지, 양심이라는 순수한 내적 목소리에 귀를 기울인 행위는 아니다. 작중 자베르는 장발장을 법의 심판대에 세우고자 한다. 그러나 자베르는 모종의 이유로 장발장을 직접 놔주게 된다. 그런 뒤 자베르는 자괴감을 느껴 스스로에게까지 냉혹한 법의 잣대를 들이대 결국 자살하고 만다. 이처럼 법에 대한 맹목적이고도 철저한 복종심은 원칙주의자가 원칙을 꺾었을 때, 그 고통이 이루 말할 수 없을 만큼 극심함을 드러낸다.

다만 『레미제라블』이 표상하는 주제는 단순한 형벌의 차원이 아니다. 바로 용서와 은혜다. 그런 점에 있어 자베르는 사회적으로는 쓸모 있는 사람이었지만, 개인으로서는 법보다 더 나은 가치를 평생 알지 못했던 불행한 사람일 수도 있다.

반면 자베르와는 달리 장발장은 자신을 태워 주변을 밝히는 촛불 같은 사람이었다. 장발장은 악인에서 교화된 이후 진정으로 내면의 목소리에 귀를 기울일 줄 알았다. 게다가 보편적 도덕원리로 살아가는 인물이 되고부터는 누구보다 이타적이고 자기헌신적인 삶을 살아갔다. 나는 이것이 현실적으로 가장 중요한 삶의 원리이자, 무엇보다 지켜지기 힘든 우리사회의 맹점이라고 생각한다. 누구라도 장발장처럼 살아가는 것을 생각해볼 수는 있지만, 직접 그렇게 결단하며 살아가기란 결코 쉬운 일이 아니다. 매순간 내면의 부름대로 살아가되 그 응답은 선한 형태로 발현되어야만 하기 때문이다.

결국 장발장처럼 내면의 소리에 귀 기울인다는 것은 무엇보다 소중한 가치를 품어나가는 일이다. 걷다가 뒤돌아볼 줄도 알고 조금 천천히 가도 좋다고 양보할 줄 아는 선한 인간은 어떤 사회공동체에 속하든 커다란 활력을 불어넣기 마련이다. 그런 의미에서 마음 따뜻한 사람들이 세상에 차고 넘쳤으면 좋겠다. 타인이 처한 어려운 현실을 외면하지 않는 사람만이 우리사회의 가장 쓸모 있는 인간이다. 이는 인간이 스스로 자신의 인간성을 사수해야 하는 필연적인 이유이기도 하다.

사랑도 이별도 없는 세대

　우리는 얼음처럼 차가운 시대를 살고 있다. 현재진행형인 과학기술은 더욱 진보하고 있으며 개개인의 삶은 훨씬 자유롭고 편리해졌다. 그러나 전보다 쉽게 목소리를 낼 수 있게 된 만큼 타인의 언어에 가려져 제대로 발설되지 못하거나 다른 소음에 파묻혀 버리기도 한다. 더욱이 아무도 타인의 삶에 관심을 갖지 않기에 이야기를 들어줄 사람도 마땅치 않다.

　결국 인간의 존재적 자유는 확대됐지만, 개인이 느끼는 고립감은 훨씬 심화됐다. 그래서 세상이 얼마나 진일보하든 개개인이 체감하는 허무의 정도는 과거의 인류가 느끼던 그것과 크게 다르지 않다. 오히려 마음의 피폐함이나 허탈감만 심화된 꼴이다. 불현듯 지금의 이 시기란 청년들에게는 공수空手의 상태를 벗어나고자 무언가를 붙잡아야 하는 순간으로 다가오지 않을까 싶다.

우리는 아무것도 가지지 않은 채로 태어났다. 그 무엇도 가지지 않은 손.

처음부터 무언가를 손에 쥐고 태어나는 인간은 없다. 죽을 때도 마찬가지다. 우리는 세계에 던져질 때나, 흙으로 돌아갈 때 모두 빈손이다. 그래서 취할 것도 없고 잃을 것도 없다. 손바닥이 비어 있는 시간들과 무언가를 움켜쥐기 위해 살아 숨 쉬는 나날들을 포함해, 그 무언가를 움켜쥘 수 있는 건 살아있는 순간뿐이다. 아무것도 가진 것이 없기에 무엇이든 움켜쥘 수 있다. 그러한 가능성이 얼마든지 발아할 수 있는 시기다. 그래서 꿈을 부여잡을 수도 있고, 살아가는 즐거움을 꼭 붙잡고 누릴 수도 있다. 그리고 초라한 빈손으로는 옆에 있는 다른 사람에게 손을 내밀어줄 수도 있다.

어쩌면 사람이 다른 사람에게 손을 내민다는 것은 인류사에서 가장 고귀한 일이 아닐까 싶다. 현 사회를 지탱하는 모든 구성원들은 각자 극심한 고독감과 외로움을 품고 있다. 그럼에도 삶이 너무 바쁜 나머지 미처 그러한 감정을 느낄 새가 없다. 단지 자연적으로 살아지기에 살아내는 것처럼, 품은 감정을 애써 풀어놓지 않은 채로 살아가는 것이다. 그러나 그들을 전부 따로 떨어뜨려놓게 되면 다시금 극렬한 소외감이 휘몰아쳐 커다란 통증을 겪게 된다.

사회심리학자 에리히 프롬에 의하면 '인간은 다른 인간과 결합하려는 원초적 욕망이 있다'고 한다. 인간은 태어나는 순간부터 누군가의 보살핌이 필요하고, 보살펴주는 대상과의 교감을 갖는 것으로 최초의 관계를 형성한다. 만일 인간이 그러한 보살핌의 순간에서

멀어진다면 소외상태에서 오는 고독감이나 분리감으로 인해 인간 실존은 불안한 상황에 처하게 된다. 사랑이 결핍된 관계에서 오는 불안은 실존의 감옥이다. 인간은 본능적으로 이를 벗어나고자 애쓰게 된다. 그렇지 않으면 극심한 고통을 받기 때문이다.[25)]

여기서 사랑의 역할이 두드러지는 이유가 있다. 프롬의 말을 빌리면 사랑은 수동적 감정이 아니라 '능동적 활동'이며, 저절로 빠져드는 것이 아닌 '직접 참여하는 것'이다. 인간은 사랑을 주는 것을 받는 것보다 더 즐거워하기 때문에 타인에게 사랑을 주는 것을 일차적 목적으로 한다. 이를 통해 인간은 타인과의 일체감을 형성하고 실존적 불안을 벗어던질 수 있게 된다. 당연히 고통도 받지 않는다. 반면 비생산적인 사람의 경우 누군가에게 사랑을 주는 것을 일종의 희생으로 인식하는 경향이 있다. 그러나 사랑은 곧 희망이라는 도식은 진정한 사랑의 범주에 속하지도 않을뿐더러 궁극적으로 개인에게 고통만을 가져다줄 뿐이다.[26)]

사랑은 거창한 것이 아니다. 손 안에 든 것은 아무것도 없지만, 그렇기에 상대에게 먼저 손을 내밀어줄 수 있다. 다만 우리의 현실이 그것을 다음으로 미루도록 만든다. 때때로 너무 외로워 사랑과 엇비슷한 연애도 몇 차례 해보지만, 상대방은 고작 내 인생의 어느 한 지점에서 고작 한 귀퉁이만 살짝 차지하다 끝나는 게 전부인 경우가 많다. 이후에도 비슷한 굴레가 반복될 따름이다. 싫증과 권태를

---

25) 에리히 프롬, 황문수 옮김(2011: 17).
26) 에리히 프롬, 황문수 옮김(2011: 40~41).

내세운 이별은 더 이상 사랑이 아니라는 증거다. 혹은 사랑했어도 전부 과거형에 불과하다. 예전에 사랑했던 거지, 지금 당장 사랑은 없다. 지금 이 순간 뜨겁지도 않다. 애초부터 사랑이 아니었다면 더 말할 것도 없다. 진정한 사랑이 없으니 아름다운 이별도 있을 수 없다. 그렇다면 우리는 진정 사랑도 이별도 없는 세대를 반복하고 있는 것일까.

사랑은 현존하는 자의 특권이다. '사랑했다'는 말은 구태의연한 수식에 불과하다. 아무리 아름다운 과거를 끌어와도, 그때 그 순간 정말 사랑했는지 아무도 증명할 길이 없다. 과거를 곱씹고 자위하는 것은 스스로가 사랑에 대한 확증이 없어 정당화하거나 '정말 그랬을 것'이라고 추측하는 일에 불과하다. 물론 과거의 사랑도 가치 있다. 지나간 사랑은 아름다운 추억이 되기 때문이다. 추억은 사랑하는 동안 생성된 기억의 부산물이다. 그러므로 추억과 사랑은 결코 동일한 담론일 수 없다. 더욱이 사랑은 언제나 현재형일 때 가장 큰 의미를 지닌다.

체코슬로바키아 소설가 밀란 쿤데라의 『참을 수 없는 존재의 가벼움』은 사랑에 관한 철학적 담론이 풍부한 소설로 유명하다. 소설 속 주인공 토마시는 테레자가 그의 친구 Z가 아닌 자기와 사랑에 빠진 것은 철저히 '우연'이라는 사실을 문득 깨닫는다. 그가 생각하는 가능성의 왕국에는 자신과 이루어진 사랑 외에도 상대방에게서 실현되지 않은 다른 남자와의 무수한 사랑이 존재하는 것이다. 반면 우리 모두는 사랑이란 뭔가 가볍고, 전혀 무게가 나가지 않는 무엇이라고는 생각조차 할 수 없다고 믿는다. 우리는 우리의

사랑이 반드시 중대하거나 엄청난 것이어야만 한다고 이야기하는 것이다. 27)

밀란 쿤데라의 말처럼 우리는 결코 삶에 대해 무작정 가볍다거나 경박한 것으로 인식하지 않는다. '하늘에서 비가 내려 당신이 보고 싶은 게 아니라, 당신이 보고 싶어서 하늘에서 비가 내린다'는 표현이 더 적절할 수도 있는 것은, 우리가 모든 우연에서 유의미함을 발견하기 때문이다. 더 정확히 말하면 우리는 어떠한 우연일지라도 그 안에 참된 의미를 부여할 줄 안다. 의미가 있는 삶은 결코 가볍지 않다. 의미가 있기에 우리의 삶은 전보다 진중할 수 있고, 무게감을 가질 수도 있는 것이다.

물론 의미를 갖는 것도 현재 안에서 이루어질 때 더욱 진정한 의미가 있다. 누구와도 인연이 있을 수 있는 수많은 가능성 안에서 '너'와 '나'라는 둘이 성립하려면 온전한 지금 이 순간이어야만 한다. 우리사회의 우연은 저마다 의미가 있고, 그래서 사랑은 결코 가볍지 않다. 단지 내 몸 하나 건사하기도 버겁다는 이유로 사랑을 다음으로 미루는 사람들이나, 자신의 빈손을 사용할 줄 몰라 타인에게 먼저 손을 내밀 줄 모르는 자들에게 찾아온 우연은 진실로 우연에 불과하다. 그런 삶에는 결코 선량한 얼굴을 한 사랑이나 이별이 찾아올 틈이 없다. 스스로가 사람을 걷어차는 불행을 자초하기 때문이다.

그러므로 가장 먼저 양손을 펴봐야 한다. 손안에 아무것도 쥔

---

27) 밀란 쿤데라, 이재룡 옮김(2010: 57~58).

것이 없다면 먼저 손을 내밀 줄도 알아야 하는 것이다. 그럼에도 여전히 먼저 손을 내밀 수 없다면, 결국 사랑도 이별도 없는 세대를 벗어날 자격도 잃고 마는 것이 아닐까.

자기파괴와 후회

"나 다시 돌아갈래!"

영화 <박하사탕>을 본 사람이라면 누구나 기억할 명장면이다. 오래 전 본 영화인데도 기찻길 위에서 절규하는 배우 설경구의 모습이 아직까지 생생하다. <박하사탕>은 2000년 1월 1일 새천년을 열며 개봉한 기념비적인 영화다. 이 작품은 주인공 김영호(설경구 분)가 순수를 잃어가다 파국을 맞기까지 인물의 변모과정을 현대사의 주요사건들과 함께 맞물려 보여준다. 마치 김동인의 소설 「감자」에 나오는 복녀처럼 환경에 의해 변화해 가는 인간의 모습을 통해 우리사회의 가학성을 탐구한다.

영화 제목인 '박하사탕'은 인간본연의 순수를 상징한다. 그러나 영화는 순백의 박하사탕과는 거리가 멀다. 인간의 가장 어두운 부분을 이야기함으로써 그 반대인 측면을 강조하고 있다. 주인공 김영호에게도 박하사탕 같이 순수했던 시절이 있었다. 그러나 김영호는 1979년부터 1999년까지 20년의 세월 동안 어쩔 수 없는 상황에 의해 차츰 순수를 잃어가며 검게 물든다. 김영호는 광주진압작전 당시 군인으로 투입돼 한 소녀를 사살하고, 고문경찰이 되기도 하며, 불륜을 저지르는 등 비도덕적이고 파괴적인 삶을 살다 파국을 맞는다. 그리고 절체절명의 순간 김영호는 후회라는 감정도 느낀다. 순수를 잃기 전의 자신으로 돌아가고 싶은 것이다. 영화는 이러한 여운을 남기면서 끝이 난다. 어찌 보면 허무할 수 있는 결말이지만 곱씹을수록 삼킬 것이 많은 영화다.

우선 김영호는 행동하는 인간이 아니었다. 환경적 트라우마가 개인의 삶을 부정적으로 변화시켰지만, 그에 대한 반대급부로 반성적 자기성찰은 있었다. 그러나 김영호의 성찰은 단순히 후회하는 정도에 그치고 만다. 또 후회 뒤에 이어지는 성찰의 결과조차 열차에 몸을 내던지는 극단적인 형태로 나타난다. 이는 스스로 끝맺은 비극적 결론에 가깝다. 어쩌면 잠시나마 죽음을 향해 포즈를 취해봤을 수도 있고, 개똥밭에 굴러도 이승이 낫다고 억지로나마 살아갈 수도 있었을 것이다. 그럼에도 김영호는 변해 버린 스스로를 참아내는 일이 죽음보다 더 고통스러웠기에 끝내 죽음을 택했다.

다만 김영호의 후회는 여러 가지 생각할 거리를 던져준다. 끝이 좋지 않은 방향으로 흘러갔을 뿐, 그 또한 자유로운 자기성찰의 결과다. 사실 우리사회는 어떠한 생각 끝에 생산적이거나 도덕적인 삶을 이어가야만 진정한 자기성찰이 이루어진 것이라고 믿는 눈치다. 이는 일종의 성과주의적 사고관이다. '나는 이제껏 이렇게 살아왔으니 앞으로는 다르게 살아갈 거야'가 아닌, '여태껏 이렇게 살아온 것이 후회가 되니까, 다시 예전으로 돌아가고 싶어'라는 의식의 전환도 분명한 자기성찰이란 점을 인정해야 한다. 그런 점에서 김영호는 끝이 좋지 않았을 뿐 본질적으로는 자기성찰을 이룩한 것이다.

일찍이 에리히 프롬도 인간은 의식적으로 죄책감을 갖지만, 자기의 죄를 이해할 수 없다면 파멸할 것이라고 이야기한 바 있다. 그럼에도 김영호처럼 생의 무게를 벗어던지고 스스로가 파멸에 이르는 길을 변호해주고 싶진 않다. 단지 자기성찰이라는 객관적 사실에 대해서만 인정하고 싶을 뿐이다.

아기를 무척이나 좋아하는 나로선 인간본성의 순연함을 믿는다. 인간의 착한 본성은 모든 개인이 현 지점까지 살아오며 저질러온 수많은 악한 행위를 어떻게든 스스로가 후회하도록 만드는 데 있어 큰 역할을 한다고 생각한다. 반성적 자아를 품은 인간의 후회란 깊고 얕은 개인차가 있으며, 이는 상황이나 환경에 따라 가변적이다. 그럼에도 중요한 것은 인간에겐 끊임없이 지난 날로 돌아가고 싶은 순간들이 존재하고, 삶 자체가 아쉬움의 연속이라 할 만큼 잦은 후회 속에 놓여 살아가게 된다는 것이다.

좀 더 많은 표현을 알았더라면… 모든 순간의 의미와, 다가올 일들을 내가 미리 알았더라면… 나의 이십대는 전혀 다른 음音들을 쏟아내며 또 다른 인생의 테이블을 돌고 돌았을지도 모를 일이다. 앞날을 알 수 없는 인간의 순간과… 그런, 운명의 마디 수를

다 채운….28)

소설가 박민규의 작품 한 대목이다. 누구든지 지난 날을 돌이켜보면 '만약 ~했더라면' 하는 순간들이 빼곡하다. 그날의 '표현'이 달랐다면 혹은 '선택'이 달랐더라면 우리의 삶은 지금과는 다른 음들을 쏟아내고 있었을까?

물론 지금 와서 삶이 더 행복할지 불행할지 함부로 단정 지을 수는 없다. 우리의 삶은 소설처럼 수많은 갈등과 그것을 해소해 가는 복잡한 과정 속에 둘러싸여 있기 때문이다. 이 가운데 우리는 잦은 과오를 범하기도 하고, 스스로가 파멸이라는 버튼을 눌러 타인과의 관계를 망쳐버리기도 한다. 이는 합리의 이름으로 행해지는 폭력적 자멸이다.

특히나 우리가 겪는 가장 큰 후회 중 대부분은 타인에 대해 행해진 실수인 경우가 많다. '내 언어의 한계가 내 세계의 한계를 의미한다'는 비트겐슈타인의 말이 이를 대변한다. 세계의 한계란 논리로 채워 두었지만 여전히 부족한 자기 언어의 한계를 말한다.29) 즉 앎이 언어의 한계를 단정 짓는 중대한 요소라는 점이다. 그러나 이를 다른 관점에서 바라본다면, 후회를 동반하도록 만드는 내 언어의 한계가 내 세계를 규정할 수밖에 없다. 즉 내가 행한 말실수로 인해 타인의 마음에 상처를 입힌다면 그 관계는 부서질 우려가 있다.

---

28) 박민규(2011: 26).
29) 비트겐슈타인, 김양순 옮김(2015: 94).

실제로 파탄이 나게 된다면 이는 곧 후회를 동반하게 되고, 그것은 결국 내가 처한 현실이 된다. 혹은 관계가 파괴되지 않더라도 자연스럽게 벌어진 하나의 상황은 내 손으로 직접 만든 나의 세계다.

결국 나의 언어는 곧 나의 세계다. 우리는 언제라도 세계를 넓혀 나갈 수가 있고, 단숨에 좁혀 버릴 수도 있다. 그것이 자의든 타의든 상관없다. 다만 세계를 넓혀나가기란 쉽지 않은 일인 반면, 좁히는 것은 한순간이라는 점에서 차이가 있다. 사실 조금만 부정적인 상황이 벌어져도 나의 세계는 지각변동을 겪을 수밖에 없다. 우리에게는 항상 자멸의 버튼이 있기에 그것을 눌러 스스로를 파괴하고 후회하도록 설계되어져 있다. 인간은 선하나 완전하진 않기 때문이다. 그래서 우리가 최선이라 생각하고 발설한 언어는 항상 불완전하기 짝이 없다. 아무리 생각하고 다듬어도 표현은 완성형이 될 수 없고, 논리적 허점은 자주 발생하기 마련이다.

그러므로 비트겐슈타인은 "말할 수 없는 것에 대해서는 침묵해야 한다."[30]고 말한 것이 아닐까. 그렇다면 우리는 아무 말도 할 수 없는 존재로 전락할 것이 분명하다. 물론 아무 말도 하지 않을 순 없다. 그만큼 신중할 것을 강조하는 이야기다. 우리는 어떤 삶에 놓이든 후회하지 않을 수 없는 존재이기 때문이다. 다만 후회한 뒤에도 그것을 다시금 반복하지 않는 것이 중요하다. 그래야만 자기인식의 실마리를 찾아 끊임없이 앞으로 나아갈 수 있다.

결국 우리 앞에 놓인 자기파괴는 내 세계의 무한한 확장성을 방해

---

30) 비트겐슈타인, 김양순 옮김(2015: 114).

하며 후회를 동반한다. 그렇지만 후회하더라도 살아갈 책임을 버리지만 않는다면, 자기인식의 끝에서도 김영호와 같은 파국을 맞는 일은 최대한 피할 수 있을 것이라고 본다.

트러블 메이커를 위하여

그냥 모른 척 지나가도 아무도 비난하지 않았을 일들에 끼어들
어서는 시시비비를 가리려고 애쓰고. 그러다가 상처를 입기도 하
고…. 하지만 그게 잘못된 삶이었다고는 생각되지 않았다. 옳은
일을 하다가 입는 상처는 모른 척 지나간 다음에 남게 되는 가슴속
의 상처보다는 훨씬 덜 아플 것이다.31)

정치인 이회창의 '아름다운 원칙'은 이십대 초반 내 삶의 신조였
다. 나의 아름다운 원칙은 일종의 정의를 가리는 일이었다. 그러나
내 사고는 불완전하기 그지없고 그다지 건강하지도 못했다. 그때의
나는 뭐라고 형용할 길이 없는 고집불통이었다. 별로 중요하지도

---

31) 이회창(2002: 59).

않은 개인적인 원칙 때문에 내 생활을 망친 적이 한두 번이 아니었고, 내 마음만 떳떳하지 2% 부족한 정의감 때문에 소중한 관계를 망가뜨린 적도 허다했다. 결과보다 과정이 중요하다는 내 성향을 따라 '양심 있게 살자'는 소박한 신념도 사회와 적절하게 융화돼 따뜻한 형태로 적용되어져야 맞는 일인데, 때에 따라 기준을 잃고 길을 헤맨다거나 스스로 너무 날이 서 있었던 것이 분명하다. 그것도 정작 내 삶은 200% 투명하지 못하면서도 남에게만 더욱 깐깐한 잣대를 들이대고 정죄하기 바빴다. 정죄는 곧 냉소와 반면교사를 동반했다.

'나는 저렇게 살지 말아야지.'
'저런 어른은 안 될 거야.'

그럴수록 나는 시답잖은 어른들과 의식적인 거리를 두며 점점 오만방자해져갔다. 그러나 그땐 모든 교만한 자의 속성이 그렇듯 스스로의 민낯을 보지 못하는 아집 속에 머물러있었다. 언제부터 이 고집이 깨뜨려진 건진 잘 모르겠지만, 그 당시 난 여러 회의감 속에서도 내 도덕적 원칙이 세상에 통용되는 보편절대적인 선에 부합하는지를 고려하지 않는 오류를 범하고 있었다.

그러던 중 원칙에 따라붙는 몇 가지 의문들과 마주하게 되면서 내 사고도 급작스런 변화의 조짐을 보이기 시작했다. 과연 내 윤리적 기준이 사회에 반하지 않고 누구에게나 선할 수 있는 옳은 신념인가? 그 원칙을 주장하기 위해 남에게 전파하거나 덧씌우는 것이 정당한 일인가? 또 그 알량한 원칙이 소중한 타인과의 관계를 파탄 내어 버리는데도 꼭 지켜져야 할 원칙으로써 가치가 있는가? 마지막으로 원칙과 관계라는 두 가치가 결코 양립할 수 없다고 가정한다면, 어떤 주장이나 신념을 지키는 일이 일평생의 관계보다 더 소중한지에 대한 근본적인 회의감이 들기 시작한 것이었다.

영국의 철학자 버트런드 러셀은 "도덕원칙을 지니지 말라는 것이 아니라 미신적인 도덕원칙을 지니지 말라는 것이며, 이 두 가지는 전혀 다른 것이므로 혼동하지 않기 바란다"고 말한 적이 있다.[32] 즉 내가 가지고 있는 도덕원칙은 일종의 미신에 불과한 것이지, 세상 사람들 모두에게 통용될 수 있는 보편적 진리로써 작용하는 도덕원칙은 아니라는 말이다. 결국 러셀은 자기를 세상의 중심으로 삼는 사람들에게 뼈가 있는 경고를 하고 있는 셈이다.

자신만의 미신적인 도덕원칙에 함몰된 사람들은 보통 한 사회의 '트러블 메이커(Trouble Maker)'인 경우가 많다. 특히 자기중심적인 좁은 생각에 갇혀 다른 사람의 의견을 고려하지 않는 자는 공동체 안에서 종종 싸움을 조장하기 일쑤다. 그도 그럴 것이 남의 말은 듣지 않으면서 자기 원칙이나 주장만 고집하는 사람은 옆에 있으면 짜증을 유발하고 피곤하기 짝이 없다. 그런 사람은 주변으로부터 환영받지 못하는 벌레 취급을 받기 십상이다.

프란츠 카프카의 소설 『변신』을 보면 주인공인 그레고르가 어느 날 벌레로 변한다. 벌레가 된 그레고르는 가족과의 소통이 힘들어

---

32) 버트런드 러셀, 이순희 옮김(2005: 115).

졌다. 반면 트러블 메이커는 소통은 가능하지만, 스스로가 모든 관계를 점차 파탄내기 시작하면서 인간 본연의 생기를 잃어간다. 소설 속 그레고르가 벌레로 변신해 인간으로서의 기능을 상실하게 된 반면, 트러블 메이커는 스스로가 인간으로서의 기능을 차단해 벌레로 변신해 간다. 아집 속에 갇힌 트러블 메이커는 관계의 소중함을 점점 망각하게 되고, 일상적인 인류에 대한 사랑과 감사가 사라질 일밖에 남지 않게 된다.33) 즉 트러블 메이커는 제 귀를 막고 자기 목소리만 높였기 때문에, 자신이 영위하던 소소한 생활들마저 분쇄하고 스스로에게 파멸을 가져다주게 되는 것이다.

정치적 욕망의 화신이라는 세상의 비난에 맞서 내 자신의 도덕적 정당성을 주장하는 싸움이 과연 가치 있는 일인지 의심한다. 정치를 하면서 엄청나게 많은 사람들을 만났지만, 정작 사랑하는 사람을 사랑할 시간은 언제나 부족했다. 세상의 모든 비극과 불의에 대해서 내 몫의 책임이 없는지 살펴야 하는 게 괴로웠다. 왕의 심기를 살피는 신민처럼, 변덕스러운 여론을 언제나 최고의 진리로 받들어야 하는 정치인의 직업윤리가 너무 무거운 짐으로 느껴졌다. 목적의식을 가지고 인간관계를 관리하는 것이 위선으로 보였다. 인간의 존엄을 보장하는 세상을 만들기 위해 내 삶의 존엄을 해치는 것이 정말 훌륭한 일인지 모르겠다.34)

---

33) 김정자(2011: 277).
34) 유시민(2013: 195).

유시민 작가가 정치인 시절을 회고한 기록을 그대로 옮겨왔다. 우리의 도덕적 원칙은 정치와는 다른 범주의 그릇이지만, 그 모든 형태가 인간의 회의감에서 비롯돼 한 단계 더 도약할 수 있음을 알 수 있다. 유시민 작가의 말처럼 '정치적 욕망의 화신이라는 세상의 비난에 맞서 내 자신의 도덕적 정당성을 주장하는 싸움이 과연 가치 있는 일인지'를 우리는 끊임없이 의심해봐야 한다. 그것이 정말 필요한지 불필요한지, 만일 가치가 드러나지 않는 일이라도 어떤 의미를 품고 있는지를 말이다.

나는 내 삶의 존엄을 해치는 일을 하지 않기 위해 관계를 영위하는 것을 지지한다. 신념을 굽히는 일은 어두운 부분과 타협하라는 의미가 아니다. 그럴 땐 결코 타협해선 안 된다. 다만 신념이나 원칙이 꼭 필요한 순간들도 있겠지만, 그것이 자신이 속한 세상과 소중한 관계를 깨뜨릴 수 있다면 '정말 그리해도 될 만한가'를 한번쯤 고민해봐야 한다는 점을 이야기하고 싶다. 특히나 우리의 불분명한 원칙과 완고함은 사람으로서의 매력을 닳게 만든다. 그리고 영영 토라져 버린 관계는 저 먼 길을 떠나고 나면 다신 돌아오지 않는다.

그런 의미에서 같은 시대를 살아가는 수많은 사람들이 자신이 속한 세계와 진실한 관계가 무엇보다 소중하다는 것을 하루 빨리 인식했으면 좋겠다. 사회라고 언제까지 트러블 메이커를 감싸주진 않는다. 그런 노파심이 이 글을 쓰게 만들었다.

어른이 되어 간다는 것

보도블록 틈에 핀 씀바귀꽃 한 포기가 나를 멈추게 한다

어쩌다 서울 하늘을 선회하는 제비 한두 마리가 나를 멈추게
한다

육교 아래 봄볕에 탄 까만 얼굴로 도라지를 다듬는 할머니의
옆모습이 나를 멈추게 한다

굽은 허리로 실업자 아들을 배웅하다 돌아서는 어머니의 뒷모
습은 나를 멈추게 한다

나는 언제나 나를 멈추게 한 힘으로 다시 걷는다[35]

반칠환 시인의 「나를 멈추게 하는 것들: 속도에 대한 명상 13」이

---

35) 반칠환(2012: 80).

란 시 전문이다. 시인은 쉴 새 없이 전진하기 바쁜 일상 안에서 자주 지나치기 쉬운 풍경에 눈을 둔다. 보도블록 틈에 핀 씀바귀꽃을 발견하자 걸음을 멈추고, 하늘을 날고 있는 제비를 보며 발을 멈춘다. 또 육교 아래서 도라지를 다듬는 할머니의 옆모습과, 아들을 배웅하고 돌아서는 어머니의 뒷모습을 보고 걸음을 멈춘다. 이처럼 시인의 시야는 오롯이 타자에게로 향하고 있다. 결코 자신 안에 머물러있지 않는다. 시인은 타인의 모습을 통해 자신의 내면을 시적으로 감각화한다. 덕분에 시는 한결 아름답고, 시인의 마음은 더욱 따뜻하게 다가온다.

치열한 현대인의 굴레 안에서 사람이 타인에게 관심을 갖기란 쉬운 일이 아니다. 내 몸 하나 건사하기조차 힘든 것은 물론이거니와 사회라는 게 갈수록 치열해지고 각박해져가기 때문에 남에게 눈을 둘 여유조차 없다. 그럴 마음이 생기려야 생길 수도 없는 것은, 애초부터 걸음을 멈추고 타자를 성찰할 마음이 들게 만드는 사회구조가 아니기 때문이다.

그러나 사회적 분위기가 더욱 냉랭해지고 몰인정해져도 인간이 꼭 그에 발맞춰 닮아갈 필요는 없다. 사회가 각박하다고 해서 인간도 덩달아 각박해질 필요가 있는 것일까 묻는다면, 꼭 그럴 필요는 없다는 상상을 해본다. 속도전과 개인화가 심화되는 경향이 세계의 순리라면, 그것을 거스르는 일이 어른으로서 혹은 사회인으로서 마땅한 도리라고 할 수 있지 않을까.

빠르게 전진하는 것이 미덕인 사회에서 잠시 멈추거나 퇴보하는 일은 삶의 여유와 크나큰 용기를 담보로 한다. 여기서 여유라는 것이 꼭 넉넉하거나 잉여적인 상태를 뜻하는 것만은 아니다. 자신의 내면이 진정으로 타인을 받아들일 수 있는가에 대한 본질적 물음이자, 타자적 의미를 염두에 둔 따뜻한 정서가 여유의 본체다. 즉 여유를 갖는다는 것은 본래의 걸음을 멈추고 주변을 돌아볼 여지를 남겨두는 행위라 할 수 있다.

걸음을 멈추고 주변을 돌아본다는 것은 일단 그 자리에 멈춰 선다는 것이다. 모두가 나아가는 사이 홀로 멈춰 선다는 건 기존질서를 역행하는 것이나 마찬가지다. 하지만 그것은 너무 당연해 지나치기 쉬운 세계로부터 하나의 의미를 발견해 가는 일이기도 하다. 걸음을 멈추거나 천천히 걸을 때만 보이는 의미의 세계 속에는 꽃 한 포기와 제비 한두 마리가 있고, 도라지를 다듬는 할머니가 있으며, 아들을 배웅하고 돌아서는 어머니가 있다. 그리고 사랑도 있으며, 감동도 있다. 더불어 안식이 있으며, 형형색색의 추억과 불현듯 찾아오는 깨달음도 있다. 이 모든 건 우리를 살게 하는 삶의 원동력이자, 경건한 생을 위해 지속성을 부여하는 역할을 한다.

유모차에 박스를 싣고 느릿느릿 걸어가는 허리 굽은 어르신의 모습은 우리의 삶을 자못 경건하게 만들어준다. 물론 묵묵히 일하는 어르신의 모습에서 큰 자극을 받고, 동정어린 시선을 쏟아내는 스스로의 모습이 사회적으로 꼭 바람직한 일인지 어떤지는 잘 모르겠다. 다만 그분들은 자신들의 처지가 어떻든 단 한 번도 삶을 진지하게 살아가지 않은 적이 없다는 사실과, 허리가 다 굽도록 곤욕스러운 생기를 다 쏟아내도 결코 무릎이 바닥에 닿고 있지 않는다는 사실에서 진심으로 존경하고 싶은 마음이 드는 건 어찌할 수 없는 노릇이다. 앞으로도 나의 시선은 그들로부터 결코 쉽게 거두어지지 못할 것 같다.

결국 어른이 되어 간다는 것은 내 존재와 타자의 생을 함께 인식하고 존중하는 일이다. 시인이 스스로를 멈추게 한 힘으로 다시 걸을 수 있다고 말한 것처럼, 속도를 줄이고 걸음을 멈추는 일은 따뜻한 시야로 다른 존재를 바라볼 수 있도록 만들어준다.

타인의 삶은 자신의 삶과 동일하게 소중하다. 그것을 인정하고 바라볼 수 있는 시야를 갖추게 되었을 때, 우리는 이를 진정한 어른이라 지칭한다. 나 또한 진실로 그러한 어른이 되고 싶다. 빠르기만 한 걸음을 멈추고 타자의 생을 함께 인식하는 어른이고 싶다. 어른이 되어 간다는 것은 깨달음에만 머문 단순한 사고의 차원이 아니기 때문이다.

2. 길 위에 내던져진 어른아이의 삶

시간 속에 스며든 인간

프랑스 대표 작가 마르셀 프루스트의 소설『잃어버린 시간을 찾아서』에는 유명한 장면이 하나 나온다. 주인공이 따뜻한 차에 살짝 적신 마들렌을 한 입 베어 무는 순간, 과거 어린 시절의 추억 속으로 빠져들어 가는 장면이다. 주인공이 인생에서 절망한 어느 날, 미각의 체험으로 어릴 적 잃어버렸다고 생각했던 아름다운 기억과 추억을 자각한다.[1] 여기서 마들렌은 훌륭한 소설적 장치이자 인간을 긍정하는 기억의 매개체가 된다.

사실 일상에서 마들렌과 같은 추억의 매개체는 곳곳에 널려 있다. 그러나 우리는 지나간 시간에 대해 과소평가하는 경향이 있다. 특히 현재나 미래를 비교적 소중히 다루는 것에 비하면 과거는 거의

---

1) 「손현덕의 생각」 패션5의 '프루스트의 마들렌'」, 매경프리미엄, 2017.8.14. 15:12. http://premium.mk.co.kr/view.php?no=19758 (2017년 10월 6일 검색) 참조.

찬밥 신세도 못된다. 과거는 이미 지나가버린 것이고, 붙잡을 수 없는 시간이란 인식이 강하다는 이유 때문이다.

그러나 과거라는 게 단순히 '지나간 것', '지나갔으니 아무것도 아닌 것'만을 의미하진 않는다. 과거란 지금 이 순간에도 기억으로 현전하며, 현재에 영향을 미치고, 또 앞으로의 시간을 구성하는 중대한 요소다.

현재가 주로 물리적 시간에 의존한다면, 과거란 정신적 시간의 전유물이다. 인간이 능동적으로 무언가를 '상기하는 일'은 언제라도 자아가 정신을 쏟아 어떤 이미지를 끌어올 수 있도록 도와준다. 물론 추상적인 이미지를 직접 보고 만질 수는 없다. 다만 우리의 정신을 온전하게 집중하도록 만든다는 점에서 뭔가를 떠올리는 일은 중요하다.

초대 그리스도교의 사상가 아우구스티누스는 시간이 우리의 마음 안에 현전하게 하는 능력을 '상기의 힘'이라고 불렀다. 우리는 상기함으로 과거의 시간을 지금 이 순간 다시 끌어올 수 있다. 그렇기에 과거란 단순한 기억의 차원이 아니다. 인간이 스스로 의식 속으로 걸어 들어간 뒤, 지난 경험을 들춰보고 쌓인 먼지를 털어내며 능동적으로 호흡하는 일이다. 즉 기억은 인간이 온전하게 살기 위한 하나의 방도로써 그 역할을 한다.

인간은 '인간의 시간' 속에서 비로소 존재한다. '인간의 시간' 안에서만 인간은 자신의 존재를 발견할 수도 확인할 수도 있다. 때문에 인간은 자기 현재의 모든 것들(기쁨, 슬픔, 걱정, 희망 등

등) 중 그 어느 것도 과거의 기억 또는 미래의 기대와 분리시켜 생각할 수 없다. 과거는 기억으로서, 미래는 기대로서 이미 우리의 현재적 삶에 언제나 참여하고 있다.[2]

인간은 시간이라는 환경과는 떼어놓을 수 없는 존재다. 인간은 인간의 시간 속에서만 존재한다. 다르게 말하면 인간은 과거와 현재와 미래라는 시간 속에 갇혀 있다. 인간은 자신의 시간 안에서만 스스로의 존재를 발견하고 확인할 수 있다. 때문에 과거는 기억으로서, 미래는 기대로서 우리의 현재적 삶에 언제나 참여하고 있다. 이처럼 인간은 스스로를 시간 안에 결박한 채로 자연스럽게 살아가고 있는 것이다.

그러나 인간이 시간의 수인이라고 해서 행복하다거나 불행하다고 딱 잘라 말할 수는 없다. 시간은 존재하는 모든 자들에게 절대적이지만, 기억은 저마다 상대적이기 때문이다. 그러므로 시간을 떼어놓고 이야기하는 인간존재의 의미란 어느 때고 반쪽짜리에 불과할 수밖에 없다.

과연 시간은 인간을 가두고 불행하게 만드는가, 아니면 그 반대인가? 이 물음에 대답하기 위해 나는 잠시 사랑하는 사람을 죽여야만 한다. 만약 정말로 사랑하는 사람이 우리가 살아가는 시간 가운데 죽게 된다면 누구라도 한동안 큰 슬픔에 휩싸일 것이다. 그 슬픔의 강도란 이겨낼 수 없을 만큼 커다란 것이다. 하지만 잔류하는 몇몇

---

2) 김용규(2009: 139).

기억을 제외하곤 시간의 흐름에 따라 망각되고 무뎌져 슬픔은 점차 상쇄되어 간다. 시간의 수인인 인간은 역설적이게도 시간 속에 매몰되며 자연스럽게 기억이 해체되는 과정을 밟아가기 때문이다.

물론 모든 인간에게 마들렌 같은 훌륭한 기억의 매개체가 있다면 해체의 과정이 조금 더뎌질 수는 있다. 예를 들면 고인이 늘 손에 쥐고 있던 커피 잔을 볼 때마다 눈시울이 붉어질 것이고, 또 이를 통해 몇몇 추억을 다시 떠올리게 될 것이다. 어떠한 계기로든 상기된 기억은 현재에서 이미 지나간 시간을 다시 경험하도록 만든다. 그렇기에 강도는 다를지언정 기존에 느낀 감정을 다시금 심어주게 된다. 만일 인간의 기억이 무한하고 아무런 변화도 망각도 없이 일정한 범주를 유지한다면, 사랑하는 사람을 잃은 슬픔이 1년이고 10년이고 끊임없이 지속되는 불행을 맛보게 될 것이다.

다행히 인간은 망각의 동물이라 시간의 질서에서 해방되어지는 것이 가능하다. 다만 물리적 시간 속의 인간은 스스로가 TV를 더 자세히 보기 위해 의자를 앞으로 끌어당기듯 삶의 한 부분을 선택해 집중하고는 한다. 옳든 그르든 자신이 선호하는 하나의 채널에만 집중하느라 한곳에 갇혀 버리게 되는 것이다. 이는 스스로를 가두고 시간의 속박으로부터 달아날 여지를 주지 않는 것처럼 보인다. 물론 당장은 그렇다. 하지만 가까운 시일의 삶이 앞으로의 생활 전반을 설명해주진 않는다. 당장은 소모적이고 비생산적일지라도 어렵사리 통과의례를 지나듯 끝끝내 극복해 이겨낼 수만 있다면, 이것이 꼭 어리석은 일만은 아니라고 생각한다.

온전한 인간이라면 소중한 것들을 시간 안에 은폐시켜놓았다가 어느 때고 스스럼없이 꺼내볼 일이다. 고통이나 슬픔을 자꾸만 상기하여 스스로를 시간의 수인이 되게 만들더라도, 인간은 어떻게든 길을 찾고야 말 것이기 때문이다. 그래서 끊임없이 무언가를 기억한다는 것은 결국 인간의 구속된 의식을 해방하고 구원하는 일이다. 이러한 역설이 있기에 인간은 살아갈 수 있다.

물론 모든 해방이 동일하게 축복받을 일인지 확신할 수는 없다. 벌써 몇 년이 흘러 시간의 해방을 코앞에 두었지만, 나는 아직도 그 필요성을 못 느끼는 시간의 수인이기 때문이다. 시간에 관한 나의 집요함은 몇 해 전 떠나보낸 어머니와 아직도 작별하지 못하고 있는 것이다.

2012년 9월 14일 늦은 밤, 안방에서 어머니와 함께 가요프로를 보며 초밥을 먹었다. 아버지는 옆에서 코를 골며 자고 있었고, 나는 어머니의 말을 귀찮다는 듯 받으며 눈은 TV로 향하고 있었다. 만약 내가 다음날 닥칠 불행을 미리 알았더라면 잠시라도 TV에 눈을 두는 짓 따위는 하지 않았을 것이다. 단 한 순간이라도, 1초라도 더 어머니의 모습을 기억 속에 우겨넣었을 것이다. 지난 일이라 더 안타깝지만, 다신 불러올 수 없기에 더 후회막심할 수밖에 없다. 그래서 시간의 수인인 채로 계속 머물고 싶은 것이다. 자꾸만 슬프더라도 무뎌지지 않았으면 싶은 마음은 왜일까.

그러나 또렷하기만 했던 당신에 대한 기억이 조금씩 희미해지는 것을 느낀다. 그럴 때마다 나는 이 또한 어찌할 수가 없다고 생각한다. 기억 속에 은폐시켜둔 당신을 꺼내보는 횟수가 점차 줄어들고 있었으므로 여전히 불효를 저지르는 기분이었다. 하지만 당신을 그리워하면서도 나는 정말이지 혼자서도 잘 살고 있다. 이러한 역설 속에 산다.

어쩌면 이제는 진짜 해방의 길에 다가온 듯싶다. 그렇지만 나는 진심으로 해방을 원하지 않는다. 언제까지고 시간의 수인이길 원한다. 유일하게 나의 어리광을 받아주던 당신 앞에서 이 속없는 짓을 끝내고 싶지 않다. 여전히 당신이라는 시간 안에 스며든 처절한 인간이고 싶다. 지금 이 순간 나의 시간은 70억 인류의 시간을 모두 합한 것보다도 무겁게 느껴진다. 아직도 나는 시간의 수인이다.

과연 유한한 인간의 삶에서 당신의 마들렌은 무엇인가?

절망이라는 집요함

신들은 시지프(시시포스의 불어명)에게 바위를 산꼭대기까지 끊임없이 굴려 올리는 형벌을 내렸었다. 그런데 이 바위는 그 자체의 무게 때문에 산꼭대기에서 다시 굴러 떨어지곤 했다. 무용하고 희망 없는 노동보다 더 끔찍한 형벌은 없다고 그들이 생각한 것은 일리 있는 일이었다.[3]

그리스 신화에 등장하는 시지프는 신에게 대적한 인물로 익히 알려져 있다. 시지프는 태양의 신 아폴론의 소를 훔친 헤르메스의 비행을 아폴론에게 전부 일러바쳤고, 아이기나의 아버지 아소포스에게 제우스가 아이기나를 납치했다고 가르쳐주었다. 이에 격노한

---

3) 알베르 카뮈, 김화영 옮김(2015: 183).

제우스는 시지프에게 죽음의 신 타나토스를 보냈다. 그러나 꾀가 많은 시지프는 도리어 타나토스를 쇠사슬로 묶어 감옥에 가뒀다. 그러다 우연히 죽음의 신이 풀려나면서 시지프는 죽게 되지만, 다시 저승의 왕 하데스를 속여 탈출하기도 했다. 끝내 시지프를 붙잡은 신들은 가혹한 형벌을 준비했다. 바로 제 무게 때문에 저절로 굴러 떨어지는 바위를 끊임없이 산 위로 올려놓는 일이었다. 시지프가 어렵사리 밀어올린 바위는 산꼭대기에 닿자마자 밑으로 굴러 떨어지게 된다. 그럼 다시 원점으로 돌아가 바위를 밀어 산꼭대기에 올려놓아야 한다. 또 다시 바위는 굴러 떨어지겠지만, 시지프는 영원히 반복해야 한다. 이를 놓고 알베르 카뮈는 무용하고 희망 없는 노동보다 더 끔찍한 형벌은 없다고 설명한 것이다.

같은 일이 반복돼 모든 것이 원상태로 돌아가는 부조리한 현실 앞에서 세계는 무의미하다. 어쩌면 매일 출근하고 퇴근하며 같은 일상의 굴레 안에서 살아가는 현대인들의 삶도 이와 별반 다르지 않을지도 모른다. 아니, 꼭 같다. 그들은 매일 똑같은 일을 반복해야 한다. 나이를 먹을수록 살아가는 소소한 즐거움은 잊어버린 채 하루하루 돈 버는 기계가 되어 간다. 그러다보면 점차 병드는 일도 잦아지고 몸도 활력을 잃어가기 마련이다. 보람 없는 나날 속 인간의 삶은 허무 그 자체. 출구가 없는 절망뿐이기에 더욱 고통을 겪을 수밖에 없다. 결국 인간의 삶은 무의미하다는 결론에 이른다.

참으로 진지한 철학적 문제는 오직 하나뿐이다. 그것은 바로 자살이다. 인생이 살 만한 가치가 있느냐 없느냐를 판단하는 것이

야말로 철학의 근본문제에 답하는 것이다.4)

『시지프 신화』를 쓴 알베르 카뮈는 부조리를 말하기에 앞서 인생이 살 만한 가치가 있는지 없는지를 묻는다. 제 나름의 의미를 발견하며 열심히 살아가는 사람들이 있는 반면, 삶이 무의미하다고 느끼는 사람의 종착점은 자살이다. 그렇지만 대다수의 인류가 고통을 받는다고 해서 전부 자살을 하진 않는다. 카뮈는 이에 천착하여 질문을 던진 것이 아닌가 싶다.

카뮈는 산에서 내려와 다시 일을 시작하는 시지프에게 흥미를 갖기 시작한다. 시지프는 분명히 자신의 비참한 상황을 인식하고 있다. 그러나 시지프는 부조리한 운명을 그대로 직시하고 감내하는 길을 택한다. 그것은 자신의 운명을 넘어서는 일이기에 무엇보다도 각별한 의미를 지니고 있다. 이에 대해 카뮈는 부질없는 노동을 자각하고 상황의 부조리를 깨달을 때, 자신이 처한 현실을 기꺼이 수용할 수 있을 만큼 자유로워지고 자신의 운명보다 더 우월해지는 일이라고 생각하는 것이다.

현대사회에서 인간이 시지프의 형벌을 벗어나는 길, 즉 부조리를 극복할 수 있는 길은 두 가지다.

1. 자살하는 것.
2. 희망하는 일.

---

4) 알베르 카뮈, 김화영 옮김(2015: 15).

물론 시지프는 자살해 스스로의 존재를 지워버리지도 않고, 탈출이나 다른 방법을 모색하기 위한 희망을 갖지도 않는다. 시지프가 산의 정상까지 바위를 굴리며 깨달은 사실은, 무작정 절망에서 벗어나려하지 않고 현실에 직접 맞서 버티는 일이었다. 그것은 무의미함이 전부인 상황에서 하나의 유의미를 만들어가는 일이다. 인간은 어떤 상황에 놓여 있든 부조리함을 뚫고서 스스로 의미를 만들어가는 삶의 주체이기 때문이다.

다만 현대사회에서 이러한 삶의 태도가 실질적으로 가능할지를 따져볼 일이다. 설령 굳건한 삶의 의지를 되새기며 사는 사람이 있을지라도 일반적으로 규정되기는 어렵다. 물론 철학이라는 게 실재적 대안만을 제시하는 학문은 아니지만, 현실과 너무 동떨어져 있어도 곤란하다. 사람이 아무런 꿈도 희망도 없이 시지프처럼 노동의 굴레를 반복한다는 것은 불가능하다. 철학적 인간의 위대한 자각과 감내도 현실의 무게 가운데 얼마 후면 시들해질 따름이다. 희망을 부르짖는 일도 정면으로 부정된다. 그런데 실존주의라는 정신사적 궤적을 밟아나가는 사람이 희망을 가지면 어떨까?

카뮈는 희망에 대해 긍정적으로 이야기하지 않았다. 카뮈는 현재의 삶을 직시하지 않으려는 희망을 자기기만적이라고 보았다. 하지만 현실은 다르다. 실존적 인간이 부조리한 상황을 자각한 뒤, 그것을 감내하기 위해서는 희망이 필수적으로 존재해야 한다. 무조건적인 인내에는 뒷심이 없다. 그것이야말로 무의미하고, 구태여 의미를 찾으려 해도 형이상학적인 범주를 벗어나지 못한다. 명철한 의식으로 부조리를 인식해도 무기력하고 싸울 의지가 없다면 운명에 맞설 수가 없기 때문이다. 그러므로 자기기만이든 일시적 눈속임이든 간에 인간은 희망을 가져야만 살아갈 수 있다.

음식보다 더 긴요한 것은 희망이 아니던가? 희망은 그 어떤 알 길 없는 뿌리들로부터 솟아오르지 않던가?5)

제2차 세계대전에서 가장 치열한 러시아 전선을 배경으로 전쟁의 참혹함을 고발하고 인간성을 회복할 것을 호소한 레마르크의 소설 『사랑할 때와 죽을 때』에 나오는 한 구절이다. 레마르크가 이야기하는 희망은 단순한 욕망이나 소원의 개념이 아니다. 무언가를 성취하기 위한 바람을 의미하지도 않는다. 희망은 비소유적이며 존재 자체에 근거를 둔다. 그렇기에 희망은 인간 실존이 맞닥뜨린 빠져나갈 수 없는 절망의 굴레 안에서도 빠져나갈 수 있으리라 여기는 믿음을 지칭한다. 그래서 희망은 스스로 가질 수 있는 절대적 힘이자, 삶이 위축된 순간 언제라도 조심스레 발현되어져야 할 축복 같은 가치다.

우리사회의 시지프들은 바위 위에 희망을 얹어야 한다. 인간이 평생 노동을 하며 살아야 한다면 맹목적으로 감내하는 것은 답이 될 수 없다. 또 희망은 삶에 반전을 만들어내려는 하나의 속성이지, 무작정 삶을 회피하려 해서도 안 된다. 결국 인간이 부조리를 인식하고 그에 맞서되 희망을 갖는 것이 중요하다. 희망은 인간실존의

---

5) 에리히 마리아 레마르크, 장희창 옮김(2011: 143).

탈출구이자 가장 놀라운 구원이다. 그래서 우리가 희망을 갖는 일은 우리의 존재가치를 더욱 위대하게 만든다. 인간 존재의 승화가 바로 희망에서 비롯되기 때문이다.

결국 사람이 희망을 가지는 것은 절망이라는 집요함을 걷어내고, 자신의 삶에 놀라운 변화를 가져다주는 일이다.

썩은 사과는 썩은 사과일 뿐

한국사회는 경제논리에 특화된 약육강식의 사회다. 수많은 사람들이 생존을 위해 소수의 강자들이 만든 무대에 몸을 던진다. 보호색을 띠고 기존 질서를 따라가는 것이 자신의 처지를 지킬 수 있는 길이기 때문이다. 그래서 돈의 입김과 완력이 지배하는 정글에서는 누구라도 구부정하게 허리를 굽힌다. 절대 권력으로 인해 발생한 피해는 전부 약자들의 몫이 된다. 그들은 갖은 수모를 당해도 꾹 참아낸다거나 술안주로 넘겨버릴 줄 안다. 비굴할지언정 살아야 하니 어쩔 수 없다. 이는 인간실존의 유약함과는 성격이 다른 합리화다. 우리사회 약자들의 정체성은 이렇게 굳어지는 듯싶다.

그런데 여기서 문제가 있다. 많은 사람들이 강자를 섬기길 주저하지 않는 반면, 약자를 등한시하는 경향이 있다는 사실이다. 즉 강자 앞의 약자가, 자신보다 더 약자인 사람 앞에선 강자가 되어

버리는 아이러니를 발생시킨다는 것이다. 같은 약자지만 상대적으로 정치적·경제적 우위에 있는 사람들은, 강자로 둔갑하여 자신보다 더한 약자의 권리와 인간성을 건들기도 한다. 경제적 격차가 만들어내는 계급을 약자와 동일선상에 놓고 비교해 보고는 자신이 살아가는데 아무런 문제가 없다고 여긴다. 참으로 저열한 성품이 아닐 수 없다.

그들은 밥을 먹지 않아도 "재떨이 달라" "커피 내와라" "누룽지 좀 먹자"며 식당 아줌마를 부린다. 사장이 그들 편이라면, 식당 아줌마는 그들의 수발을 들어야 한다. 갈수록 내가 어떤 노동의 대가로 돈을 받는 것인지 분명치 않다. 업무의 경계가 흐릿하다. 분명한 것은 세상 사람들이 식당 아줌마에게 너무 많은 것을 바란다는 사실이다.6)

현직 기자가 직접 노동현장을 체험하고 녹여낸 글의 일부를 발췌한 것이다. 필자에 의하면 식당 아줌마라 불리는 직업군은 업무의 경계가 흐릿하다. 그만큼 각양각색 손님들의 다양한 수발을 들어야 하는 것으로 그려져 있다. 그런데 여기서 식당 아줌마를 부리는 사람들은 그렇게 남다른 구석이 있는 존재들이 아니다. 마찬가지로 다음날 아침이면 억지로 몸을 일으켜 출근하는 평범한 사람들이다. 그들은 식당 아줌마와 같은 처지지만, 저녁나절이 되어 자신들이

---

6) 안수찬 외(2010: 72).

구매자가 되는 순간이면 비매너 갑으로 변신한다. 방금 전까지 자신도 노동자였다는 사실을 망각해 버리는 것이다. 망각은 곧 오만의 얼굴을 하고서 나타난다. 전형적인 인간의 이중성이다.

그런데 사회에선 노동자 갑 혹은 그들의 성품을 숨아낼 별다른 기제가 존재하지 않는다. 그들은 평범한 얼굴을 하고 있는 썩은 사과들이다. 사과의 썩은 부위를 보이지 않도록 돌려놓고 멀쩡한 부분만을 사람들의 시선에 맞춘다. 사과를 직접 손으로 들고 돌려보기 전까지는 얼마나 썩었는지 직접적으로 알 길이 없다. 그래서 그들은 언제라도 비열해질 수 있고 이기적이지만, 사회적으로 보호색을 띠고 있는 모호한 존재들이다. 그럼에도 악취만은 숨길 수가 없다. 썩은 사과가 많으면 많아질수록 사회도 함께 상해 악취가 나기 마련이다.

그렇다면 우리는 썩은 사과의 오만과 위선에 맞서 어떻게 대처할 수 있을 것인가?

이러한 물음에 명확히 대답하기란 결코 쉽지 않은 일이다. 단순히 개인의 문제가 아닌 사회 전반에 뿌리 내린 광범위한 영역이라 완전한 대처법이 존재하지도 않음은 물론이거니와, 정답에 가까운 방법을 모색한다는 것도 원론적인 이야기나 겉핥기 차원에서 끝나버릴 가능성이 높기 때문이다.

이미 우리사회는 강자와 약자에 대한 사회적 반응이 지극히 획일적으로 나타나고 있다. 대다수가 편협하리만치 강자에겐 약하고,

약자에겐 강하다. 여기서 강자와 약자는 성공한 사람과 실패한 사람이라는 사회적 잣대에 따라 양분되기도 한다.

가령 어느 사람이 특정 분야에 과감하게 투자를 해서 성공했을 때 그것은 '결단력'이라 불리고, 실패했을 경우에는 '무모함'이라 불린다. 반면, 어떤 사람이 특정 분야에 투자를 하지 않았는데 그 분야가 사양길로 접어들 경우 그것은 '신중함'이라 상찬되고, 마침 그 분야가 갑자기 각광받을 경우 거기에 배팅하지 않은 것은 '두려움', '소심함', 혹은 '결단력 부족'이 된다. 문제는 똑같은 행위가 어떤 술어로 기술될지는 일이 벌어지기 전에는 결코 알 수 없다는 데 있다.[7]

진중권 교수의 뼈가 있는 지적을 예문으로 끌어왔다. 이처럼 성공과 실패에 따른 '결단력'과 '무모함'이라는 두 단어는 해당 주체에 따라 그 모습을 달리한다. 성공한 자에게는 결단력이라는 칭송이, 실패한 자에게는 무모함이라는 꼬리표가 붙는다. 즉 인간의 표현구조의 한계치는 강자와 약자 혹은 성공과 실패라는 이분화된 가치를 벗어나질 않는다. 그리고 양분된 가치는 이미 정해져 있어 매뉴얼을 따르듯 표현되어지는 불평등 속에 놓여 있다. 즉 강자에게는 필요 이상의 칭송이, 약자에게는 날선 비판이 가해지는 범주를 벗어나지 못하고 있는 것이다.

---

7) 진중권(2008: 233).

그러나 이제는 절대 강자나 절대 약자가 없다는 사실을 받아들여야 할 때가 아닌가 한다. 누구든지 한평생 강자이거나 평생을 약자인 경우는 없다. 갑작스레 쏟아지는 소나기처럼 인간의 상황이나 위치는 언제라도 변하기 마련이다. 그러므로 인간은 그러한 사실을 항상 염두에 두고 겸손해져야만 하는 것이다.

우리의 논리구조가 어쩔 수 없이 사회현실을 따라가기 급급하다 해도, 사람을 깔보는 성품은 철저하게 개인의 몫이라는 것을 잊지 말아야 할 것이다. 썩은 사과의 악취는 날이 갈수록 더해 갈 뿐이며, 자신의 몸에서 나는 악취는 결코 숨기려 해도 숨겨지지 않는다. 썩은 사과는 썩은 사과일 뿐이다.

사회를 씹어 먹을 수 있을까?

통일신라 말기 문장가 최치원은 열두 살이라는 어린 나이에 당나라 유학길에 올랐다. 그는 타지에서 열심히 공부한 끝에 18세에 과거 시험을 통과해 벼슬길에 올랐고, 당나라 조정에 알려질 정도로 큰 문장가가 되었다. 그러나 금의환향을 꿈꾸며 17년 만에 고국 신라로 돌아온 최치원은 제대로 뜻을 펼쳐보지 못했다. 그는 처음엔 6두품 출신으로 한림학사 등의 높은 직책을 거치며 승승장구할 것을 다짐했다. 하지만 부패한 신라 조정에 부딪쳐 번번이 자신의 포부를 내려놓아야 했다. 그리고 몇 년을 겉돌던 최치원은 중앙에서 완전히 떨어져 지내고는, 비교적 젊은 나이에 은퇴하여 어딘가로 사라졌다고 한다.[8]

---

8) 마종기(2010: 226).

조기 유학생의 시초인 최치원의 일화는 유명하다. 당시 최치원은 붕괴 직전에 놓인 신라를 더 이상 방관할 수 없었던 것 같다. 그래서 최치원은 난세에 칼 대신 붓을 들었다. 최치원은 부패한 신라의 문제점을 지적한 시무 10조를 진성여왕에게 상소로 올렸다. 하지만 이 개혁안은 기득권 유지에 눈이 먼 부패한 진골세력에 의해 받아들여지지 않게 된다. 당시 신라는 엄격한 골품제 사회였기 때문에 개인이 아무리 머리가 좋고 뛰어나도 소용없었다. 골품제 사회에선 태어날 때부터 인생이 정해져 있다고 해도 과언이 아니다. 이러한 신분적 한계를 몸소 경험한 최치원이었기에 완전히 자취를 감추게 된 것도 충분히 납득할 만하다.

최치원은 엄격한 신분사회에 태어난 비극적인 인물이었다. 뛰어난 능력으로 개혁을 꿈꾸었으나 신분제의 넘을 수 없는 벽에 부딪쳐 날개를 펼치지 못하고 좌절한 최치원. 그리고 지금 우리사회에도 수많은 최치원들이 있다. 그들은 다양한 사회적 요건들에 부합하기 위해 애를 쓰지만, 갖가지 조건이 맞지 않아 좌절되는 경우가 허다하다. 그도 그럴 것이 우리사회는 표면적으로 차별을 미워하고 평등을 추구하도록 교육받지만, 모든 사람들이 다 그렇게 생각하는 것은 아니다. 현실적인 출발선상의 차이가 있기 때문이다. 이 차이는 한 인간의 생애를 결정하거나 삶 전반에 중대한 영향을 끼치므로 필히 거론될 수밖에 없다.

다만 정치·경제·교육적으로 우월한 위치에 놓인 자들은 이러한 출발선상의 차이를 간과하기 일쑤다. 그들은 자신들의 삶을 기준으로 타인의 생활을 실제적으로 체감할 수도 없을뿐더러, 그렇기에 이러한 고민이 불필요하기만 하고, 또 노력이 부족한 개인의 문제로만 인식하기 때문이다. 그래서 그들은 타인을 향해 불평하기 전에 노력부터 하라고 소리치거나, 출발선상이 어떻든 그것을 뒤집고 인생의 반전을 꽃피운 몇몇 유명인들의 사례를 들어 '더 앞으로 나아가라'고 채찍질을 가한다.

그런데 우리는 이 대목에서 한 가지 의문을 품을 수밖에 없다.

지금 내 처지가 앞이 보이지 않을 만큼 어두컴컴하다면, 그 이유가 스스로 노력하지 않고 살아왔기 때문이라는 것인가?

결코 그렇지 않다. 개인이 노력의 차원으로 해낼 수 있는 일은 분명 한계치가 있다. 물론 일부 훌륭한 사례들이 있을 수는 있다. 하지만 그 '일부'라는 말이 존재하는 이유가 바로 우리사회가 건강하지 못하다는 증거다. 사회 전반이 그리하지 못하기 때문에 일부를 선전하고 전체로 환원하려는 시도를 계속해서 하고 있는 셈이다.

재화의 부족은 정치·경제·교육·의료 등 모든 면에서 개인을 소외시키기 일쑤다. 가령 친일파의 자손이 부당하게 취득한 재산을 통해 득세하는 반면, 대다수 독립운동가의 자손은 달랑 연금 몇 푼으로 살아가고 있다. 비열한 선택을 한 자들이 사회 내 주류를 이루고 더 배를 불리는 사이, 대를 위해 자신의 뜻을 견지한 고귀한 사람들은 배를 곯고 사회적 약자가 되어 버렸다.

그런데 후자에 속하는 이들이 사회적 약자가 되어 버린 까닭을 자신들의 삶에 대해 실제로 노력하지 않아서 그렇다고 단정 지을 수 있는가? 또한 노인일자리가 없어 거리에서 폐지를 줍는 노인들이 굽은 허리로 매일 같이 폐지를 주워 생계유지를 하고 있는 것은 그들이 개인적인 노력을 하지 않아서인가? 마침내 우리사회가 정말로 건강하다면 그토록 모진 얼굴로 개인들만을 탓해선 안 되지 않겠는가?

못났다고 혹은 가난하다고 그러한 개인이 더 노력해야만 하는 것은 아니다. 그럴 의무는 없다. 그렇기에 타인에 대하여 '더 노력하라'고 종용할 수도 없다. 우리는 '더 노력해야만 하는 삶' 자체가 평등에 위배된다는 사실을 인지해야만 한다. 삶의 부족한 부분을 채워나가기 위해 더 노력하는 것은 개인의 자유다. 단지 출발선상이 어떻든 더 노력하려는 개인의 의지표출은 정말로 아름다운 일에 속하는 것이지, 그것을 통해 개인을 평가하는 잣대로 사용되어져 왈가왈부할 수 있는 성격은 아니라는 것이다.

또 항간에는 '의무를 다하지 않으면 권리를 주장해선 안 된다'는 말이 있다. 의무에는 헌법이 명시한 의무를 제외하고도, 사회적 인식이 노력이라는 의무 없이는 자신의 권리도 주장되어져서는 안 되는 것으로 풀이하려는 뉘앙스가 다분하다.

그러나 권리와 의무 역시 어떠한 등가관계도 성립하지 않는다. 즉 의무를 다해야만 권리가 조건부로 생겨나는 것은 아니라는 뜻이다. 두 개념은 서로 아무런 대응관계가 없다. 지극히 개별적인 용어다.

그러므로 권리를 주장하는 사람에게 의무를 강요해선 안 된다. '노력'이라는 의무는 자신보다 아랫사람을 통제하기 위한 관념의 올가미다. 자신은 그만큼 노력한 적도 없으면서 남의 목을 옭죄는 거짓된 의식의 하수인일 따름이다. 이는 마치 국가주의라는 환상에 젖은 사람이 지극히 상식적인 사람을 나무라는 꼴이며, 시대에 역행하는 일에 불과하다. 진실로 각성이 필요한 순간이다.

나는 가리라 절망 끝까지
내 육신의 속박 멍에 벗고서
생의 끝까지 질주하리라
저주받은 내 운명을 죽이리라
그래 세상이 나에게 고민을 강요하며
나의 피묻은 절규를 달래겠지만
나의 차가운 면도날 칫솔에 깊이 박고
내가 갖지 못한 것들을 씹으리라

인디밴드 크라잉넛의 노래 <사망가>의 한 부분이다. 노랫말이 상당히 강렬한데, 나는 우리사회를 지탱하는 대부분의 사람들의 일과가 저 가사들과 완전히 일치한다고 생각한다. 육신의 속박 멍에 벗고 절망 끝까지 가는 개인부터 시작해, 저주받은 운명을 죽이고 생의 끝까지 질주하는 어떤 이, 그리고 이를 다짐하며 면도날을 칫솔에 깊이 박고 씹는 사람의 모습 등이 인상적이다. 사회를 씹어 먹을 수 없기에 아침이면 면도날을 씹어 먹는다. 우리네 삶은 이토록 치열하다. 그리고 이 뜨거운 생활인들의 모습을 보기 좋게 멸시하려는 사회가 그저 야속하기만 하다.

대하소설 『태백산맥』과 『아리랑』으로 유명한 조정래 작가는 저서를 통해 '이성적 분노와 논리적 증오'를 가지라고 말한 적이 있다.[9] 우리는 이성적 분노와 논리적 증오를 가지고, 개인이 노력하지 않는다고 매도하는 사회에 맞설 수 있어야 한다. 정말로 우리사회에 노력하지 않는 개인은 없기 때문이다.

노력이 부족한 것은 딱 한 가지다. 바로 '노력하는 개인'을 바라보려는 노력이 부족한 사회인들의 날선 시선이다. 우리는 그러한 세상에 대해 따끔하게 충고해야만 한다. 버스 옆자리에 앉은 중년 아저씨에게서 풀풀 풍겨오는 시큼한 땀 냄새의 이유에 대해 진심으로 생각해본 적이 있느냐고 말이다.

---

9) 조정래(2012: 195).

열등감의 미학

'열등감'은 아름답다.

　무슨 근거로 이런 소리를 하는지, 누구라도 좀처럼 동의하지 못할 언어인 것을 안다. 그러나 나의 20대는 무수한 열등감의 기록이다. 남과 나를 비교하길 밥 먹듯이 하며, 스스로 뒤쳐져 있다는 의식을 내려놓기 위해 치열한 싸움을 벌여왔다. 나는 가진 것도 없고, 똑똑하지도 않았으며, 싸움마저 못했고, 자신감이 없어 누구 앞에 나서는 것도 잘하지 못했다. 그럼에도 겉으로는 아닌 척 하며 남과 나를 속이기 바빴다. 말도 잘 못하는 것이 제 딴에 변명을 논리라고 늘어놓으며, 열등함을 숨기고자 강한 척을 하려 했다. 지금 와서 생각해보면 남들 눈엔 내가 얼마나 우스웠을지 얼굴이 다 화끈거린다.

심지어 말도 잘 못하는 놈이니 글이라도 잘 써야 하는데, 나는 글 실력도 턱없이 부족했다. 그리고 글쓰기만큼은 타의 추종을 불허하는 동기들의 글을 보며 항상 부러워하기 바빴다.

'나도 남들처럼 글을 잘 쓰고 싶다.'

시면 시, 소설이면 소설. 나는 대학 전공 수업시간이면 동기들 앞에 가려져 위축됐다. 엄청난 실력자들 앞에서 '왜 내겐 아무런 재능이 없는 걸까' 하고 한탄하며 그들의 뒤꽁무니를 좇느라 애썼다. 스물한 살. 수준에 맞지도 않는 글을 쓰며 열등감에 휩싸이다보니 난 정말 남들보다 느리고 멍청하다는 생각이 주류를 이뤘다. 누구보다 많은 시간 공들이고 따로 노력해도 항상 제자리였다. 세상이 이다지도 불공평할 수는 없는 것이었다.

그때쯤 막연하게 한 가지 생각이 들었다. 바로 초등학생 때로 한번 돌아가 보자는 것이었다. 어차피 동기들의 수준은 다 대학생인데, 난 정신연령이 초등학생밖에 안 된다는 이상한 논리였던 것 같다. 나는 무작정 컴퓨터 화면에 대고 상투적인 2어절 문장을 순차적으로 적어나갔다.

'꿈은 크다.'
'별이 빛난다.'
'사람은 살아있다.'
'사랑도 살아있다.'

마침표를 찍고 한참을 멍했다. 나는 글을 참 못쓰기 때문에 화려한 미사여구로 치장하며 허세를 부릴 수가 없는 입장이었다. 단 2어절의 문장을 쓰는 것이 대학생이던 나의 한계였다. 그런데 이 짧은 문장이 갑자기 살아있는 유기체처럼 느껴졌다. 단순한 낱말들이 짝을 이뤘을 뿐인데, 너무 예쁘고 아름다웠다. 눈앞에 그려지듯 생생하게 펼쳐졌다.

생각해보면 나는 스스로를 결박해놓은 실존의 무덤 앞에서 전진할 줄 몰랐을 뿐이다. 막상 걸어보니 별 거 아니었다. 아무 생각 없이 그 순간에만 집중하고 있었다. 무턱대고 글을 쓴다는 게 그다지 효용 없는 일로 여겨졌지만, 직접 해보니 그렇게 단순한 일만은 아니었던 것이다. 직접 생각해낸 언어를 나름대로 결합하는 그 순간만큼은 내가 진실로 존재하고 숨 쉬며 살아있다는 기분을 가져다 줬다. 그때 나는 단 2어절의 간단한 문장이 나를 미치게 만든다는 것을 어렴풋이 깨달았던 것 같다. 그래서 정말이지 문학을 해야 할 것 같다고, 글을 못 쓰지만 하지 않으면 안 될 것 같다고 마음을 먹게 됐다.

기라성 같은 동기들도 사실은 이런 기분일 것 같았다. 어차피 사람이니까 스스로 남들과 비교할 수도 있는 거고, 열등감을 가질 수도 있는 거라 여기면서도, 그게 꼭 바람직하지 않은 일만은 아닐 거라고 말이다. 정답은 없다. 그냥 사니까 살아지는 것처럼 흘러가는 대로 자연스럽게 살아가는 것이 중요했다. 아무리 이불 속에 꼭꼭 감춰 두어도 자연히 들춰볼 수밖에 없는 건 항상 있기 마련이었다. 그러므로 남들이 고급스러운 수식으로 아름다운 문장을 쏟아내기 바쁠 때에도, 내 이불은 단 2어절의 언어를 쏟아내는 것이 최선이었다. 거기서 무의미하게 꾸민 텍스트의 껍질을 벗겨내고 인간에 대한 애정을 고스란히 담아낼 수 있다면, 여전히 쉼표가 모자란 삶을 산다 해도 적어도 부끄럽진 않을 것이었다. 아직은 완전한 마침표를 찍기엔 너무 어리기에 무수한 오류의 마침표 속에서 나는 끊임없이 열등해야만 하는 길을 택했다.

내가 살아 보니 남들의 가치 기준에 따라 내 목표를 세우는 것이 얼마나 어리석고, 나를 남과 비교하는 것이 얼마나 시간 낭비이고, 그렇게 함으로써 내 가치를 깎아 내리는 것이 얼마나 바보 같은 짓인 줄 알겠다는 것이다. 그렇게 하는 것은 결국 중요하지 않은 것을 위해 진짜 중요한 것을 희생하고, 내 인생을 잘게 조각내어 조금씩 도랑에 집어넣는 일이기 때문이다.10)

그럼에도 진정으로 열등감을 가진다는 것은 이런 모습이다. 고故 장영희 교수의 말처럼 나를 깎아 내리기 바쁜 열등감은 바보 같은 짓에 불과하다. 열등감을 갖더라도 사고의 지평을 넘어서는 용기가 필요하다. 그러기 위해선 부단히 노력해야 한다. 남과 나를 비교한 뒤에 그것을 계속해서 파고드는 것은 귀중한 삶을 소모하는 행위에 불과하다. 중요한 것은 내 스스로를 정확히 인지하고, 나를 뛰어넘어야 한다는 것이다.

---

10) 장영희(2010: 120).

물론 말처럼 쉽진 않다. 열등감이란 항상 내 개인적인 문제고 심리적인 반응에서 파생되기 마련이다. 그래서 열등감이란 말의 속뜻 또한 부정적일 수밖에 없다. 우리사회에서 열등감이란 긍정적이지 않은 것들의 소산이기 때문이다.

그러나 장정일은 소설『너에게 나를 보낸다』를 통해 '열등감을 심리적이고 개인적인 대상으로만 설명하려는 시도는 그것이 의미하는 올바른 이해를 차단시킨다'고 했다.[11] 즉 '당신은 열등감에 사로잡혀 있다'고 말할 때, 열등감이란 말의 맥락을 알고 나면 분노가 치솟기 마련인 보통 사람들처럼 그 의미를 바라보는 관점이 상당히 협소하다는 것이다.

우리는 열등감의 부정적인 측면은 잘 알지만, 긍정적인 측면에 대해선 잘 알지 못한다. 혹은 남다른 관점으로 좋은 점을 발견해도 이를 인정하지 못한다. 당연한 일이다. 언어의 맥락은 역사적 기원과 사회적 동인이 함께 설명되어져야 한다. 그 동안 우리사회의 열등감은 언제나 부정적인 맥락 속에서만 피어났다. 아무리 긍정적인 방향을 향해 몰아치고 채찍질을 해도 열등감은 '열등하다'는 속성을 표출할 수밖에 없었다. 그렇기에 우리사회의 열등감은 결코 긍정의 얼굴을 할 수가 없는 것이다.

그럼에도 '왜 내겐 아무런 재능이 없는 걸까' 하고 한탄하던 그때. 남들의 뒤꽁무니를 좇아 따라가기 바빴던 그때. 나의 추진력은 열등하기에 올곧게 앞으로만 뻗어갈 수 있었고, 열등했기에 아무 효

---

11) 장정일(2005: 301).

용이 없는 일에도 몰입할 수 있게 해줬다. 그리고 지금도 나는 치열한 열등감 속에서 글을 쓴다. 열등감이 피워낸 치열함은 나를 깎아내리지 않고, 스스로를 파괴하지 않도록 돕고 있는 셈이다.

결국 열등감은 나를 노력하는 사람으로, 혹은 노력할 줄 아는 사람으로 바꾸어놓았다. 그래서 열등감은 아름답다. 한없이 아름다운 얼굴을 하고 있다.

가끔은 세상을 향해 대들고 싶다

부쩍 생각이 많아지는 시기다. 난 늘 편협하기만 했는데, 지금은
뭐든지 다양한 관점에서 바라보려고 노력하다 보니 골치 아픈 부분
들도 참 많아졌다. 조금 더 심사숙고해도 여전히 답이 안 나는 경우
의 수가 늘었고, 매순간 삶에 있어서 명확한 답이란 게 존재하는가
하는 의문이 들 때도 잦아졌다.

우리는 늘 이분법적인 상황 가운데 하나를 택해야 하는 상황에
익숙해져 있다. 시대적 상황에 따라 가변적인 의미를 갖는 법칙들
속에서 어떻게든 둘 중 하나를 택해야만 하는 것이다. 나는 늘 그것
이 불만이었다.

초등학교 4학년 때 일이었다. 담임선생님은 한자테스트를 해서
시험 성적이 좋은 아이들을 먼저 집으로 귀가시켰고, 백지를 내거
나 시험 성적이 좋지 못한 아이들은 방과 후에도 끝까지 남겨 다

외울 때까지 공부를 시켰다. 그 중 나는 백지를 내는 축에 속하는 학생이었고, 나머지 공부를 하면서도 실상 한자는 안 외우고 '집에는 언제 가느냐'고 투덜대기 바빴다. 선생님은 한자를 다 외우지 않으면 집에 보내지 않겠다고 엄포를 놓았는데, 나는 저녁 6시가 될 때까지도 다 외울 생각을 하지 않았다. 그럼에도 충분한 시간이 흐르고 나면 집에는 갈 수 있었다. 선생님도 퇴근은 해야 했기 때문이다. 그리고 다음날에도 또 다음날에도 나는 나머지 공부를 했다. 하지만 끊임없이 백지를 내는 길을 택했다. 공부는 빠지고 그냥 '나머지'만 한 셈이었다. 그것은 어렸고 어리석었지만 경쟁을 좋아하지 않는 내 삐뚤어진 표현법이었다. 물론 선생님 입장에선 엄청난 문제아였을 것이다.

당시 내겐 학교에서 공부를 완벽히 하고 집에 가느냐, 아니면 결함을 남긴 채로 계속 학교에 남아 있느냐의 선택밖에는 없었다. 물론 나는 하라는 공부도 하지 않았지만, 또 집으로 도망가지는 않는 이상한 녀석이었다. 선생님 말씀에서 반은 지킨 셈이었다. 그때의 나는 선생님 말씀을 제대로 듣지도 않는 학생이었으면서 왜 도망가지는 않았을까. 왜 그런 생각을 할 수가 없었을까.

앞서 이야기한 것처럼 당시 내 사고의 한계는 분명했다. 선생님이 제시해준 두 가지 선택이 내가 고를 수 있는 선택지의 전부였다. 그것은 열심히 공부하고 집에 일찍 갈지, 공부를 하지 않고 늦게까지 교실에 남아 있을지에 불과했다. 나는 공부를 하지 않고 계속 남아 있었다. 결국 이분법적 상황 속에서 멍텅구리 같은 하나를 택한 것이었다. 반항심이 대폭 축소된 지금에 와서 생각해 보면 공부도 열심히 했었다면 어땠을까 조금 아쉽기도 하다. 그러나 한편으로는 그땐 왜 나머지 공부를 피해 집으로 도망갈 생각을 하지 않았나 하는 의문이 가장 크다.

만일 내가 공부도 안하고 도망까지 갔었다면 교육을 제공하는 입장에선 어떤 도의적인 책임을 물을 수 있는 거지만, 무작정 좋다 혹은 나쁘다로 치부될 수 있는 문제는 아니라는 생각이 든다. 가령 점수를 잘 맞는 아이를 먼저 집에 보내주고, 그렇지 못한 아이에 대해서는 끝까지 교실에 남겨 공부를 시키는 것은 선생님의 의무이자 애정일 수도 있었다. 하지만 어린 내겐 그러한 규칙이 부당하게만 느껴졌고 나는 초등학생이 벌일 수 있는 가장 큰 반항을 택했다. 그리고 생각했다. 나처럼 학교에만 있으면 공부가 죽어도 하기 싫고 집에서는 더 열심히 공부를 하는 아이가 있을지도 모르는데, 그러한 개성을 고려하지 않고 무작정 학교에 남기는 것이 정말 바람직한 일일까를 말이다.

이러한 생각은 커가면서 더욱 확고해졌다. 모두가 남아야 한다고 여과 없이 다 남아서 공부를 시키는 것이야말로 우리사회에 만연한 전체주의적 폐단에 불과하다. 세상 모든 강제성이 어떤 상황 속에서는 인정될지 모르지만, 그것이 늘 진리이거나 정의의 얼굴을 할 수는 없다. 지식적 효율을 추구하든 인간을 인간답게 만들든 간에 개별적인 성품이 존중되지 않기 때문이다. 단지 인간의 사고 안에서 가장 진리인 것 같고, 정의로울 듯한 행태를 좇아갈 뿐인 것이다.

그러므로 어떠한 것도 우리에겐 답이 되지 못한다. 지금 상황에

선 개연성이 충분한 것들이 반세기만 지나도 형편없는 껍데기가 될지도 모를 일이다. 현생 인류는 단지 언제 부서질지 모르는 하나의 인공적인 질서를 만들어놓고, 해당 영역 안에서 서로가 꾸역꾸역 받아들이고 이해하며 살아갈 뿐이다. 더욱이 모든 개인은 공동체 안에 녹아들어 종속된 개체 하나 이상의 의미를 지니지 않는다.

부모 재산이 얼마나 되느냐에 따라 아이들의 인생이 달라지고, 모든 아이들이 태어나는 바로 그 출발점부터 '출발 기회의 불균등'에 편입되고, 공정한 경쟁을 보장하는 규칙이 존재하지 않고, 자기 책임이 아닌 가난이나 장애 때문에 경쟁에서 탈락한 사람들을 돌보지 않고, 돈 많은 사람과 힘없는 사람에게 법을 다르게 적용하는 그런 사회는 오래 살아남을 수 없다. 자기와 다른 생각을 가진 사람을 용납하지 못하고, 서로 다른 의견을 자유롭게 나누면 올바른 의견이 승리를 거둔다는 것을 믿지 못하고, 힘 있는 집단의 압력 때문에 그릇된 법과 제도를 고치지 못하는 사람들이 지배하는 사회 역시 마찬가지다.[12]

우리사회는 기존 도덕률을 따르고 있다. 과거부터 인류가 누려온 방식 중 가장 합리적이거나 다수의 도덕률에 가장 적합하다는 이유에서다. 그러나 기성 법칙이라고 꼭 완벽하지는 않다. 그럼에도 사회구성원들은 예전부터 누려온 단일한 룰을 누군가로부터 침해

---

12) 유시민(2011: 399).

받는 것을 극도로 꺼려한다. 만일 누군가 그것을 벗어나거나 깨뜨리려 들면 기성 틀을 유지하려는 구성원들로 하여금 반발을 살 수밖에 없다. 그래서 대다수의 사람들은 적당한 선에서 타협을 하게 된다. 그러나 유시민 작가가 예문으로 제시한 말처럼 그런 사회는 오래 살아남을 수 없는 것이 현실이다.

우리가 살아 있는 한 우리는 행동을 회피할 수는 없다. 절망에 빠져 자살을 택하지 않는 한 우리는 어떤 행동을 선택해야 할 것인가? 어떻게 살아야 하는가? 삶의 가장 바람직한 의미는 어떻게 부여할 수 있는가?[13]

철학자 박이문 선생의 말도 곱씹을 필요가 있다. 진실로 우리는 우리가 한 행동에 대해 회피할 수 없다. 어떤 선택을 해야 하고, 어떻게 살아가야 하는가는 전적으로 우리가 하기에 달렸다.

"무엇이 너희를 분노케 하는지, 무엇이 참을 수 없는 일인지 스스로 한번 물어보라. 그리고 그 답을 찾았다면, 그에 맞서 어떻게 구체적으로 싸울 것인지를 알려고 노력해보라."[14]

마지막으로 스테판 에셀이 인생에 대해 중요한 결정을 앞둔 청소

---

13) 박이문(1995: 65).
14) 스테판 에셀, 임희근 옮김(2012: 26~27).

년들을 만나면 하는 말이라고 하니 참고했으면 한다.

만일 누군가 세상을 향해 대들어야 한다면, 공의롭고 진실하고 옳다는 확신을 가지고 있다면 그것을 해보는 것이 좋다는 데에 손을 들어주고 싶다. 누군가는 무언가를 '해야 하는 상황'과 '하지 말아야 하는 순간'이 부딪히면 후자를 선택하라고 조언하기도 하지만 결국 정답은 없다. 단지 그 이후의 날선 평가가 '좋은 행위'였던가를 말해 줄 뿐이다. 시행착오는 언제나 덤이다. 오후의 선선한 날씨처럼 그리 나쁘지 않다. 역시 해보는 것이 좋겠다.

삶을 자유케 하라

질풍노도의 절정기는 중학교 3학년 때였다. 당시 나의 자유는 철없는 방종과 동의어였다. 남들에게 상처주길 주저하지 않던 어느 날이었을까. 많이 따르고 좋아하던 교회선생님이 친구들에게 초콜릿을 나눠주다 내게만 주지 않겠다고 장난을 쳤다. 그런데 당시 나는 상황 맥락을 잘 읽어내지 못했다. 장난을 장난으로 받아들이지 못하고 완전히 삐지게 된 것이었다. 선생님은 뒤늦게 초콜릿을 건네주었지만, 나는 그 자리에서 집어던져 버렸다. 내 성질대로 거리낌 없이 행동하는 것이 당시 내가 품던 자유의 민낯이었다. 그것은 뒤틀린 자유의 낯 뜨거운 모습이었고, 내 더러운 성질머리가 뚜렷하게 드러나는 순간이기도 했다.

나중에 선생님께 사죄하였지만 이미 엎질러진 물이었다. 그저 나는 버릇없이 행동하던 철부지였고, 그럼에도 선생님은 나를 보듣어주길 멈추지 않았다. 향후 몇 년이나 철없던 나는 선생님에게 아픈 손가락이나 마찬가지였을 것이다. 그리고 어느 날 저녁에도 선생님은 포장마차로 날 불러냈고 떡볶이를 사줬다. 당시 나는 수험생, 선생님은 대학생 신분이었다. 수입이 없기는 마찬가지인 처지에서 선생님은 떡볶이를 구실로 날 불러내 이런저런 이야기를 쏟아냈다. 내가 어른이 되어 가는 중 꼭 필요한 언어들이었다. 물론 선생님은 따뜻한 말들로 위로해주는 것도 잊지 않았다. 그것은 그분의 나를 향한 진심 어린 관심이었고 따뜻한 사랑이었다고 믿는다.

한 인간의 자유로운 애정의 발현. 그분의 자유는 온전히 타인에게 향해 있었고, 덕분에 내 가슴속 온기는 여전히 꺼지지 않은 채로 남아 있다. 어쩌면 삶 가운데 진정한 자유의 겉껍질이 최초로 벗겨지는 순간이 아니었을까. 그렇게 뜨거운 중심을 품은 내 자유는 서서히 발아하고 있었다.

그럼에도 여전히 나는 스무 살이 넘도록 진정한 자유를 알지 못했다. 스물한 살, 스물두 살이 넘어도 마찬가지였다. 자유란 그저 아무것도 얽매이지 않고 내 마음대로 살아도 된다는 범주를 벗어나지 않았다. 인생은 한번 뿐이니 내 자신의 행복을 가장 중시하는 '욜로(YOLO, You Only live once)'나 '소확행(일상에서 느끼는 작지만 확실한 행복)' 같은 삶이 온전한 자유를 누리는 것이라 착각했다. 그러나 해를 거듭할수록 그것이 허위라는 것을 알 수 있었다. 그러한 삶은 방종을 그림자처럼 달고 다니는 무분별한 생에 불과했다.

태어나면서부터 나는 북부의 자유로운 공기를 마시며 살았고, 백인이 느끼는 감정과 내 감정이 다르다고 생각한 적이 한 번도 없었으며, 무엇보다 어떤 사람이든 피부색에 관계없이 동등한 지성을 가진다는 걸 잘 알고 있었다. 내가 세상물정을 모르거나 너무 독립적인 인간이라서 그랬는지 모르겠지만, 어떻게 한 인간이 노예라는 지극히 비참한 상태로 그냥 살아갈 수 있는지 도저히 이해할 수 없었다. 결코 노예 제도를 인정할 수 없었고 노예 제도를 지지하거나 인정하는 종교도 받아들일 수 없었다. 맹세컨대, 나는 한 번도 내게 조언을 구하러 오는 사람을 내친 적이 없다. 그 사람이 자유를 찾을 수 있는 기회를 함께 고민하며 찾으려 애썼고 그 사람의 투쟁을 지지해주었다.[15)]

1841년 워싱턴 D.C에서 납치돼 노예로 팔린 솔로몬 노섭이 생각하는 자유와 현대사회의 자유는 확연히 다르다. 물론 뗀석기를 다루던 자들이 어느새 비약적인 발전을 이룩해 스마트폰을 다루게 됐을 뿐, '자유'라는 동일한 정신사적 궤적을 밟아나간 점에선 의심할 여지가 없다. 다만 자유의 형상은 변화에 변화를 거듭했고, 처음과는 사뭇 달라질 수밖에 없었다. 그렇기에 과거의 자유와 현재의 자유는 결코 동일한 형상이 아니다. 우리는 누구에게도 예속되어 있지 않으며, 우리의 권리는 침해받거나 양도할 수 없고, 또 우리로부터 분리될 수도 없는 것이다. 여기까지가 우리 머릿속에 담긴 이론적인

---

15) 솔로몬 노섭, 유수아 옮김(2014: 19~20).

차원의 자유다. 이는 숭고하지만 때로는 피상적인 자유이며, 사회적 삶의 가장 원초적인 기준이 되지만 다른 한편으로는 현실과 너무 분리되어 있는 측면도 없지 않다. 그래서 우리는 자유를 의무로 오도하거나 방종으로 누리기도 하는 오류를 범하게 된 것이다.

자유는 무언가를 해야 하는 것이 아니고, 무엇이든 마음대로 할 수 있는 것도 아니다. 우리가 자유롭게 선을 추구하고 즐거움을 찾아가는 가운데, 타인의 행복을 방해하거나 침해하는 일이 발생한다면 그것은 자유를 잘못 누리고 있는 것에 불과하다. 자기 스스로의 존엄성과 권리를 지키려는 사람이 다른 사람에 대해서는 막대할 수 있을 것인가. 결코 그렇지 않다. 이는 위장된 자유이며, 자유를 누리려는 사람이 행하는 폐색 짙은 모순이다.

진정한 자유란 거칠 것 없이 살아도 누군가에게 폐 끼치지 않고 선한 삶을 영위하는 것이다. 그 가운데 의무로써 행하는 일은 없다. 방종하지도 않는다. 그렇다고 자유라는 개념을 억지로 의식하는 일조차 없다.

꽃을 꺾지 마라, 나무를 꺾지 말라고 하는 것은 꽃과 나무를 보고 즐겨야 한다는 이유에서만이 아니다. 생명을 아끼고 귀하게 여기는 마음을 길러 주는 일, 이것이 교육의 근본이 되기 때문이다. 사람은 이유 없이 한 포기의 풀을 짓밟아도 안 될 것이고, 한 마리의 개미를 죽여서도 안 될 것이다.[16]

---

16) 이오덕(2013: 30).

진정한 자유란 이런 모습이 아닐까. 이오덕 선생의 말처럼 자유로운 인간이란 스스로 꽃을 꺾거나 나무를 꺾지 않고도 이를 귀하게 여길 줄 아는 마음을 소유하는 일이다. 누가 시키지 않아도 우리 마음이 내켜서 귀한 일을 행하는 것. 이것이 바로 우리사회의 진정한 자유의 모습이다.

공자는 만년에 『논어』 「위정편」에서 '칠십이종심소욕 불유구七十而 從心所欲 不踰矩'라는 표현을 통해 '일흔이 되어서는 무엇이든 하고 싶은 대로 하여도 법도에 어긋나지 않았다'고 회고한 바 있다. 여기서 '종심'은 마음이 시키는 대로, 혹은 마음이 하고자 하는 대로, 또는 마음 가는 대로 해도 원리를 벗어나지 않았다는 말이다. 이 또한 진정한 자유의 얼굴이다.

어릴 적 초콜릿을 집어던진 철없던 내게 위로를 건넨 선생님의 자유는 나를 향한 진심 어린 관심에서 발현된 모습의 자유였다. 그분이 제멋대로 행한 자유는 내 마음에 새로운 형태의 자유를 싹트게 만들었다. 그래서 자유의 또 다른 이름은 사랑이 아닐까. 철부지처럼 제멋대로 구는 내게 손길을 뻗어 진정한 자유의 의미를 깨닫게 해준 그분의 자유로움은 등대처럼 환히 빛난다.

자유는 당신의 마음속에 있으니, 중요한 것은 이를 어떻게 이용하느냐 입니다. 만약 당신이 자유를 다른 무엇으로 바꾸려 한다면 자유라는 새는 날아가버릴 것입니다. 이것이 바로 자유의 대가인 것이지요.[17]

오르한 파묵은 본질적인 측면에서 자유라는 새를 이야기한다. 즉 파묵의 관점처럼 우리사회의 자유는 마음대로 할 수 있는 자유만을 의미하지 않는다. 진정한 자유는 반드시 책임을 수반한다. 거리낌 없이 굴어도 결코 남에게 해를 끼치는 일이 없고, 선한 향기를 뿜어내는 자유만이 진정한 자유로 인정받을 수 있다.

결국 우리가 진정한 자유를 누리기 위해서는 삶 자체를 자유롭게 가꿔가야 한다. 사람 각자가 자신의 삶을 자유롭게 열어갈 때, 우리 사회는 한층 따뜻한 국면을 맞게 될 것이다.

---

17) 오르한 파묵 외, 이영구 옮김(2009: 95).

타인의 얼굴을 잊은 사회

타자의 철학: 공포는 동일자가 갑자기 타자가 되는 데서 생겨난다. 타자가 동일자가 될 때 사랑이 싹튼다. 타자의 변모는 경이이며 공포다. 타자가 언제나 타자일 때, 그것은 돌이나 풀과 같다.[18)]

문학평론가 김현 선생이 말한 타자의 철학은 그 자체로 귀한 금언이다. 마음을 연 타인이 가치관을 공유하며 나와 동일해질 때는 사랑이 싹트지만, 그렇지 않을 때는 남남이 된다. 그리고 타인이 변하면 그것은 하나의 공포가 된다. 또 타자가 계속해서 타자일 때는 내게 아무 의미가 없다는 점에서 돌이나 풀과 같다고 표현했다.

---

18) 김현(2011: 165).

그렇다면 정말로 타자의 삶은 나의 삶과 연결되어 있는지 살펴볼 필요가 있다. 사람과 사람 혹은 사람 대 사람으로서 우리는 서로 어떻게 관계를 맺어야 하는 것일까?

인간은 하나의 공동체에 속해 있다. 크게 보면 지구공동체 안에서도 어느 나라에 속해 있고, 어떤 지역에 속해 있을 수 있다. 혹은 어느 직장의 일원이거나 어떤 학교에 소속되어 있을 수도 있다. 혹은 한 가정에 속한 작은 구성원일지도 모른다. 즉 사회가 크든 작든 간에 우리는 거대하게 묶인 여러 집단에 속해 있으며, 해당 집단의 단일한 집단의식을 품고 살아가는 것이다. 이는 하나의 문화이자 사회적 표준양식이다. 정상이라는 범주 안에서 누구도 예외적인 상황이 있을 수가 없으며, 개인은 사회가 용인하는 수준의 행동양식을 벗어날 수 없도록 장치되어 있다. 만일 이를 벗어나게 되면 집단의 이름으로 필시 '이상한 사람'이라는 낙인이 찍히고 만다.

그런데 이상한 점이 있다. 각양각색 사람들이 서로가 서로에게 별다른 관심을 갖고 있지 않으면서도 행동양식에서만큼은 철저히 일치되길 바라는 이상 심리를 품고 있다는 사실이다. 가령 모두가 '예'라고 할 때, '아니요'라고 대답하면 홀로 이상한 사람이 된다. 2000년대 초반에 유명했던 TV광고 문구인데, 그때는 나 홀로 튀었다가는 '왕따'가 되는 세상이 분명했다. 물론 지금은 소신을 가지고 내 할 말을 한다고 해서 대놓고 왕따가 되진 않는다. 그러나 집단 내에서 별로 탐탁지 않은 사람이 되기 마련이다. 즉 아무리 사회의식이 발달해도 혼자만 바른 소리하는 잘난 사람을 무조건 받아주고 좋아하는 세상은 아니라는 의미이다. 오히려 그런 사람은 은연중에

공공의 적이 되거나 배척당하기 일쑤다.

여론도 '이상한 사람'을 깨어 있는 사람으로 보기보다는 문제가 있는 사람으로 규정하기를 즐긴다. 그리고 집단의식이 수렴된 선한 형태의 가치관으로 비정상적인 행태를 보여주는 이에게 정의의 철퇴를 내려친다. 비몽 간에 철퇴를 맞은 사람은 본인 스스로가 거대한 공동체를 이길 수 없음을 깨닫고 똑같이 집단의식에 용해될 수밖에 없다. 물론 개중에는 끝까지 항거하는 사람도 있다. 하지만 극히 드물다. 그는 평생 냉담한 사회로부터 쓴 약처럼 뱉어지고 오물 취급을 받는다. 언제든 버려지거나 배설될 수 있다. 사실 그런 취급을 받는 이단아들을 제외하면 우리사회는 2002년 월드컵 이래 모두가 '위 아 더 원(We are the one)'이다.

그러나 뚜렷이 서로가 연결되어 있는 것처럼 보이는 우리의 일상은 각자가 저마다 벽을 세우고, 완전히 함몰된 독단의 바다에 빠진 채 살고 있다는 사실을 간과하고 있다. 서로가 서로에게 철옹성인 사회. 여기서 엿볼 수 있는 우리사회의 병폐는 단 두 가지로 요약이 가능하다. 바로 타인에 대한 완전한 '멸시' 아니면 철저한 '무관심'이라는 사실이다. 이는 '좋다'와 '싫다'로 대표되는 인간집단의 보편화되고 상반된 양자적 관점이 아니다. 싫어할 거라면 철저히 싫어하거나, 완전한 무관심을 보이는 이 두 가지 경우의 수밖에 없다. 앞서 거론한 것처럼 집단의 이름으로 배척해야 할 사람에 대해서는 단순히 그들만의 정의의 철퇴를 내리면 그만이다. 그러나 싫어하지 않는다고 해서 좋아하는 것은 아니듯, 싫어하지 않는 자에게는 철저하게 무관심한 것이 우리사회 불변의 법칙처럼 존재하고 있다.

거리의 혼잡 속에는 이미 무엇인가 인간의 본성에 거슬리는 면이 있다. 각양각색의 계층과 신분에 속하는 사람들이 서로를 지나치며 몰려가고 있다. 동일한 특성과 능력, 동일한 이해관계를 지닌 이들은 모두가 행복해지기 위한 사람들이 아닌가?…… 그런데도 그들은 마치 서로 아무런 공통점이 없으며 아무런 상관도 없는 것처럼 서로 치닫듯 스쳐 지나가고 있는 것이다.[19]

독일 평론가 발터 벤야민의 현대인에 대한 관점은 김현 선생의 시야와 별반 다르지 않다. 타자가 언제나 타자일 때, 그것은 돌이나 풀과 같기 때문이다. 어차피 혼잡한 거리 속에 있는 사람들은 서로 아무런 연관도 없다. 사람들은 타인의 얼굴을 잊고 살아가는 게 보통이라, 서로 스쳐지나가지만 다른 유기체가 움직이고 있을 뿐 나와는 아무런 관계가 없다고 여기는 게 보통이다. 마찬가지로 타인에게 있어 내 존재 또한 아무런 의미가 없다. 그래서 사람은 타자에 대해 무관심하다. 단순히 거리라는 배경 속에 녹아든 돌이나 풀에 불과할 수밖에 없는 것이 타자인 것이다.

그러나 우리의 생활이란 사람들과의 관계 속에서만 진실로 생기를 얻는 것이 분명하다. 평소엔 타자를 제대로 인식하지 못해 돌이나 풀에 불과할지라도, 삶의 향기는 타인이 옆에 있을 때만 뿜어져 나올 수 있다.

중국 고대 도가 사상가 장자는 일찍이 '타자의 변화가 아닌 주체

---

19) 발터 벤야민, 반성완 옮김(2013: 132).

의 변화가 요구되어져야 한다'는 입장을 설파한 바 있다. 변해야 하는 것은 타인이 아니다. 바로 나 자신이다. 내가 변해야 관계가 재정립된다. 나부터가 타인을 인식하고 진심으로 바라볼 때, 타자도 나를 의식하고 진정으로 다가올 수 있는 지점이 만들어진다. 즉 타자 지향적 사고가 아닌, 주체 중심의 사고를 필요로 한다. 타인의 얼굴을 잊지 않기 위해선 내가 먼저 누군가를 응시해야 하기 때문이다.

고故 이태석 신부는 우리가 매일 수도 없이 가지는 만남들을 영혼과 영혼이 만나는 엄숙한 순간들이기에 큰 잔치를 벌여도 부족하다고 이야기한 바 있다.[20] 나는 그 말에 전적으로 동의한다. 사람과 사람 간의 만남은 영혼과 영혼이 만나는 엄숙한 순간이다. 지금 이 순간 누군가와의 만남은 다시는 돌아오지 않을 시간들이다. 그렇기에 현재의 만남을 더욱 소중히 해야 하는 것이다.

고독은 인간의 영혼을 분쇄한다. 70억 인구의 고독을 잘게 쪼개고 나면 남는 것은 하지 못한 말들과 전하지 못한 감정들이 먼지가 되어 대기 중으로 흩어져 버릴 것이다. 어쩌면 성가시게 느껴질 수도 있겠지만 바로 내 옆에 있는 타인의 얼굴을 잊지 않기 위해 우리는 고독을 분쇄해야만 한다. 돌이나 풀과 같았던 타자가 동일자가 되어 사랑이 싹틀 때까지 말이다.

---

20) 이태석(2011: 97).

재는 왜 저 모양일까?

"편견을 부수는 것은 원자를 부수는 것보다 어렵다."

아인슈타인의 말이다. 인간은 처음 접하는 정보가 있을 경우 지식으로 축적하고 나면 해당 정보만을 추구하게 되는 경향이 있다. 그래서 어느 한 정보를 통해 한쪽으로 시선이 쏠려버리면 반대쪽 의견에 대해서는 귀를 닫고 만다. 이렇게 최초의 편견이 생성된다.

편견이란 공정하지 못하고 한쪽으로 치우친 사고나 견해를 말한다. 인간은 편견으로 말미암아 특정 개인이나 집단에 대해 충분한 '앎'이 없이 부정적인 평가를 내리는 우를 범한다. 특히 누구든 잠재의식 속에는 온갖 편견을 가지고 있으며, 이로 말미암아 타인에 대해 스스럼없이 벽을 세우도록 만들고 있다. 이러한 이유로 아인슈타인은 우리의 일상 안에서 편견을 부수는 일은 원자를 부수는 일보다 어렵다고 말한 것이다.

그렇다면 우리는 왜 편견을 갖게 되는 것인지를 살펴볼 이유가 생겼다고 해도 과언이 아니다. 과연 편견의 본질은 무엇이며, 그것을 깨뜨리기 위해 어떤 날선 도끼를 준비해야 하는 것일까. 우리의 일상 가운데 자주 듣는 말을 하나 소개하면서 이를 풀어가 보기로 하겠다.

"쟤는 왜 저 모양일까?"

어쩌면 부모님을 통해 들은 말일 수도 있고, 제3자를 지칭하는 친구로부터 전해들은 말일 수도 있다. 꼭 싫어하는 사람이 아닐지라도 그다지 우호적이지 않은 태도로 하는 말인 것은 분명하다. '쟤는 왜 저 모양일까?'에서 가장 크게 부정적인 뉘앙스를 풍기는 건 '쟤'와 '저 모양'이다. 그 중 '저 모양'은 어떠한 형편이나 되어 나가는 꼴을 의미하는 '모양'에, 말하는 이와 듣는 이로부터 멀리 있는 대상을 가리키는 말인 관형사 '저'가 붙어 상당히 부정적인 뉘앙스를 풍기도록 만든다.

"쟤는 왜 저 모양일까."

"쟤는 왜 저 모양일까?"

"쟤는 왜 저 모양일까!"

여기에 화자의 음성이 추가된다. 그럼 해당 문장은 주위 환경에 맞는 투로 변형되면서 또 하나의 의미를 생성한다. 어감은 곧 하나의 의미이자 이미지다. 꼭 직접적인 욕설이나 부정적인 표현을 섞지 않더라도, 말소리나 말투의 차이에 따라 느껴지는 맛이 다르게 나타난다.

특히나 편견과 아집으로 똘똘 뭉친 사람과 대화를 해보면 가장 먼저 느껴지는 감정은 바로 극심한 피로감이 아닐까 싶다. 설득을 하기보다는 차라리 피하는 게 상책이라고 느껴지게 될 때 우리는 피로감을 느낀다. 즉, 편견을 가진 사람은 타인을 피곤하게 만든다. 이는 편견이란 속성이 개인의 감정적 범주 안에서 그치지 않는다는 사실을 의미한다. 왜곡된 개인의 관점과 의식이 알게 모르게 타인에게 피해를 끼치는 것이다. 그렇다면 우리는 또 다른 의문을 하나 제기할 수 있게 된다.

"사소한 현상에도 잦은 편견을 가지는 그는 왜 그 모양일까?"

이처럼 우리는 상대에 대해 자기 마음대로 그림을 그리고, 왜 그렇게 하지 않느냐고 따집니다. 상대의 모습을 내 마음대로 그려 놓고, 왜 그림과 다르냐고 상대를 비난합니다. 있는 그대로 보지 못하는 마음의 착각이 나 자신과 상대, 모두를 힘들게 합니다.[21]

법륜 스님의 언어는 편견의 핵심을 꿰뚫는다. 편견을 가진 자들은 일단 타인에게 화살을 돌린다. 왜곡된 자신의 시야는 생각지도 못하면서 책임을 전가하는 것이다. 실제로 타인을 비난하는 사람들 중에는, 비난의 대상이 부정적인 감정을 심어주는 직접적인 원인이나 실마리를 제공하지 않았음에도 편견이나 선입관으로 말미암아 비난을 쏟아내기 마련이다.

가령 '김여사'라는 신조어가 생겨난 이유에 대해 살펴보면 우리

---

21) 법륜(2012: 98).

사회가 얼마나 편견으로 꽉 막혀 있는지 알 수 있다. '김여사'란 운전 실력이 미흡하거나 사고를 유발할 만큼 비상식적인 운전을 하는 여성운전자를 비하하는 말이다. 사고를 유발하는 미숙한 운전자들이 대개 '여성'이라는 사회적 인식이 밑바탕에 깔린 것이다. 물론 수치나 통계 면에서 그럴 수도 있고, 굵직굵직한 뉴스보도나 각종 커뮤니티 사이트를 통해 이러한 여론이 조장되는 것일 수도 있다. 특히나 요즘은 '김여사'라는 말이 갑남을녀 사이에서 일반적이다시피 쓰이고 있는데, 이를 사회문화적인 요인으로 두고 싸잡아 정당화하는 사람들의 눈꺼풀을 뒤집어볼 필요가 있다.

애당초 운전 미숙자는 우리나라는 물론이고 어느 나라에나 있다. 꼭 여자만 운전을 잘 못해 사고를 유발한다는 것은 사실무근이며, 과학적으로도 공간지각능력은 성별의 차이보다 후천적인 영향을 더 크게 받는다는 연구결과가 있다. 또한 2013년 언론을 통해 접한 통계자료에 따르면 사고 책임이 가장 큰 운전자인 제1당사자로 남성이 약 66%인 반면 여성은 약 26%에 불과했다. 당시 남녀 운전면허소지자의 비율이 6:4라는 점을 감안해도 결국 교통사고는 남성들이 더 많이 낸다는 사실이다. 단지 언론을 통해 보도된 어떤 여성운전자가 인명사고를 낸 후 조치를 제대로 이행하지 못했다고 해서 모든 여성운전자가 싸잡아 욕을 먹게 되는 것은 온당치 못한 처사다. 특히 운전대를 잡고 있는 모든 여성운전자를 '김여사'의 범주에 포함시키는 것과, 그러한 사회적 기류를 조장하는 것 모두 부당하다는 점도 강조하고 싶다.

결국 운전실력 미숙은 개인의 차이인데, 이를 통해 양성갈등을 조장하려는 못된 사람들이 있을 뿐이다. 차량이 뻥 뚫린 도로에서 선글라스를 낀 채 책을 올려놓고 읽으며 운전하는 아주머니나, 흉기와 같은 큰 트럭으로 다른 운전자를 위협하듯 제 갈 길만 빠르게 밟는 아저씨나 개념 없는 '개인'일 뿐이다. 비상식적인 운전으로 주변에 큰 피해를 입히는 개인은 비난받아야 마땅하다.

그러나 속도를 준수하는 여성운전자가 '답답하게 앞에서 천천히 간다'며 '김여사'라 비난받을 이유는 없는 것이다. 그것은 편견에 사로잡힌 개인의 언어일 뿐이고, 스스로를 성차별주의자라 소개하는 행위에 불과하다. 도로 위의 시한폭탄을 비난할 용기는 없으면서, 선입견을 품은 자신의 눈꺼풀을 뒤집어보지 않은 채로 눈앞의 약자를 향해 혀를 끌끌 차며 욕설을 쏟아내는 모습이 지금 우리의 현실이라면 반성할 이유는 충분하다.

그럼에도 우리사회의 수많은 사람들이 꽤나 건전하다는 사실을 굳게 믿고 있다. 편견에 사로잡혔을지라도 사도 바울처럼 두꺼운 눈꺼풀이 벗겨지고 나면 언제라도 대상을 올바르게 볼 수 있다는 희망이 있다. 물론 편견을 부수는 것은 원자를 부수는 것보다 어렵다. 이에 수필가 피천득 선생은 '우리들 대부분이 건전하기 때문에 무서운 사건들이 소설감이 되고 기사 거리가 된다'[22]고 이야기한 바 있다. 이처럼 '쟤는 왜 저 모양일까' 하는 단순한 편견에 사로잡힌 인간일지라도 어쩌면 상당히 괜찮은 존재일 확률이 높다.

다만 타인에 대한 건전한 이해 없이 '쟤는 왜 저 모양일까' 하고

---

22) 피천득(2010: 21).

편견의 집을 짓는 스스로에 대해 '나는 왜 이 모양일까' 하고 생각하지 못하는 어리석음으로 말미암아 그 따뜻한 심성이 숨어버릴 따름이다.

그러므로 우리는 이를 깨뜨리기 위해 타인에 대한 '앎'과 '이해'라는 날선 도끼로 편견을 맞아야 한다. 그리고 후회 없을 만큼 거침없이 깨뜨려버릴 준비를 해야 한다. 만일 편견을 조장하는 구설수의 주인공이 내가 된다면, 그땐 이미 너무 늦고 난 뒤일지도 모른다.

지구별 리포트

SNS를 통해 본 우리 지구의 씁쓸한 이야기 하나가 있다.

2017년 어느 날 한 여고생이 친할아버지의 사망보조금을 들고 도망간 사연이다. 여고생은 메신저를 통해 자신을 낳아준 친엄마에게도 막말을 한 뒤, 말 그대로 잠수를 탔다. 여기서 무슨 말이 더 필요할까. 아무리 철이 없다고 해도 이해의 범주를 넘어선 이야기가 아닐 수 없다. 단한 번일지라도 물질 때문에 가족을 버린다는 건 나로서는 상상도 할 수 없는 일이다.

그러나 세상이 아무리 각박해도 '설마 가족끼리 그러겠어?'라는 나의 마음은 와르르 무너지고 말았다. 이미 세상이 경악할만한 사건 중에는 보험금을 타기 위해 가족을 살해하는 경우까지 발생하고 있었다. 그만큼 각박한 세상이었다. 하물며 친할아버지의 사망보조금을 들고 도망간 여고생의 이야기는 짧은 뉴스거리도 되지 않았다.

쌀쌀하고 각박한 분위기를 넘어 이제는 자극적이지 않으면 세상이 주목하지도 않을 만큼 피폐해져 있었다. 진실로 그런 세상이었다. 덕분에 깊은 고민에 잠겼다. 과연 이 지구상에는 장차 어두운 미래밖에 없는 것일까?

당장은 불완전하고 암울한 미래상이 전부인 것처럼 보일지라도 어느 누구도 디스토피아를 꿈꾸진 않는다. 다만 등허리를 짓누르는 현실과 삶의 토대가 되는 경제논리가 사람들의 마음을 좌우하고 있을 따름이다. 어리게만 생각되는 고등학생이 돈을 독차지하기 위해 가족을 버리고 달아난다는 것은 넓게 보면 개인의 자유의 범주 안에 속하는 일이지만, 그것이 결코 상식적이거나 현명한 처사는 아니다. 자신의 행동이 불러올 결과를 제대로 성찰하지 못하고 눈앞에 있는 돈에 눈 먼 어리석은 선택일 뿐이다. 같은 세계 속에서 이런 사람들은 꾸준히 나고 있다.

반면 몇 조원에 달하는 돈과 명예를 버리고 다른 목적을 위해 자신을 헌신한 사람이 같은 땅에 난 적이 있다. 1867년 서울 남산골에서 이유승의 넷째 아들로 태어난 우당 이회영 선생이 주인공이다. 우당은 '오성과 한음'의 백사 이항복의 10대손으로, 조선 10대 부자라 불릴 만큼 최고의 부잣집이자 9대가 정승 판서 참판을 지낸 말 그대로 명문세가의 후손이다. 그런 우당이 나라가 힘겨운 상황에 처하자 몸소 진정한 '노블리스 오블리주'를 실천하기 시작한다.

1905년 을사5적이 나라의 외교권을 일본에 팔아버리자, 우당은 고종을 만나 일본으로부터 빼앗긴 우리의 주권을 돌려받기 위해 헤이그특사를 제안한다. 또 1910년 대한민국이 일본에 나라를 빼앗길 당시 이 가문에서는 우당을 비롯해 형 건영과 석영, 철영, 아우 시영, 호영 등 6명의 형제와 50여 명의 가족들이 모두 만주로 건너가 독립운동을 전개한 특이한 이력이 있다.

우당은 망명 후에도 서간도 땅에 정착하여 1912년 이주 동포들을 위한 자치기구 경학사를 조직하고, 신흥강습소를 설립해 독립군을 양성한다. 신흥강습소는 훗날 신흥무관학교로, 1911년부터 1920년까지 약 3,000명의 졸업생을 배출한다. 여기서 더욱 놀라운 점이 있다. 우당과 가족들은 10년 가까이 많은 사람들을 무상교육하면서 재산을 소진하느라 정작 자신들은 하루에 한 끼도 겨우 먹으며 지냈다는 안타까운 이야기도 전한다. 이어 1932년 11월 초 우당은 상해 황포강을 출발해 만주로 가던 도중 일본 경찰에 체포돼 모진 고문을 받다가, 11월 17일 66세 일기로 안중근 선생이 형 집행을 당했던 만주 뤼순 감옥에서 순국한 것으로 알려졌다.

더군다나 형제들은 일제의 잔혹한 고문을 받다 순국하거나 굶어 죽었고, 해방 후 살아남은 가족은 기껏해야 20여 명 밖에 되지 않는다는 사실에서 우당과 형제들이 독립운동을 전개하다 얼마나 많은 고초와 희생을 치렀는지 알 수 있다. 이처럼 우당과 그 가족들의 행보는 지도층 가문에서 사회적 책무를 다하기 위해 솔선수범하는, 역사상 유례를 찾아보기 힘든 가문 전체의 항일투쟁사였다.

같은 땅에서 나고 자란 사람들이 이렇게 다를 수가 있다. 친할아버지의 사망보조금을 들고 달아나는 여고생이 있는 사회에도 숭고한 목적을 위해 자신의 모든 것을 헌신하고 목숨까지 바치는 위인이 있다. 물론 모든 사람들이 같은 가치관을 가지고 살아가기란 불가능한 일이지만, 사회가 올바르게 나아가기 위해 지향해야 할 점은 결국 하나로 모이기 마련이다. 길에서 넘어져 울고 있는 아이를 일으켜 세워주는 어른이 있을 수 있고, 그냥 지나쳐버리는 어른이 있을 수 있다. 다만 우리사회가 지향해야 할 어른이 어떤 어른인지는 자명한 일이다.

자신이 어떤 인생 텍스트를 쓰는가는 오로지 나의 자유로운 실존적 결단에 의존한다. 나 오직 나만이 내가 죽는 날 끝을 내야 하는 소설/텍스트의 책임자이며, 내 인생의 의미 내용 즉 가치의 책임자이다.[23)]

철학자 박이문 선생은 저서 『문학과 철학』을 통해 자유로운 실존적 결단을 들어 개인의 책임을 강조하고 있다. 어쩌면 당연한 이야기다. 한 개인이 친할아버지의 사망보조금을 들고 달아나든, 숭고한 목적을 위해 스스로를 희생하든 그건 자신의 결단이고 책임이다. 전자가 비난을 받아야 하는 이유는 굳이 근본적인 도덕의 범주를 거론하지 않더라도 누군가의 삶에 폐를 끼쳤기 때문이다. 그리고 후자가 존경받아야 마땅한 이유는 누군가에겐 어리석은 삶처럼 보일지라도 스스로의 안락한 생활을 버리면서까지 숭고한 행위로 뻗어나가며 자신의 선한 신념을 관철했기 때문이다. 그 덕분에 수많은 사람들을 구제할 수 있었다. 결국 후자의 삶은 역사에 길이길

---

23) 박이문(1995: 229).

이 남아 누구도 흉내 내기조차 어려운 선례가 됐다. 역사는 이를 기억하고 칭송한다.

그러나 우리사회의 불의가 꼭 잘못된 개인에게만 있다고 볼 순 없다. 불행이나 불운으로 인해 개인이 잘못을 저질렀다면 행위에 대한 책임을 져야 하는 것이 마땅하다. 그러나 잘못된 사회나 그 사회적 관계가 이를 조장 혹은 방치하지 않았다고 확신할 수도 없다. 영국의 대법관 토마스 모어는 1516년 공상소설『유토피아』를 통해 자신이 꿈꾸던 이상사회를 제시하면서, 처참한 삶을 살아가는 인간의 불행을 개인의 불운만으로 탓하지 않고 잘못된 사회와 그 사회적 관계에서 찾고 있다. 즉 모어는『유토피아』를 통해 이상사회를 전면에 내세워 영국사회의 불의를 고발하고 있는 것이다.[24) 이는 우리사회에도 똑같이 적용이 가능하다.

현대사회의 씁쓸한 이면은 결코 멀리 있지 않다. 자신의 행동에 책임을 져야 하는 개인이 있는 만큼, 그러한 개인이 무책임한 행위를 하지 않도록 책임을 다해야 하는 사회가 있다. 사회의 역할은 단순히 개인의 똥을 치우는 수준이 아니다. 개인행동에서 빚어진 책임은 전적으로 개인에게 있다. 다만 사회는 그러한 인류가 나지 않도록 방치하지 않으며, 개인이 조금이라도 더 선하고 나은 가치를 향해 길을 걸을 수 있도록 앞날을 밝혀주어야만 한다. 그렇지 않고선 해당 사회가 존속할 이유가 없다.

---

24) 황광우(2011: 181).

인생항해의 본질적 측면

　스물여덟 늦깎이로 군대를 전역했다. 곧바로 취직을 했다. 규모가 크진 않았지만 나름 월급도 적당하고 보람을 느낄 수 있는 직장이었다. 일적인 부분에서 특히 그랬다. 즐거운 측면도 많았다. 그렇지만 일이 일이 되어 버리는 순간, 역시나 그건 일에 불과했다. 즐겁다가도 결국 책임이 수반되는 힘겨움이 있었다. 그렇게 회사에서는 내 책임이 도달하는 범위 안에서 열심히 일을 하면 그만이었다. 때에 따라 영역은 넓어질 수 있었으나, 모든 게 상식적인 유한함 가운데서 이루어졌다. 물론 바쁠 때는 퇴근한 뒤에도 일을 하기도 하고 주말에도 일을 하는 경우가 있었다. 그렇다고 종일 일만 붙잡고 있는 것은 아니었다. 틈틈이 여가를 창조하며 내 생활을 영위했다. 그래야만 숨 쉴 틈이 있었기 때문이다.

　그런데 무슨 바람이 불었던 걸까. 나는 아무 이유 없이 회사를 나왔다. 그리고 직접 골방 회사를 차렸다. 그러다보니 월급쟁이일 때와는 사정이 많이 달라졌다. 홀로 언론홍보대행사를 차린 그날부터, 눈을 뜨고 잠이 드는 순간까지 사업구상과 실무에 집중해야 했고, 모든 일이 내가 말하고 행동하는 대로 굴러갔다. 자본이나 계획도 없이 시작한 만큼 모든 형편이 부실했다. 그럼에도 차근차근 돌파구를 마련해 나갔다. 처음에는 타기업들을 모니터링해 벤치마킹하면서 직접 홈페이지와 사업 제휴를 위한 제안서를 만들었다. 이후 제안서를 보낼 이메일용 스크립트나 전화영업용 스크립트를 제작했다. 그리고 하루에 수백 통씩 전화를 돌리고, 클라이언트의 의뢰로 기사를 써서 언론사로 송출할 준비를 했다. 문제는 벌어들이는 수입은 전무한 반면 일손이 모자랐다는 점이다. 혼자 전화하고 이메일을 돌리는 것만으로는 많은 광고주를 모아들이기에 역부족이었다. 광고주를 모집하지 않으면 수입은 발생하지 않았고, 누군가를 고용할 여유는 더더욱 없었다. 그렇게 멋모르고 시작한 나의 첫 사업은 당돌했으나 결국 실패하고 말았다.

그리고 여기서 나는 직장인으로 돌아설까, 사업가로 성공할까를 놓고 다시 한 번 고민하기 시작했다. 선택의 갈림길에서 시작된 지루한 싸움에서 여전히 갈팡질팡했다. 답안지를 채점해줄 선생님도 없이 홀로 시험지를 푸는 학생의 마음이 이런 걸까. 1번이 답일까 아니면 2번이 답일까를 놓고 고민하다 결국 제대로 된 답안을 고르지 못하거나 후회하는 선택을 하고야 만다. 그리고 여전히 수를 헤아리다 말고 숫자의 어느 한 지점에 멈춰있다. 실패할까 두려웠다. 내게 불확실함이라는 영역은 무한대나 마찬가지였다.

그러나 세상엔 나처럼 나약한 사람만이 존재하는 것은 아니다. 어린이들의 위인전 단골손님인 발명왕 에디슨은 달랐다. 에디슨이 전기를 발명한 뒤 한 기자가 이렇게 물었다고 한다.

"2천 번이나 실패하셨는데 중간에 포기할 생각은 안 하셨습니까?"

그러자 에디슨은 이렇게 답했다.

"그것은 실패가 아니지요. 전구를 발명하기 위해 1,999가지 방법으로 안 된다는 것을 확인하는 과정을 거쳤을 뿐입니다."[25]

에디슨은 실패를 실패라고 생각하지 않았다. 그에게 실패는 당연한 것이었고, 자신의 꿈을 향한 발판에 불과했다. 또 그의 불확실함은 성공을 확인하기 위한 일련의 과정들이었다. 물론 에디슨도 사람인지라 두려움이나 불확실함을 안고 있었을 것이다. 어쩌면 누구보다 더 큰 불안을 안고 살았을 수도 있다. 그럼에도 그는 앞으로 나아갔다. 수를 헤아리다 말고 숫자의 어느 한 지점에 멈출지라도, 잘못된 답안을 골라 후회하는 선택을 할지라도 그는 묵묵히 제 할 일을 했다. 그때 깨달았다. 나의 직관이 도달할 수 없는 곳이 있음을 깨닫는 것이 스스로 교만을 내려놓는 가장 좋은 방법이라는 사실을 말이다. 우리는 신이 아닌 인간이기에 항상 성공적인 선택만 할 순 없다. 실패를 예외로 둔 삶은 자만의 다른 이름이다. 실패는 무척이나 고통스러운 것이지만, 인간의 모든 행위에 대해 꼭 수반되는 필수요소임은 분명하다.

---

25) 남문기(2010: 254).

물론 실패에 대해 머리로는 이해할 수 있는 공간이 넓다. 하지만 실패를 가슴으로까지 껴안으며 살아갈 수 있을지는 자신이 없다. 살다 보면 누구나 수시로 나약한 순간이 찾아오기 때문이다. 게다가 모든 인간은 청교도적인 도덕적 근본주의자가 아니다. 강한 부분보단 유약한 측면이 더 많다. 그래서 더 쉽게 좌절한다. 그리고 좌절하기 때문에 인간의 인간다운 속성이 더욱 부각된다. 바로 인간미다.

나는 좌절하는 인간만이 인류 보편의 애정, 즉 진정한 인간미를 가질 수 있다고 믿는다. 실패하고 좌절하는 인간만이 뒤를 돌아볼 줄도 알고 주변을 살필 줄 안다. 그때서야 내 실패만이 눈에 들어오는 것이 아니라, 타인의 공포나 좌절감, 두려움의 감정들이 보이기 시작한다. 즉 나에서 남으로 시야의 확장이 이루어지는 순간을 경험하게 되는 것이다. 물론 마음까지 온전하게 움직이는지 아닌지는 순전히 개인에게 달려 있다. 타인의 좌절을 공감하고 안하고의 문제지만, 그럼에도 공감할 줄 아는 인간이 더 아름다워 보이는 것도 사실이다.

꽃이 피는 시기가 저마다 다르듯, 사람도 마찬가지다. 철학자 버트런드 러셀은 훌륭한 책들은 모두 지루한 부분이 있고, 위대한 삶에도 재미없는 시기가 있다고 이야기한 바 있다.[26] 우리가 구닥다리 배를 가지고 어떻게든 수선해 가며 인생 항해를 하고 있다면 이러한 사실을 꼭 염두에 두어야 한다고 생각한다.

---

26) 버트런드 러셀, 이순희 옮김(2005: 69).

모든 자기계발서에 쓰여 있는 것처럼 우리는 실패 그 자체를 두려워하지 않을 순 없다. 그러나 두려움 가운데도 캄캄한 세상 밖으로 나가기 위해 필사적으로 한 발을 내딛어보는 것이 중요하지 않을까. 지금 이 한 발을 내딛으면 절벽에서 떨어질 수도 있다. 하지만 막상 발을 내딛어봤더니 대지의 감촉을 느끼며 가슴을 쓸어내릴 수도 있을 것이다.

중요한 것은 결코 도박하듯 뛰어드는 삶이어서는 안 된다는 사실이다. 전구를 발명하기 위해 1,999가지 방법으로 '안 된다'는 과정을 거친 에디슨처럼 거듭되는 실패에도 일련의 행위를 반복하는 꾸준한 과정이 살아 숨 쉬고 있어야 한다. 에디슨의 2천 번의 시도는 끊임없는 지루함의 연속이었겠지만, 그는 끝끝내 포기하지 않았다.

꿈이란 무엇일까요? 꿈은 저와 여러분의 가슴속에 북극성을 하나 띄우는 것입니다. 북극성이 떠 있으면 길은 잃을 수 있어도, 방향은 잃지 않습니다. 꿈은 우리의 방향이고, 목표이고, 목적입니다.[27]

고故 신영복 교수의 말처럼 꿈을 간직하고 포기하지 않는 한 길은 잃을 수 있어도, 방향은 잃지 않는다. 누구도 피어날 시기를 알 순 없다. 다만 실패를 밥 먹듯 하더라도 가슴에 띄워둔 북극성을

---

27) 신영복 외(2009: 48).

향해 앞으로 나아가는 것이 중요하다. 가다가 울더라도 좌절이 무서워 움츠러들고 숨게 될지라도, 조금 쉬었다가 다시 일어서서 나와 타인의 갈 길을 둘러보며 한 발짝 나아갈 수 있어야 한다. 인간이 삶에 닻을 내리지 못하고 평생을 항해해야 한다면, 우리가 나아간 발자취에선 진한 사람냄새가 나야 하지 않을까.

나약하지만 앞으로 나아가는 사람. 주변인들로부터 '그는 자주 울고 좌절하는 사람이었지만, 눈물을 그치면 다시 앞으로 나아갔다'는 말을 듣는다면 엄청난 찬사로 들릴 것이 분명하다.

스스로 가꾸는 삶에 대하여

헌책방에서 몇 권의 책을 샀다. 그 중 두 권은 시집이다. 공교롭게도 두 권의 시집 모두 난생 처음 접하는 시인들이었다. 나는 기대감에 벅차 시집을 펴들었다. 두 시인의 시 모두 언어로 녹여낸 감각적인 표현들과 그 정서가 상당히 따뜻하게 느껴져 열심히 밑줄을 그어가며 읽어 내려갔다. 시집이 너무 흥미로운 나머지 두 시인에 대해 더 알고 싶어 인터넷으로 검색까지 해보았다. 충격이었다. 두 시인 모두 2016년 성추문과 관련해 사회적 물의를 빚었다는 사실을 뒤늦게 알게 됐기 때문이다. 갑자기 읽고 있던 두 시집이 모두 하찮게 느껴졌다. 밑줄을 긋던 손의 일과는 모두 수포로 돌아갔다. 나는 시집 두 권을 모두 폐지함에 담아 분리수거해 버렸다. 행여나 그 안에 배울 점이 있더라도 후회되진 않았다. 세상에 가치 있는 책은 얼마든지 넘쳐났다.

손을 씻어야 마땅했다. 설령 논란이 된 사건 이전에 창작한 대단한 작품들이라 해도, 현재 시인의 삶과 대비하면 시 자체가 허위고 위선일 수밖에 없다. 자신의 생활과 언어가 일치하지 않는 시인은 결코 좋은 시인이 아니다. 표현법이 아무리 참신하고 대중의 공감을 불러일으키는 구석이 있어도 뼈가 없는 말재주에 불과하다. 즉 후천석으로 시의 영혼을 앗아간 시인의 작품에 면죄부란 있을 수 없다. 작품을 시인의 삶이라는 맥락과 함께 들여다보면 독자 정서와의 괴리감이 너무 커 좋은 시라는 생각이 들래야 들 수가 없기 때문이다. 이는 모든 사람들에게 있어 왜 삶의 과정까지 아름다워야 하는가에 대한 이유다. 살아가는 과정이 불공정하고 아름답지 못하면 이렇게 뒤탈이 날 수밖에 없다.

물론 누구라도 삶의 과정이 다 아름다울 수만은 없다. 범법을 저지른다거나 불손하게 살지 않더라도 우리의 삶은 늘 결손하고 형편없는 지점이 차고 넘친다. 언제나 실존적 부름이라 굳게 믿었던 진실한 삶이 허구였다는 사실을 깨닫는 순간도 있을 것이다. 어제의 나를 돌아보면 알 수 있다. 나의 내면엔 저마다 순위가 매겨진 각각의 목적의식들로 가득했고, 실존은 가장 낮은 자리에 위치해 있었다. 실존과 부합하지 않는 내면의 귀결점은 부서짐이다. 당장은 깨닫지 못할 뿐이다. 그러나 내면이 산산이 부서져 허공으로 흩어질지라도 삶은 결코 사라지지 않는다. 그 어떤 세상이든 파멸을 가르치려면 조금 더 힘을 냈어야 했다. 나는 단지 타인에 대한 조소와 냉소가 가득한 청년기를 보내고 있을 따름이다. 그렇기에 고통에 대해서도 냉소할 줄 알았고, 때로는 감각한다는 것 자체가 귀찮아

방 한 구석으로 밀어두기도 했다.

이처럼 청년이 현재를 살아간다는 것은 결코 일관적인 모습일 수가 없다. 삶이 늘 불확실하기에 지금 이 순간을 감각하고, 저절로 생겨난 감정을 통해 어떤 형태로든 대면하고 함구하며 각자가 추구하는 바를 좇을 따름이다. 그 안엔 좌절과 탈속과 자유와 즐거움 같은 다채로운 얼굴들이 있다. 그들은 함께 어우러져 살아가며, 자신의 때에만 스스로를 행위한다.

그렇다면 우리는 몇 가지 질문을 던져볼 필요가 있다. 과연 우리는 자생적으로 삶을 가꿀 수 있는 존재인가. 그리고 우리는 삶을 꾸려가며 스스로의 일상을 완벽하게 통제할 수 있는가. 궁극적으로 '합리적으로 사고하는 나'와 '안락함을 추구하는 나' 사이에서 끊임없이 외줄타기를 하는 우리가 진정 가치 있게 살고, 또 살아가는 과정조차 아름답기 위해서는 어떻게 해야 하는 것인가.

나는 이제 더는 이해할 수가 없다. 교회 열차를 탄 저 무리를. 스스로를 사람이라고 여기지만 사실은 느낄 수 없는 어떤 압력을 받아 마치 개미처럼 오로지 쓸모에 의해서만 환원된 저 사람들을.[28]

특정 연령대의 사회인은 모두 노동을 하게 된다. 특별한 경우를 제외해도 그 숫자는 어마어마하다. 노동의 종류도 제각각이다. 그렇지만 자신에게 맞는 노동을 하는 개인이 있는 반면, 자신과는

---

28) 생텍쥐페리, 허희정 옮김(2009: 176).

아무런 연고도 없는 노동을 하는 개인도 있다. 같은 노동이라도 자신이 원하는 일을 하고 있는 개인은 상대적으로 운이 좋다고 할 수 있을 것이다. 여기서 생텍쥐페리는 인간이 개미처럼 쓸모에 의해서만 환원되는 존재라고 설명하며, 이러한 세태를 이해할 수 없다고 우회해 비판하고 있다. 사회를 지탱하는 공동체 구성원들의 삶은 어떤 압력을 받아 노동에 매진하게 되어 있고, 자신이 몸담고 있는 공동체의 쓸모에 의해서만 유의미한 존재가 되기 마련이라는 것이다.

다만 그들은 대개 자신에게 맞거나 스스로 하고 싶은 노동을 하는 것이 아닌, 하고 싶지 않은 노동을 하는 이들이 대다수다. 물론 개중에는 주어진 노동을 통해 보람을 찾는 이들이 존재한다. 하지만 주된 노동의 사유는 개인의 경제적 독립과 생활유지비에 있다. 즉 먹고 살기 위해 일을 하는 것이다. 이 가운데 하고 싶지 않은 일이 손에 익고 능숙해진 사람일수록 자신은 사회에서 쓸모 있는 사람이라고 믿는다.

그렇지만 누구도 꿈은 가질 수 없다. 당장 들이닥친 현실의 벽을 메우기 위해 노동을 하고, 극심한 피로감을 느끼며 터덜터덜 퇴근하는 사람에게 생기란 존재할 수 없다. 그저 척박한 표정뿐이다. 더욱이 퇴근시간이나 휴식여건을 제대로 보장받지 못하는 근무여건은 저녁식사도 제대로 하지 못하고 잠이 들도록 부추기기까지 한다. 과연 이런 사람들에게 어떻게 삶의 과정이 아름다워야 한다고 강요할 수 있을 것이며, 잠을 자고 꿈을 꿀 시간조차 부족한 이들에게 어떻게 자신만의 꿈을 가지라고 말할 수 있을 것인가.

중요한 것은 이들이 노동을 하고 자신만의 보금자리로 돌아와 잠깐의 휴식을 취하며 내일을 준비하는 일련의 과정이 바로 이들이 가꾸고 있는 숭고한 삶의 증표다. 매일이 같은 하루라 지겨울 수도 있겠지만, 그들은 아침 일찍 일어나 저녁이 될 때까지 하루의 생기를 온전히 내뿜는다. 자신을 완전히 소진시킨 뒤에야 동료와 술이라도 한잔 걸치거나 상사 욕이라도 속 시원하게 하고 나면 마음이 좀 누그러든다. 이제야 비로소 살아갈 여유가 생기고, 막연하게나마 노동을 품은 진정한 자기 삶에 대해 어렴풋이 떠오른다.

물론 노동은 현대인들의 삶의 일부다. 하지만 자신이 진짜로 하고 싶은 일과 일치하지 않는 경우가 대다수다. 돈을 벌 수 있기에 노동을 하는 것이고, 여태껏 해 왔기에 하고 있는 것이다. 또 앞으로도 평생 해야만 하는 것이다.

그럼에도 이러한 삶이 부적절하지만은 않다. 오히려 진정 가치 있는 삶이고, 살아가는 과정까지 아름다운 선한 삶의 표본이라고 할 수 있다. 당장 꿈을 꾸지 않는다고 해서 목적이 없는 시시한 삶은 아니다. 하루를 벌어 하루를 산다고 해서 무지하고 저급한 삶이 아닌 것이다. 사람들 각자가 보유한 환경을 무시할 순 없다.

중요한 것은 '그럼에도 살아간다는 것'이다. 특히나 꾸준함으로 일관되게 스스로를 지탱하는 개개인의 모습은 진정 경이로운 삶이라 말할 수 있다. 그들은 불확실한 미래 속에서 현실을 마주하며 살아가지만, 지금 이 순간을 감각하고 행위한다는 점에서 삶을 가꿔나가고 때로는 완벽하게 통제하며 진정 가치 있는 삶을 살아간다. 그리고 그 모습은 투박하고 진실해 더욱 아름답다.

3. 반복되는 인간의 굴레,
그 치열한 속사정

공감의 이유

읽을 책이 점점 사라져 간다. 시중에 널린 베스트셀러 중 가장 큰 파이를 차지하는 시나 에세이 도서 일부는 SNS에 올린 글귀를 짜깁기했거나, 사유의 단면이 공장에서 찍어낸 듯 신속하고 가벼워졌다. 이러한 글은 읽기 편하고 신선한 느낌이 들어 구매욕을 불태운다. 그러나 장기적으로 기억에 남지도 않을뿐더러 울림이 없는 경우가 다반사다. 그래서 단순하게 글귀만을 나열한 책들은 이제 그만 나왔으면 싶다가도, SNS로 공감대를 형성한 읽기 편하고 단순한 글이 트렌드라는 점을 상기하면 간과할 수도 없는 노릇이다.

그렇지만 가장 중요한 건 작가 자신이 작품을 읽는 독자에 대한 진정성을 보여주는 것이 아닐까. 독자에 대한 최소한의 예의를 생각한다면, 그럴듯한 말장난을 '시'라고 포장하거나, 몇 줄 짜리 글을 시각적으로 포장한 묶음집이 과연 몇 날 몇 시간짜리 사유이며,

독자에 대한 최소한의 성의라도 보인 것인지 양심에 손을 올려놓고 분명하게 제동을 걸 필요가 있다.

물론 이러한 책들도 일정 부분 필요한 건 맞다. 사람들이 이러한 책들을 찾는 이유는 손쉽게 공감할 수 있기 때문이다. 어쩌면 당연한 이야기다. 독자는 현재 자신의 감정이 동하는 책을 찾아 읽고, 출판사와 작가는 돈과 유명세를 위해 이러한 책들을 계속해서 찍어낼 수밖에 없다.

그러나 요즘은 고전이나 유명 작가의 베스트셀러 소설을 제외하고 과거처럼 '메가 히트'를 기록하는 책은 전무하다시피하다. 공감의 범위가 결코 넓지 않다는 소리다. 또한 공감의 대상이 피상적이고 모호하다. 직장에서 하루 종일 시달리다 스트레스를 받고 집으로 돌아와서, 위로가 담긴 아름다운 글귀를 읽고 나면 공감이 안 될 수가 없다. 마치 작가의 언어가 내 마음을 이해하는 것처럼 느껴진다. 하지만 다음날이면 내 마음속엔 그러한 글귀가 남아 있질 않다. 책 속 위로를 건네는 문구와 이를 읽는 독자는 허공에서 잠깐 피상적인 대화를 나누다 헤어진 셈이다. 이러한 인스턴트 공감은 결코 현대인들의 마음을 진정성 있게 적셔줄 본질적인 공감이 될 수 없다. 단순 트렌드일 따름이다. 그것도 시간에 의해 바스러질 수밖에 없는, 유의미와 무의미의 얼굴을 동시에 한 공허한 유행 사조로 막을 내릴 운명이다.

반면 관계 안에서 이루어지는 정서적 공감은 책에서 얻는 공감보다 더 뚜렷한 울림이 있다. 사람과 사람의 유대 속에서 이루어지는 공감이야말로 인간의 정신이 온전한 안식을 취할 수 있는 길이다.

다만 요즘 같은 정보사회에선 사람과 사람 간 정서나 마음을 공유하는 일이 그리 쉽지만은 않다. SNS로 대표되는 즉흥적이고 휘발성이 강한 문화가 우리사회의 주변부를 온통 휘감고 있기 때문이다.

게다가 개개인이 품고 있는 성향 자체가 상당히 자극적이며 공격적으로 자리 잡고 있다. 일례로 요즘 많은 사람들 사이에서 자주 사용되는 '꼰대'라는 말이 있다. 꼰대는 기성세대나 선생을 뜻하는 일종의 은어다. 특히 연장자가 자신의 경험을 일반화해 남에게 일반적으로 강요하는 것을 '꼰대 짓' 혹은 '꼰대질'이라는 속된 말로 표현하기도 한다. 도덕과 복종, 예절 등을 강요하고 조직과 서열 등을 중시하는 경향이 짙은 우리사회는 당연히 꼰대라는 병폐를 지닐 수밖에 없다. 특히나 권위주의적 문화가 팽배한 우리사회에서 옳고 그름을 가르는 기준이 '자기 생각에 대한 강한 확신'으로 말미암는 점은 물론, '요즘 애들' 운운하며 모든 어린 세대를 불완전하고 어리석은 개체로 취급하는 사회에서는 '꼰대'에 대한 사회적 멸시가 더더욱 거세질 것으로 전망된다.

더욱이 '꼰대'의 본질은 '꼰대질'을 하는 주체가 스스로 꼰대인지를 자각하지 못한다는 점이다. 그리고 어린 세대의 꼰대에 대한 증오는 '꼰대질'을 하고 있지 않은 모든 어른들에 대해 '꼰대'라는 올가미를 씌워버리고 있다. 물론 남을 피곤하게 만드는 꼰대는 뭇 사람들에게 부정적인 대상이 되어야 하는 것이 맞다. 그러나 모든 어른을 꼰대라 지칭하며 이유 없이 적개심을 품는 '애꼰대'들도 '꼰대'와 마찬가지로 못되기는 매한가지다. 애꼰대들 사이에서 벌어지는 일종의 역꼰대질. 꼰대에게는 돌을 던져도 좋지만, 정상적인 어른에게조차 '역꼰대질'을 하는 무례함도 질타 받아야 할 항목인 것은 분명하다.

우리는 스스로가 불완전한 존재이기 때문에 스스로가 '꼰대'이거나 '애꼰대'라는 것을 평생 자각하지 못할 지도 모른다. 어른 세대는 어린 세대에 대한 불만을 '꼰대질'로, 어린 세대는 어른 세대에 대한 반발로 '역꼰대질'을 한다. 이러한 사회가 지속될수록 두 세대의 서로를 향한 공격적인 성향은 결코 줄어들 기미를 보이지 않을 것이 자명하다. 그리고 끝끝내 두 세대는 화해하지 못할 것이다. 세대 간 공감의 여지가 있을 수 없다. 우리나라가 '좌우'로 갈라지다 못해 '상하'로도 나뉠 채비를 마친 셈이다.

대한민국은 유독 편 가르기가 심하다. 정치적 성향만 놓고 봐도 자신과 진영을 달리하는 상대방을 못 잡아먹어서 안달이다. 서로가 다르다는 것을 결코 인정하지 못한다. 각자의 견해나 차이를 부정하고 상대방에게 쌍심지를 켜고 달려든다. 갈수록 상대를 타도하겠다는 목적이 강해져 완전히 양극단으로 갈라졌고, 유독 지역차별도 두드러진다.

그러나 어느 누구도 자신이 불완전한 존재라는 사실을 자각하지 못하는 교만함 속에서 타인을 비방하며 헐뜯고 있을 따름이다. 사람과 사람 사이에서만 얻을 수 있는 정서적 공감을 무너뜨리는 폐색 짙은 존재자들. 이런 불쾌한 자들 때문에 더더욱 많은 사람들이 책 속에서, 음악 속에서, 그림 속에서라도 위로를 받고자 하는 것은 아닐까. 그렇다면 우리는 얼마나 서글픈 비극 속에 갇혀 살아가고 있는 것인지 가슴이 아프다.

동물행동학의 세계적 권위자 최재천 교수에 의하면 '인간의 도덕성도 진화의 산물'이라고 한다. 즉 인간이 도덕적으로 옳다고 느끼는 감정은 모두 스스로에게 유리하게끔 자연선택된 것이라 필연적으로 자기중심적일 수밖에 없다는 것이다. 그러나 여기서 중요한 깨달음이 있다. 우리가 도덕적이길 원한다면 가장 먼저 자기 스스로가 얼마나 비도덕적인지를 철저하게 분석해야 한다는 점이다.[1] 거미줄처럼 뻗어 있는 사회적 관계망 속에서 자신의 교만함을 내려놓고 상대방과 진심으로 교류해야만 공감의 여지가 생겨난다. 이러한 사실을 깨닫지 못하는 한 우리의 삶은 더더욱 냉기가 서릴 수밖에 없다.

이미 지구촌 세계는 전부 뒤범벅이다. 하루에도 수많은 여행객과 이주자들이 홍수처럼 넘쳐나고 있다. 세계로 갈 것도 없다. 부산에는 인천 사람이 살고, 광주에는 강릉 사람이 살며, 서울에는 제주도 사람이 살고 있다. 이미 세계 어느 곳이나 이질적인 것들이 함께 공존하고 있는 상황을 맞이하고 있는 것이다. 그렇기에 김찬호 교수의 말처럼, 공존의 기법을 터득하지 않으면 지구촌 사회에서 고립될 수밖에 없다.[2]

현대사회의 모든 인간은 타자와의 관계 속에서 '나'라는 정체성을 확인해 가며 살아가는 사회적 존재다. 만일 1인칭인 '나'와 3인칭인 '그'나 '그녀'가 어떤 관계를 맺게 되면, '그대'라는 2인칭 관계가

---

1) 최재천(2010: 286~287).
2) 김찬호(2003: 164).

탄생한다. 나는 그 또는 그녀에게, 그 또는 그녀에게 나는 서로 '그대'라고 부르는 기적 같은 관계가 만들어지는 것이다.

이처럼 관계의 탄생은 서로가 '나'라는 정체성을 확인해 가야 비로소 열린다. 자신은 물론 서로의 존재적 의미와 가치를 인정할 때 서로 응답하며 배려하게 되는 것이다. 이를 통해 우리가 사는 세상은 단순 사물의 세계에서 의미 가치의 세계로 변하게 된다. 서로에게 '그대'가 되는 세상은 곧 '우리'라는 새로운 가치체계를 만들어낸다.[3] 그러고 나면 정서적 교류는 우리 안에서 더욱 손쉽게 발현된다. 공감은 우리 안의 호의에서 시작되는 것이다.

---

3) 김용규(2016: 85).

'갑'옷을 입은 사람들

　대한민국은 갑질로 몸살을 겪었다. 지난해만 해도 '박근혜·최순실 게이트'를 비롯해 '공관병 갑질 사건', '프랜차이즈 갑질' 등 각종 갑질 관련 이슈가 도처에서 불거졌다. 오죽하면 대한민국이 가장 좋아하는 브랜드도 'GAP'이라는 유머가 있을 정도다. 'GAP'을 입고 '갑'이 되고 싶기 때문이다.

　게다가 잡코리아에서 직장인을 대상으로 시행한 갑질 조사 결과를 보면, '갑질 피해를 당한 적이 있다'는 응답자는 88.6%인 반면, '본인이 갑질을 해본 적이 있다'는 응답자는 33.3%로 나타났다. 이 조사가 시사하는 바가 있다. 갑질에 대한 가해자와 피해자의 인식 차이가 크거나, 스스로 갑질에 대한 인지가 이루어지지 않고 있다는 점이다.[4)]

　그런데 우리사회의 미덕은 무조건 참고 견뎌 이겨내라는 것이고,

이 가운데 합리라는 이름으로 행해지는 수많은 폭력들이 모두 정당화되고 있다. 물론 갑질을 행하는 이의 입장에서 그렇다. 그리고 또 한 차원 세뇌 메커니즘이 발동한다. 꾹 참고 견뎌낸 을이 훗날 갑이 되는 순간, 그동안의 설움을 폭발시키듯 꼭 같은 갑질을 하게 된다. 보상심리일 수도 있고, 감정의 배설일 수도 있다. 또 전부가 그런 것도 아니다. 다만 갑이 된 을은, 자신이 을이었던 기억을 모두 잊은 지 오래다. 현재는 갑이므로 참고 또 참던 을의 입장이 아닌, 갑의 입장에서만 공감할 수 있게 된 것이다. 이렇듯 새로운 갑의 탄생은 결코 어렵지 않다. 그것도 별 다섯 개짜리 '갑'옷을 입은 새로운 갑질이 등장하는 순간인 것이다.

내가 만난 한국인의 절반 이상이 사회적으로 심한 박탈감을 느낀다고 토로하며 "이 사회에서는 정직한 방법으로 출세할 수 없다"고 자신 있게 주장했다. 출세를 생각하지 않고도 단순한 생존을 위해서라도 가끔 비도덕적이거나 불법적인 행위(특히 지나친 굴종이나 아첨, 또는 뇌물 증여 등)를 저질러야 한다는 것은 상당히 보편적인 주장이었다.5)

박노자 교수는 저서를 통해 많은 사람들이 피부로 느끼고 있는 한국사회의 현실을 이야기하고 있다. 즉 갑에 대한 지나친 굴종과

---

4) 「[이병우 단국대학교 강의교수] "억울하면 출세하라"」, 광주일보, 2017.9.20.
   http://www.segye.com/content/html/2015/03/19/20150319004547.html?O
   utUrl=naver (2017년 10월 5일 검색) 참조.
5) 박노자(2006: 171).

아첨은 갑에 의한 갑질을 더욱 심화시키고, 마찬가지로 을을 비도 덕적인 상황으로 몰고 간다. 그렇게 몇몇 을이 갑이 되어봤자 세계 도처에 고여 있는 흙탕물이 더 진한 구정물이 될 뿐이다.

더 큰 문제는 사회적으로 심한 박탈감을 느껴가면서까지 지나친 굴종과 아첨에 길들여지는 개인이 꾸준히 양성되고 있다는 사실이 다. 즉 갑 앞의 개인은 사회가 필요로 하는 인간으로 자라나야만 그 사회 안에서 을의 입장에라도 설 수 있는 것이고, 그렇지 않은 개인은 모든 사회적 활동이 제한되거나 박탈당한 상태라고 봐도 과언이 아니다.

강자들이 판을 치는 모든 사회기구가 한결같이 새로 자라나는 세대에서 가르치는 것은 '적응', '타협', '겸손', '순종', '온건' 등등 의 '미덕'이다. 적응할 줄 아는 사람이 되어야 한다는 것은, 우리 사회에서 하나의 절대적인 진리, 당연한 삶의 요결要訣, 전혀 의심 할 여지없는 공리처럼 되어 있다. 어릴 때부터 우리가 부모, 선배, 교사, 라디오, TV, 영화, 고명한 학자, 승려, 정치인 등등의 모든 권위로부터 귀에 못이 박히도록 되풀이해 들어온, 이 그럴 듯한 추상적 명제를 한 꺼풀만 벗겨놓고 보면 그것은 곧 어떠한 현실에 건 저항하여서는 안 된다고 하는, 쓸개를 빼놓고 살아야 한다는, 거세된 노예가 되기를 강요하는 실로 무서운 주문呪文인 것이다.[6]

---

6) 조영래(2009: 154).

순종이 미덕인 사회의 위험성에 대한 조영래 변호사의 관점이 눈여겨볼 만하다. 아울러 사회가 필요로 하는 인간으로 자라나야 하는 당위성에 대한 권혁범 교수의 지적도 상당히 날카로워 아래 소개한다.

경쟁과 억압의 획일적 집단주의 문화 속에서 자라난 한국인은 따라서 '차이'를 차별의 근거로, 적대적 증오의 근거로 받아들이기 쉽다. 남이 나와 '다른' 것을 참지 못한다. 그래서 왕따 시키는 문화가 발생하고 집단적 규범의 이탈에 대해 매우 공격적으로 매도하는 분위기가 지속된다.[7)

사회의 상층부를 지탱하는 집단적 규범, 즉 갑의 입장에 따라주지 않는 개인은 필연적으로 사회적 신분이나 재화 면에서 소외 상태에 놓이게 된다. 우리사회의 갑들은 사회의 중심부를 흔들고 공동체 전체를 좌지우지하기 때문이다. 쉽게 말해 그들을 거스르면 사회생활이 몹시 어려워진다. 하다못해 같은 을이자 상대적으로 갑에 속하는 직장상사의 눈 밖에 나기만 해도 정상적인 직장생활이 난관에 봉착한다. 꼭 출세를 생각하지 않고 일상적인 봉급생활만 영위한다고 해도 을은 갑을 거스를 수가 없다. 그래서 을은 꾹 참는다. 아니, 참아야만 한다. 그리고 자신보다 약한 을에게는 점점 갑이되어 간다. 선한 갑이 만들어지기란 애초부터 어렵기만 한 사회구

---

7) 권혁범(2008: 109).

조다.

경쟁적인 사회에서 모든 개인은 을에서 갑으로의 전이를 꿈꾼다. 맘처럼 쉽진 않다. 다만 사회구조가 갑이 최고라 해서 자신이 미워해 마지않던 '갑질'하는 사람을 똑같이 닮아간다는 것은 어불성설이다. 이에 대해선 피 튀기는 저항정신이 필요하다. 물론 이 또한 말처럼 쉽지만은 않다. 시민의식이 아무리 성장해도 인간 내면에 깊숙이 자리한 오만함을 스스로 극복해야 하기 때문이다.

알고 보면 갑질의 악순환 원리를 깨우치는 일은 간단하다. 갑질을 당한 본인이 또 다른 위치에서 갑질을 하고 있다면, 자신이 당한 갑질을 그 어디에도 하소연할 공간은 없다는 냉소적인 현실을 깨달으면 된다. 우리사회가 길러낸 정상적인 시민이 강자에게 약하고 약자에게 강한 속성을 지니는 것을 미덕으로 안다면, 수만 년에 걸쳐 이룩한 인간정신의 고결함을 영원히 알지 못하는 패배자 을일 뿐이다.

결국 모든 인간은 갑이자 을이다. 이러한 이중적 속성을 공유할 수야 있지만, 한평생 어느 한 속성에 치우쳐져 있는 인간은 없다. 각자 상황에 맞게 포즈를 취하고 태도를 달리할 뿐이다. 그러므로 이제는 갑옷을 벗어던져야 할 시점이다. 영원한 갑도, 불우한 을도 없다. 하늘의 별이 모두 대등한 관계이듯 모든 인간은 대등하다. 평등한 인간관계만이 우리사회의 영속한 진실이다.

권위주의에 대하여

우리사회 공동체는 유교문화와 군대문화가 자연스레 녹아들어 있다. 어떤 문화든 장단점이 고루 있지만, 유교문화나 군대문화에 대해서만큼은 사회적으로 부정적인 인식이 크게 작용하는 편이다. 특히 젊은 세대 사이에서 더 그렇다. 물론 두 문화를 다짜고짜 나쁘다고 폄하할 수 있는 것은 아니다. 그러나 꼭 필요하지 않은 부분에서도 유교문화나 군대문화의 부정적인 요소에 과잉초점이 맞춰져 필요 이상으로 권위주의를 부르짖는 서열문화가 나쁜 인식을 조장하고 있는 것은 아닌지 한번쯤 생각해볼 필요가 있다.

지난 역사를 돌이켜보건대 모든 권위에는 한 가지 전제조건이 깔려 있다. 바로 권위자의 선행先行이다. 유교 경전에서 효孝, 경敬, 충忠 등을 강조하고 있지만, 이러한 가치에 앞서 부모의 부모다움, 스승의 스승다움, 군주의 군주다움이 깔려 있다. 실제로『논어』를 보면 공자도 군신관계나 부자관계를 이야기하면서 임금이 임금답고, 아비가 아비다워야 함을 강조한 바 있다. 즉 군주에 대한 충성을 강조하기에 앞서 '군주가 덕으로 백성들을 다스려 삶을 풍요롭게 만들었다'는 전제조건이 깔려 있으며, 스승에 대한 공경을 강조하기에 앞서 윗사람다운 행동이 전제되어 있다.[8]

그러나 요즘의 권위는 그 성격이 다르다. 권위자의 선행이 사라지고, 그 반대인 강제와 강요로 점철된다. 여기서 '권위 있는' 사람과 '권위적인' 사람의 차이가 나타난다. 전자가 몸소 선행을 실천하며 성품이나 능력적인 면을 통해 주변인들로부터 권위를 획득하는 반면, 후자는 자생적인 권위 획득이 불가능해 타인에 대해 권위를 강요하거나 강제한다. 또한 전자가 주변인들의 자발적인 동의를 통해 사회적으로 긍정적인 의미를 내포하는 한편, 후자는 인간적인 지점을 상실하는 경우가 많아 언어나 행위의 정당성도 잃기 쉽다. 안타깝게도 현재 우리나라의 권위주의는 특별한 경우가 아니면 거의 후자에 속하는 편이다.

권위주의란 무엇인가. 모든 인간관계에는 아래위가 있다는 전제에서 세계를 바라보는 것이다. 한국인들이 사람을 대할 때 유난히 나이를 따지고 사적인 인간관계에서도 직위 같은 것을 통해 위신을 겨루는 것은 권위주의 문화의 중요한 단면이다. 이러한

---

8) 「[칼럼] 권위를 다시 생각한다 군사부일체」, 두데이신문, 2017.7.27. 16:31. http://www.ntoday.co.kr/news/articleView.html?idxno=54010 (2017년 10월 8일 검색) 참조.

문화에서는 의사소통이 원활하게 이뤄지기가 어렵다.[9)]

　김찬호 교수는 우리나라 권위주의의 특성을 꼬집으며, 현실적으로 가장 큰 문제로 꼽을 수 있는 의사소통 문제를 지적하고 있다. 우리나라는 유교문화와 군대문화에서 비롯되는 공동체 내 상하관계가 상당히 뚜렷한 편이다. 그렇기 때문에 의사소통에 문제가 발생한다. 모든 권위주의의 특성은 공동체를 영위하는 몰지각한 개인의 교만함과 상대를 하대하는 습성에 연유한다. 이에 대한 김현 선생의 지적도 상당히 날카롭다.

　　권위주의의 특성은, 자기는 옳고 다른 사람은 그르다는 '믿음'에서 연유하는 오만과 뻔뻔함에 있다. 나는 옳으니까 너는 내 말을 들어야 한다는 뻔뻔함과 나는 옳으니까 내가 틀릴 리가 없다는 오만함은 동어반복에 기초하고 있다. 권위주의는 동어반복이다. 나는 권위 있으니까 권위 있다![10)]

　'나는 옳지만, 너는 옳지 않다'는 오만한 태도는 의사소통에 장애를 일으킨다. 권위적인 윗사람은 아랫사람의 의견을 묵살하고, 이로 인해 창의성을 잃은 공동체는 현실에 안주하게 되면서 발전하는 힘을 잃고 만다. 특히나 권위적인 윗사람이 아랫사람을 대하는 경

---

9) 김찬호(2003: 143).
10) 김현(2011: 178).

우 더더욱 고질적인 권위주의가 발동한다. 그리고 그들이 행하는 권위는 진정으로 '권위 있는' 사람의 권위가 아닌, 강요로 점철된 가부장적인 권위에 불과하다. 껍데기만을 따르게 만드는 권위, 어느 누구도 이러한 권위에 영혼까지 복종하진 않는다.

더욱이 권위적인 윗사람이 강요하는 권위로 인해 그들은 평생 진정한 권위를 획득하지 못한다는 역설을 떠안게 된다. 그들은 늙어죽을 때까지 '말이 안 통하는 권위적인 인간'으로만 남아 있게 될 뿐이다.

그렇지만 모든 인간이 권위주의에 대해 건강한 생각을 갖고 있는 것은 아니다. 우리나라처럼 예의와 호칭법이 발달한 사회에서는 권위에 대한 정의를 강요에서 비롯되는 순종과 복종으로 오도하는 경우가 많기 때문이다. 그리고 이러한 사회에서는 더더욱 '권위 있는' 윗사람보단 '권위적인' 윗사람이 주류를 이루는 경향이 크다. 권위를 그릇된 관점에서 생각하기가 쉬운 사회구조인 만큼 행위 면에서도 더욱 잘못된 형태로 치달을 수밖에 없다.

어릴 때부터 '선생님'과 '선배님'의 세계에서 살아온 사람이 크고 나서 감히 지도해 주시는 '교수님'을 거역하기가 쉽겠는가? '님'들의 세상에서 자란 사람에게는 자신도 '님'으로 모셔지기까지 '몸보신', '복지부동'하는 것이 당연한 행동양식이다.[11]

---

11) 박노자(2006: 155).

박노자 교수는 우리사회가 불평등한 호칭법으로 말미암아 평등과 상호존중의식이 자라날 수 없는 토양임을 강조하고 있다. 애초에 우리는 태어날 때부터 이러한 서열관계에 익숙해 있어 별다른 불평등의식을 가질 수 없지만, 이면을 들여다보면 필요 이상으로 윗사람의 잣대에 휘둘리는 경우가 많다. 특히 개인의 내면의식을 내려놓으면서까지 윗사람에게 복종한다. 그리고 윗사람의 강요는 권위로 포장된다.

그러나 공경과 예의를 중심으로 견고하게 짜여 있는 권위의 흐름을 면밀히 살펴보면, 사회의 중심을 관통하고 있는 건 개개인의 만연한 이기심뿐이다. 즉 권위주의의 핵심은 권위적인 사회에 익숙한 개인들이 삼삼오오 모여 서열을 나누는 놀이를 통해 자신의 위치를 재확인하는 과정에 있다. 이러한 가운데 강자에게는 약하고, 약자에게는 강한 노예근성이 길러진다.

결국 권위적일수록 노예근성이 강한 사람일 확률이 높다는 소리다. 그리고 노예근성이 강한 사람에게는 어떠한 말을 하더라도 씨알도 안 먹힌다. 막말로 이번 생에서는 무리다. 그들을 다시 태어나게 하는 방법밖에 없다.

그럼에도 내 대에서 '권위적인' 세태가 끊어질 수 있다면, 스스로가 '권위 있는' 사람이 되기 위한 방법을 모색해보는 것이 좋을 것이다. 물론 사회구성원 모두의 동의를 통해 발현되는 권위의 전제조건은 선행이다. 선배가 선배답기 위해선 선배다움을 보여주면 된다. 그래야만 인간만사를 평안케 하는 진정한 권위가 주어지게 되는 것이다.

국가에 힘을 실어주는 교육이 어떻게 폭력이 되는가?

유명인 자제의 명문대 부정입학에 대한 이야기가 종종 매스컴에 보도되곤 한다. 금전이나 권력을 통해 상대방의 이익을 도모해서라도 부정행위를 하는 치들은 왜 사회 내에서 영향력 있는 자들인 경우가 많을까. 권력이나 재정적인 여건이 돼야만 가능한 범죄라 상류층일 확률이 높은 것일까.

또한 그들은 소위 엘리트 코스라는 명문 교육을 받았을 가능성이 높다. 사회적으로 가장 좋은 여건 안에서 교육을 받은 자들이 꼼수를 부려 자신의 부와 영향력을 자식에게 대물림하려 한다. 이는 우리사회 교육의 가장 어둡고 역설적인 부분이다. 가장 대단한 교육을 받고 자라난 결과가 고작 범죄자가 되는 것이라면 교육의 쓸모는 무엇인가 회의감을 가질 수밖에 없다.

그렇다면 우리사회에서 이루어지는 교육의 원초적 목적은 무엇일까. 교육의 본래적 목적은 올바른 시민 양성에 초점을 두고 있다. 그러나 좀 더 솔직한 속내를 터놓자면, 교육은 '내가 잘 살기 위해서' 이루어지는 일련의 행위를 총칭한다. 대개 현실판 교육은 학년을 거듭할수록 수단과 방법을 가리지 않고 상급학교에 진학하는 것이며, 대학에 잘 가는 것을 목적으로 한다. 그리고 좋은 직업을 갖고 돈도 많이 벌며 남부럽지 않게 사는 것이 관건이다. 사회에는 벌써 이러한 사람들이 주류를 이루고 있다. 상황이 이렇다보니 교육의 목적이 신분유지 수단으로써의 역할로 변질됨과 동시에 기성사회를 지탱하는 톱니바퀴 구성원들을 뽑아내는데 초점이 맞춰지고 있는 형편이다.

유럽 국가에서 100년이 걸린 일들을 불과 몇 십 년 만에 이룩한 동아시아 국가들은 압축적 근대화로 인해 빠른 경제성장을 이룬 만큼 폐해도 깊다. 우리나라의 경우 1970~80년대 빠른 경제성장기에는 말 잘 듣고 열심히 일하는 인력이 경제 발전의 원동력으로 자리 잡아갔다. 그러나 사회가 고성장기를 끝내고 다시 저성장기로 접어들면서 교육이 더 이상 신분상승 수단의 역할을 하지 못하게 됐고, 대학졸업장이나 높은 학벌이 좋은 일자리를 보장해주지 못하게 됐다.

그럼에도 여전히 사회를 지탱하는 계층은 따로 있다. 소위 '그들만의 리그'를 영위하는 자들은 교육을 통해 사회를 더욱 견고히 한다. 그들이 교육을 활용하는 방법은 간단하다. 교육을 통해 권력과 지배층을 지켜주는 이데올로기, 즉 지배적인 사회관념을 주입시켜 체제를 영속시키는 하수인들을 양성하는 것이다.

이에 대해 촘스키는 젊은이들의 교화를 목적으로 순종을 강요하는 학교에 대한 비판적 입장을 꺼내든다.

학교가 창의적인 사색가를 길러내는 것보다는, 통제와 억압 시스템 내에서 제도적 역할로 만족했다는 것은 역사적 교훈이다. 따라서 당신이 일단 교육을 받게 되면, 당신은 권력구조를 지탱하도록 사회화된다는 뜻이다. 그렇게 사회화된 대가로 당신은 무한한 보상을 받게 된다.12)

즉 촘스키의 주장은 학생들이 학교에 들어가는 순간 권력집단을 옹호하도록 사회화돼, 그들의 이익을 대변하도록 교육받는다는 것이다. 여기서 성공적으로 교화된 젊은이들에게 내려지는 보상이란 공동체 안에서 높은 지위를 보장받음과 동시에 꾸준히 일할 수 있게 되는 것이며, 이를 거부한 자들은 소외당해 버틸 수 없거나 배척당해 스스로 떨어져 나가게끔 한다는 것이다.

이렇듯 사회화되도록 길러지는 것이 우리 교육의 현실이라는 점을 생각한다면, 교육의 신분상승 수단으로써의 역할은 쇠퇴했지만 여전히 사회의 볼트와 너트 같은 역할을 하도록 길러진다는 점에선 동일하다.

---

12) 노암 촘스키, 강주헌 옮김(2001: 16).

식민 교육의 주된 목표는 교사와 학생을 일종의 기계로 만들어 복잡한 절차와 기법으로 뒤엉킨 미로 속을 아무런 생각 없이 걷도록 만드는 데 있다. (…중략…) 이 과정에서 교사는 기계적인 학습과 암기를 강조할 수밖에 없으며, 그 결과로 교육의 최우선 역할이라 할 수 있는 사회 및 정치 질서에 대한 비판적 분석은 희생되어야 한다. 말하자면, 교사는 학생들에게 사회 구조와 정치 구조를 분석해서 그들의 현실을 냉철하게 파악해야 한다고 요구할 틈이 없는 셈이다. 또한 학생들에게도 현실 구조를 파악해서 진정으로 그들을 위한 진실이 무엇인지 생각할 여유를 주지 않는다. 오로지 학생은 기계적으로 암기해서 나중에 국가에서 시행하는 규격화된 시험문제에 쏟아내야 하는 지식을 단순히 전달 받고 있을 뿐이다 (과연 이런 것을 학습이라고 할 수 있을까?). 따라서 독창적이고 비판적인 사고를 향상시키기는커녕, 학생의 정신은 점점 무디어져갈 뿐이다.[13]

교육에 있어 학생들은 물론 교사들조차 지배 이데올로기를 맹목적으로 수용하고 지탱하는 정치적 구성원으로 전락할 수밖에 없다. 국가교육의 이면에는 민주주의의 '민주성'을 결코 찾아볼 수가 없기 때문에 진리를 가르치기보다는 선동적인 구호를 학생들 머릿속에 주입시키길 반복하는 것이다. 이에 대해 촘스키의 말을 빌리자면, 학교가 민주적이라면 민주적으로 행동하고 처신하면 그만이지, 민

---

13) 노암 촘스키, 강주헌 옮김(2001: 16~17).

주주의의 상투적인 선전문을 학생들에게 주입시킬 필요가 없는 것이다. 하지만 현실은 그렇지 않다. 민주주의의 이상을 더 떠들어댈수록 그 시스템은 덜 민주적이라는 반증일 뿐이다.[14]

대개 학교는 부와 권력을 장악한 사회 지배계급의 이익을 대변하도록 만들어진 기관이다. 그렇기에 학교에 소속된 한 개인이 지나치게 튀어서도 안 되고, 잦은 의문을 제기해서도 곤란하다. 자신이 속한 집단에서 미운 털이 박히거나 제명될 수 있기 때문이다. 특히 한 개인은 옳지 않은 것을 보더라도 집단의 이익을 위해 입을 다물도록 길러지게 되어 있다. 물론 학교에서 열심히 교육받고 자란 개인은 집단의 권력 실세를 비호하기도 하며, 기득권에 이익을 가져다주기 위해 목소리를 높이기도 한다. 우리사회의 특징이 개인보단 집단을 위주로 하며, 그 중에서도 부와 권력을 보유한 자들을 중심으로 돌아가기 때문이다.

문제는 권력구조를 지탱하도록 사회화된 개인은 독창적인 사고를 거세당한 지 오래라 자신에게 가해지는 폭력조차 의문 없이 받아들이기 일쑤다. 약간의 희생을 감수하더라도 그에 상응하는 보상만 주어지면 제 역할을 하고야 만다. 그러도록 교육받았기 때문이다. 그들에겐 세상의 진실이 무엇이든 상관없다. 오로지 완벽한 볼트와 너트가 되어 자기역할을 하고 보상만 주어지면 행복하다.

먼저 국가의 이익이 곧 나의 이익이라는 생각의 근거가 무엇인

---

14) 노암 촘스키, 강주헌 옮김(2001: 33).

지 밝혀야 한다. 경우에 따라 국가의 이익은 나의 일방적인 희생 위에서 이루어질 수도 있다. 때때로 그런 희생은 숭고한 것으로 여겨지지만, 공동체를 위해서 개인이 희생되어도 좋다는 생각은 히틀러의 나치즘과 같은 위험한 국가주의를 낳을 수도 있다. 사람들은 왜 국가나 민족을 위해 희생하고자 하는 것일까? 국가는 개인적인 삶보다 더 중요한 것이며, 희생할 만한 가치가 있는 것일까? 오히려 국가가 개인을 위해서 존재해야 하는 것이 아닐까?15)

많은 사람들이 간과하는 사실 중 한 가지는 국가를 비롯한 집단의 삶보다 더 중요한 것이 바로 개인의 삶이라는 점이다. 집단이 있어 개인이 존재하는 것이 아니다. 개인이 먼저 있은 뒤에야 집단이 존재할 수 있다. 우리사회는 이러한 사실을 망각하고 있다. 만일 개개인이 소중하고 가치 있는 존재로 인식되는 것이 보편화된 사회라면, 그 집단은 무엇보다 결속력이 넘치고 화목한 공동체일 것이 틀림없다.

모두가 다 별 문제 없이 한 방향으로 나아가고 있는 것으로 보일 때 그 흐름을 벗어나는 것은 확실히 부담스러운 일입니다. 특별히 그것이 선생이나 성직자, 통치자 등 강력한 권위를 지닌 사람들에 저항하는 길일 때는 더욱 어렵습니다. 가공할 만한 국가의 범죄에 참여한 사람들은 우리와 다른 괴물들이 아닙니다. 우리

---

15) 이유선(2009: 13).

와 똑같이 정상적인 교육을 받고, 사회 속에서 늘 칭찬 받으며, 윗사람 말에 잘 순종하는 사람들이었습니다. 어른들 또는 권위자들이 시키는 일이라면 "왜?"라고 묻지 말고 그냥 "예!"라고 말하라는 가르침을 충실히 따랐던 사람들이었습니다. 그렇게 사는 것만이 이 사회에서 왕따당하지 않고 '원만하게' 살아가는 길이라 생각했던 사람들이었습니다. 윗사람, 어른, 권력자, 권위를 가진 사람의 명령이나 가르침에 대해서, 그들의 말이기 때문에 옳은 것이 아니라, 정말 옳은 것인지를 판단할 수 있는 사람이라야 진짜 시민이 될 수 있습니다. 연구실에서 자기 몸에 자꾸 손을 대는 성희롱 지도교수에게 앞뒤 볼 것 없이 "야, 이 씨방쉐이야!"라고 소리 지를 수 있는 사람만이 자유를 지켜낼 수 있습니다. 그런 시민을 길러내는 교육이 진정한 교육입니다.16)

김두식 교수가 말하는 진정한 교육의 의미를 되새겨볼 필요가 있다. 우리가 지향하는 교육이란 앉아서 바보상자가 되거나, 하라는 대로 따라가 사회의 볼트와 너트가 되는 것이 아니다. 현상에 대한 의문을 사라지게 만드는 앵무새 교육은 더 이상 우리사회에 필요치 않다. 교육의 궁극적 지향점은 상식 앞에 선 인간이 정말 옳은 것인지를 판단할 수 있는 참된 지성을 갖추는 것이고, 그에 따라 죽는 그날까지 옳은 행위를 하며, 옳지 않은 행위를 멀리하는 사람을 길러내는 데 있다.

---

16) 김두식(2011: 105~106).

공부를 중단해야 하는 사람들

한 인간이 살아있는 역사일 수 있다. 소설가 황석영은 우리나라의 살아있는 역사로 불린다. 그는 하고 싶은 일을 거침없이 실천하며 살아온 것으로 유명하다. 황석영 작가는 명문고교를 중퇴하고서는 남도 지방을 방랑하기도 하며, 해병대에 자원입대해 베트남 전선에 뛰어들기도 했다. 『장길산』 집필 이후에는 북한에 다녀와서 국가보안법 위반으로 감옥살이를 했다. 살아가면서 다양한 경험을 했고, 그것이 작가 내면에 녹아들어 특별한 사회의식을 형성했다. 이로 인해 번뜩이는 작가의 창작의욕은 마르지 않는 샘처럼 흘러넘쳐 끊임없이 다양한 작품을 만들어냈다.

황석영의 작품은 대개 작가 자신의 예술적 표현에 머무르지 않고 타인에게까지 확산돼 삶의 보편적 가치를 획득한다. 여기서 작가의 사회적 관심과 반항은 결코 개인적인 차원의 범주가 아니다. 완고

한 현실을 파고들어 가려진 치부를 노출시키고, 작중인물들이 정의를 이룩하기 위한 행위에 대해 도덕적 정당성을 부여한다.[17] 특히 그의 대표작으로 손꼽히는 『객지』에선 저임금 착취노동으로 빚에 시달리고 부상을 당해도 제대로 보상받지 못하는 노동자들의 쟁의를 그린다. 이를 통해 모순된 현실을 뒤집으려는 소외된 노동자들의 의지와 낙관적 희망을 드러내 우리소설사를 한층 빛내고 있다. 즉 황석영은 문학작품을 통해 현실과 이상 사이의 간극을 극복하고자 노력했다. 바로 오늘보다 더 나은 내일을 추구하는 작가의식이 소설로 녹아든 것이다.

이처럼 한 인간의 삶이 올곧이 사회로 향할 때 그 시야조차 탁월하고 공의롭다면, 그리고 이러한 사람들이 점점 많아진다면, 세상은 얼마나 행복해질 수 있을까. 전혀 감이 잡히질 않는다. 요즘은 찾아보기 힘든 인간형이기 때문이다.

개인주의가 만연한 현대사회에서는 모두가 바쁘고 자기 자신밖에 모른다. 그래서 개인이 남을 진심으로 위하는 일은 드물고, 누군가를 위해 희생하는 모습은 미담이나 뉴스거리가 될 정도. 그만큼 각박한 세상이다. 아무리 변화하는 시대의 흐름이라고 합리화해도 정이 너무 없는 사회가 아닐 수 없다. 언론보도는 연일 세상살이의 흉흉함과 자극적인 문구만 쏟아내고 있다. 이제는 아무도 믿을 수 없는 세상이 돼가는 것처럼 보인다.

더욱이 우리사회는 개인의 성공과 능력을 바탕으로 서열을 나누

---

17) 황석영(2014: 388).

는 구조라 이러한 양상은 더욱 심화될 것으로 전망된다. 그런데 여기서 중요한 사실이 있다. 우리사회에서 가장 위험한 사람을 굳이 꼽는다면, '자기 공부만 하고 자기 성공만 추구하는 사람'이라 할 수 있을 것이다. 오해하지 않았으면 한다. 단순히 공부를 열심히 하는 사람은 죄가 없다. 또 불우한 가정사로 공부는커녕 잦은 지각 변동으로 삶이 전쟁이었던 사람도 해당하지 않는다. 단지 '자기 공부만 추구하는 사람의 위험성'을 이야기하고 싶은 것이다.

누구보다 시간 관리를 철저히 해 가며 열심히 공부했고, 인성적인 측면에서도 나무랄 데 없이 자란 사람은 우리사회의 교육이라는 본질에 가장 근접하게 자란 듯하다. 하지만 그런 사람일수록 인간미가 없는 게 현실이다. 왜냐하면 그들에겐 언제나 규칙적이고 선한 일상만 있기 때문에, 그 외에 불규칙하고 불완전한 것들을 의식적으로 거부하거나 허용하려 들지 않는 경향이 있다. 사람이라면 어쩌다 지각할 수도 있고, 맞춤법도 틀리고, 친구 앞에서 코도 후빌 수 있는 삶을 살아야 하는데, 그 자체로만 보면 부정적인 것들이라 바로잡으려고만 든다. 일상의 완고함은 오만함을 형성하고 보수성 짙은 가치관으로 자신도 모르게 타인에게 선택지를 강요하게 된다. 자신의 가치관은 모든 것이 선하고 완벽하다 여기기 때문이다. 그래서 사람냄새가 나질 않는다.

지적으로든 인성적인 측면으로든 열심히 교육받은 이들에겐 선한 가치를 판단할 능력이 있지만, 당장의 내 삶과 내 공부가 가장 중요하다. 현실이 이러니 자기 성공과 안위를 위해 수단과 방법을 가리지 않기도 한다. 남을 생각할 겨를은 없고, 비도덕적인 행위를 쉽게 용인하기도 하며 나이를 먹는다. 그러다보니 약자에 대한 연민이나, 타인과 공유할 수 있는 정상적인 사회성은 점점 퇴보하는 수순을 밟는다.

결국 내 책 읽느라 주변을 돌아볼 여유가 없고, 타인이 처한 어려운 현실을 외면한 채 살아가는 게 당연시되어 있는 한 사람이 만들어져 사회에 나오게 되는 것이다. 그늘은 불우한 현실에 대해 머리와 입으로는 쉽사리 공감을 남발하지만, 결코 행동으로 옮기진 못한다. 정의를 짊어진 사람들이 실제 행위를 하는 동안에도 그들은 입으로만 쉴 새 없이 떠들도록 프로그래밍되어 있다. 그러다보니 자신의 깊은 속뜻을 우매한 사람들은 이해하지 못한다고 입까지 삐뚤어져 떠든다. '똑똑하지만 멍청하다'는 명칭이 적합할 듯싶다. 이런 사람들은 TV나 주변에서도 쉽게 찾아볼 수 있다.

운동회에서 400미터 계주 하고 있는데, 사람들 트랙 옆에서 소리 지르고 있는데 그 사람들을 뒤로 끌어내, 운동회 한다고 해서 가난한 우리 반 불우 학우의 문제가 해결되냐고 윽박지르면 그게 먹히겠냐고. 운동회 할 때는 운동회 하고 학급회의 할 때는 학급회의 해야지. 그런 소리는 그냥 옳기만 한 소리라고. 옳기만 하면 뭐해. 거기에 맥락과 인간과 타이밍이 없잖아. 그런 메시지엔 아무런 힘도 없다고. 자신의 과민과 과잉을 냉철한 지적 과단성이라 오인하는 거라고 봐. 혼자 잘난 사람 되고 마는 거야. 실제 세상을 변화시키지는 못한다고.[18]

이야기의 맥락은 조금 다르지만 언론인 김어준의 지적은 옳다. 바른 소리만 하는 사람의 무용함은 개인 차원에서 그치지 않는다. 필시 공동체에 해악을 가져다준다. 그들에겐 맥락과 인간과 타이밍이 없다. 공부는 해봤지만 나가 놀아보지 않아서 똑똑한 듯하나 세상을 읽지 못해 멍청하다. 아무리 지식을 주입해도 자기 자신밖에 모르고, 자기 머리에서 나오는 입장만이 최우선이기 때문이다. 그들은 책속에 길이 있다고 맹신하며 자기분야에 국한돼 한정된 지식만을 암기한다. 책밖에도 길이 있다는 사실을 모르는 오류를 범하고 있으니, 오히려 공부를 중단하고 세상을 둘러보는 공부가 필요한 시점이 아닐까 싶다.

만약 우리사회 교육의 종착점이 개인의 성공만을 위해 일생을 끊임없이 달리라 가르치며 가짜 인재를 양성하는 데 중점을 둔다면, 교육의 의미가 애초부터 잘못 성립된 게 아닐까. 과연 자기 성공만 추구하는 사람들이 사회에 나간다고 치자, 대체 그런 사람들을 어디에 써먹을 수 있을까. 세상에 전혀 도움이 되질 않는다. 말 그대로 '무쓸모'다. 그들이 관심을 갖는 것은 결국 자기 성공과 자기 안위다. 자신 말고 타인에게도 눈을 둘 줄 아는 보통 사람들과는 전혀 다른 세계의 인간일 따름이다.

결국 우리사회가 나아가야 할 인간형이란 무엇인가를 본질적으로 파악하는 것과, 이를 이룩하기 위해 현대인으로서 어떤 포즈를 취해야 하는가가 관건이다. 입이 닳도록 이야기해도 모자란 것이

---

18) 김어준(2011: 213).

'사람이 타인을 도와야 할 의무는 없지 않은가' 하고 떠드는 사람보다, 말하기보다 앞서 이미 누군가를 돕고 있는 사람이 더 인간미 있고 아름다운 것이 사실이다. 모두가 살아있는 간디나 테레사가 될 이유는 없다. 하지만 살아가는 태도만큼은 이해타산을 버리고 타인을 껴안을 줄 안다면, 세상이 조금 더 따뜻해지지 않을까하는 기대감을 갖고 싶다.

　일찍이 이어령 선생은 이재철 목사와의 대담집을 통해 가장 친한 친구에게도 자기 노트를 빌려주지 않아야 사회에서 성공한다고 여기는 교육풍토를 우려스럽게 이야기한 바 있다. 과연 어떠한 삶이 아름다운 삶인가. 고민해볼 문제다.

　　친구들에게 '너도 공부 잘해라' 하면서 공책을 내주는 아이가 바람직해요, 아니면 보여 주지 않고 자기만 내신 성적 올리려는 아이가 더 나은 거예요?[19]

---

19) 이어령·이재철(2013: 67).

오만한 제국

우리나라는 2017년 하반기를 기준으로 고령사회에 진입했다. 행정안전부에 따르면 8월말 65세 이상 노인인구는 725만 명이 넘는다. 이는 전체인구인 5,175만 이상 인구 중 14.02%로 UN이 정의하는 고령사회에 접어든 것이다. 이러한 추세라면 2026년쯤에는 65세 이상 노인인구 비중이 20% 이상인 초고령 사회에 진입하고, 2050년에는 46%에 이르게 된다는 분석도 나오고 있다.[20]

더욱이 생산인구의 감소는 경제 전반에 악영향을 끼치고 사회적 고통을 배가한다. 그런데 노년인구가 많아질수록 이에 따른 대비책을 강구해야 하지만, 현실적으로 아무런 준비가 되어 있지 않은

---

20) 「[영화 쏙 경제-나라야마부시코] 올해 고령사회 진입한 한국...노인빈곤율은 47.7%로 '최악'」, 서울경제, 2017.10.6. 07:26.
http://www.sedaily.com/NewsView/1OM74CLUP1 (2017년 10월 18일 검색) 참조.

실정이다.

우리나라는 유독 노인빈곤 문제가 심각하다. 고령화 사회가 도래했음에도 불구하고 사회적 담론 그 이상으로 국가복지적인 차원의 문제의식을 갖지 않기 때문이다. 매일 평생을 일해도 집 한 채 사지 못하는 사람이 있는가 하면, 하루 벌어 하루 살기도 빠듯한 삶을 이어나가는 사람도 있다. 사정이 어떻든 개인의 문제로만 치부하는 현시점에서 많은 사람들이 노후준비에 대한 사회적 두려움을 가질 수밖에 없는 현실이다. 우리나라 전체 가구의 10곳 중 4곳 정도는 노후준비 방법이 없는 상태라는 조사결과도 있을 정도다.

2016년 기준 우리나라의 노인 빈곤율은 47.7%다. 은퇴 노인가구 중에서도 중위소득의 50%도 못 미치는 낮은 소득을 가진 노인들이 많다는 소리다. 즉 기본적인 의식주조차 해결하기 버거운 노인들이 많은 상황인데도 정작 그들을 위한 일자리는 없다.

하물며 우리사회는 청년이 취직자리 하나 알아보는 것도 전전긍긍하는 마당에 얼마나 많은 일자리가 노인을 위해 구비되어 있는가. 속없는 사람들은 '경비원이나 하라' 정도의 차원에서 얘기한다. 하나만 알고 열은 모르는 소리다. 과연 '경비원'이라는 직종이 우리나라의 노인 인구를 얼마나 받아줄 수 있을 것인가. 극히 일부도 채우지 못한다. 이러한 문제는 사회복지적인 차원에서 고령화 사회를 제대로 인식하고 받아들여야 본격적인 논의가 가능하다.

물론 이야기만으로 끝내서도 안 된다. 여태껏 실태조사나 연구차원에서만 담론이 이루어졌다면, 실질 노년인구에 대한 합리적인 일자리 창출이 선행되어져야 한다. 몇몇 소수에게만 혜택이 주어지는 형식적인 정책은 필요치 않다. 모든 국민들이 노년을 걱정하지 않아도 되는 삶을 살아갈 수 있도록 하는 것을 본질로 삼고 접근해야만 한다. 이는 이미 추락할 대로 추락해 버린 노인의 사회적 위상을 새로 정립하는 문제이기도 하다.

이들 노인은 왜 소득을 늘리지 못하는가? 일단 일자리가 없다. 정년퇴직 시기가 지난 노인이 일할 곳은 국가가 시행하는 사업(희망근로 등 각종 근로사업), 막노동, 아파트 경비원 등이 전부다. 노인이 일할 공간 자체가 많지 않다. 출근길 붐비는 지하철에서 젊은이들의 눈 흘김을 무릅쓰고 이들이 신문을 주워 담는 이유다.[21]

프레시안 특별취재팀의 이야기처럼 노인 일자리는 마땅치 않다. 게다가 노인은 젊은 세대의 눈 흘김의 대상이다. 그만큼 우리사회는 노인을 홀대한다. 아무리 사전을 뒤져봐도 생물학적인 젊음이 인간 본연의 가장 중요한 생이라는 근거는 어디에도 없다. 그런데도 우리사회에서 노인은 젊은 세대에게 방해되거나 거추장스러운 존재로만 인식된다. 불편한 진실이다.

노인들은 사회에 존재하지만 한편으론 존재하지 않는 자들이기도 하다. 그들은 인력으로 사용되기에는 노쇠했다. 그렇기에 마땅한 일자리가 없다. 우리사회의 가장 심각한 오류는 인간으로부터

---

21) 프레시안 특별취재팀(2012: 219).

노동력을 '최대한 뽑아내야 한다'는 관점이 주된 시점이라는 것이다. 지금 당장 노인이 할 수 있는 일이 많지 않으니, 젊은 세대의 눈 흘김을 무릅쓰면서까지 폐지를 주울 수밖에 없다. 노인에 대한 실질적인 일자리 부족과 미비한 제도는 물론 사회의식도 만만치 않게 형편없다는 점을 엿볼 수 있다.

현재로선 젊은 세대에게 노인은 귀찮고 거추장스러우며 무시받기 쉬운 불우한 존재들로만 인식될 뿐이다. 당장 젊음을 누리고 있는 자신조차 '불우한 노인'이 될 순간이 머지않았음에도 눈앞의 일만 생각하고 있다. 이러한 사실을 단순히 망각하고 있을 따름이다. 그래서 노인문제는 노인들만의 문제가 아니다. 지금 이 순간에도 우리가 늙어가고 있음을 인지하지 못한다면 결국 노인을 위한 나라는 없다. 노인을 향한 적의에 찬 시선이나 삭막한 태도는 곧 부메랑처럼 자신에게 되돌아와 영원한 악순환의 굴레가 이어질 것이다. 이는 우리나라가 아직까지 개별 의식적인 차원에서 후진국으로 평가되는 이유이기도 하다.

사실 자본주의 안의 그늘진 삶은 노년인구만의 문제는 아니다. 당장 젊은 세대를 포함한 모든 경제활동인구가 직면한 문제이기도 하다. 우리는 줄곧 자본주의의 마법에 홀려 경제성장에서 비롯되는 각종 흑자가 저소득층에게 재분배된다고 믿어 왔다. 그러나 경제가 성장하든 정체하든 저소득층은 항상 가난했다. 시스템 자체가 배부른 돼지에게 더 많은 식량을 퍼주도록 설계되어 있기 때문이다. 이에 대해 미국 역사가 하워드 진은 말한다.

분명 우리는 나라 전체에 통용되는 하나의 계급구조를 가지고 있고 그것은 '만민에게 자유와 정의를' 약속하였다. 그러나 일부 계층은 극한적 호사를 누리고 나머지는 비참함을 누릴 뿐인 사회에서, 정의는 과연 어디에 존재하는가? (…중략…) 나의 아버지의 학교교육은 4학년까지였고, 어머니는 7학년까지 다녔다. 두 분은 매우 열심히 일하셨지만, 우리 가족은 바퀴벌레가 들끓는 지저분한 건물에 살았다.[22]

하워드 진의 지적처럼 자본주의의 폐해는 아무리 열심히 일해도 가난한 사람을 부자로 만들어주지 않는다는 점이다. 즉 우리사회의 경제논리는 부자를 더욱 부자로 만들어줄 수 있는 시스템이지만, 빈자에게는 죽도록 일해야 현상유지나 할 수 있도록 하는 것이 전부다. 오히려 운 좋게 가난을 뒤집고 부자가 된 몇몇 성공사례들로 '열심히 일하면 너도 할 수 있다'는 포장된 희망을 심어주며, 모두가 부지런해지라고 강요한다. 이처럼 촘촘하고 견고한 사회망을 형성하는 것도 자본주의의 마법이다. 자본주의는 이윤 추구를 정당화하기 위해 수단과 방법을 가리지 않는다. 모든 것을 돈으로 해결하고, 물질로 환산할 수 없는 것조차 수치화한다. 때론 사람의 생명보다 돈이 우선하기도 하며, 어떤 고귀한 가치조차 돈에 휘둘리도록 만든다.

---

22) 하워드 진, 이아정 옮김(2001: 265).

모든 것을 가차없이 물질화시켜 버리는 소유 사회의 이러한 폭력성은 특히 자본주의 사회에서 더 야만적인 모습으로 나타난다. 단지 소유하기 위해 물질화시키는 데 그치는 것이 아니라 이윤을 뽑아내기 위해 상품화시키는 데까지 나아가기 때문이다. 마르크스를 분개시켜 『자본론』을 쓰게 했던 것은 창조적 정열마저 무차별 상품화시켜 버리는 소유 사회의 저 가증스러운 폭력이었다. 이처럼 존재하는 모든 것들이 물화되고 상품화되는 소유사회의 비극을 싸잡아서 '소외'라 부른다.[23]

물론 자본주의사회 안에서 이러한 개념 자체를 전면 부정할 순 없다. 자본주의는 한국사회에 뿌리내린 고유의 토양이 된 지 오래다. 다만 '소외'라는 염증을 안고 살면서도, 이러한 부작용에 적절히 맞서기 위한 제동을 걸 따름이다. 온몸에 염증이 퍼졌대도 몸 자체를 버릴 순 없다. 몸은 그 자체로 모든 세포들의 터전이다. 대신 환부를 하나하나 들여다보며 그에 맞는 처방을 할 수는 있다. 그렇게 환부를 줄여나가기 위한 방법을 생각할 수도 있고, 애초에 염증이 생기지 않도록 방지하는 기법을 마련할 수도 있을 것이다. 21세기에도 마르크스의 이론이 여태껏 읽히는 이유는 현 실정에 맞게 꾸준히 갱신돼 왔기 때문이다.

이윤추구에만 목매는 오만한 자본주의는 그 자체로 발암물질과 같다. 자본주의의 염증을 치유하기 위해 조금 더 건강한 자본주의

---

23) 김영민·이왕주(1999: 90).

의 속성을 마련하는 것이 현대적 자본주의의 의의다. 이윤추구 이전에 본질적인 질문을 던져보는 것이 중요하다.

과연 물질적으로 잘산다고 '잘사는 것'일까?

프로크루스테스의 침대

'프로크루스테스의 침대'라는 말이 있다. 프로크루스테스는 '잡아 늘이는 자'란 뜻을 지닌 이름이다. 포세이돈의 아들로 알려진 프로크루스테스는 아테네 인근 강가에 여인숙을 차려놓고 손님들이 오면 쇠로 된 침대에 눕혔다. 쇠 침대는 큰 것과 작은 것이 있는데, 키가 큰 사람에게는 작은 침대를 내주고 반대로 키가 작은 사람에게는 큰 침대를 내줬다. 그래서 사람의 키가 침대보다 크면 튀어나온 머리나 다리를 톱으로 잘라내고, 키가 작으면 몸을 잡아 늘여 죽였다고 한다. 하지만 그는 테세우스에게 똑같은 방식으로 머리가 잘려 죽임을 당한다. 악당의 최후로 적절한 죽음이라 할 수 있겠다.

사실 '프로크루스테스의 침대'라는 표현이 일상적으로 자주 쓰이진 않는다. 책이나 방송에서는 종종 보이는 어구지만 실생활 가운데 쓰는 이는 여태껏 보지 못했다. 다만 자신의 원칙이나 기준을 막무가내로 고집하는 사람들에게 적절한 비유가 아닐 수 없다. 그들은 자신의 편향된 가치관을 침대라는 기준으로 사용하는 프로크루스테스들이다. 자신들의 침대 사이즈에 맞춰 타인의 다리와 머리를 사정없이 잘라 내거나 잡아 늘인다. 그들은 다른 사람에게 억지로 자신의 생각을 강요하며 타인의 의지를 거세한다. 대개 나이나 지위 등 사회적 위치가 높을수록 프로크루스테스인 경우가 많다. 그런 자들이 열 명 중 백 명이라고 해도 과언이 아닌 사회가 됐다. 아마 21세기의 프로크루스테스를 다른 말로 표현하자면 '꼰대' 정도가 아닐까.

대한민국에는 프로크루스테스들이 많다. 사회 곳곳에 있지만 대표적으로 회사에 산재해 있다고 본다. 막 군대를 제대하고 들어간 회사에서는 대답할 때 '네' 하지 말고 '예'라고 강요하던 상사가 있었다. 그가 생각하기에 '네'보다는 '예'가 더 격식 있는 대답이라는 것이다. 상사는 더 이상의 설명은 하지 않았다. 프로크루스테스가 된 상사는 자신의 가치관에 부합하는 '예'라는 침대에 맞춰 신입사원들의 다리를 잘라 나갔다. 그때부터 신입들은 아무도 '네'라고 하지 않게 됐다. '예'라고 했다. 대답은 하나로 통일됐지만, 뭔가 크게 달라지는 것은 없었다. 또 아무도 자신이 절름발이가 된 이유를 알지 못했다. 다만 얼마 버티지 못한 신입들이 한 명 한 명 회사를 떠났을 따름이다. 당시 3명이던 신입들은 결코 의지가 약하지 않았다. 그만하면 훌륭했다. 그도 그럴 것이 프로크루스테스는 야근 강요나 주말 업무 강요는 물론 출퇴근길에서도 업무에 임할 것을 강요했다. 또 출근하면 가방을 책상 위에 올려두지 말라는 사소한

잔소리부터 시작해 여자 직원들에게는 화장실을 자주 가지 말라고 독설을 퍼붓기도 했다. 아침부터 밤이 될 때까지 겨우 두 차례 화장실을 다녀왔다는 이유에서다. 프로크루스테스는 화장실을 필두로 업무에 집중하지 않았다는 별첨을 덧붙였다. 정작 프로크루스테스 자신은 화장실을 가면 30분 가까이 돌아오지 않는 희귀한 변비 증상을 보였으면서 말이다.

　　한국사회는 타인을 위해 한 개인이 겪는 '고통'과 '희생'의 정당성을 이미 미리(?) 전제하고 가르친다. 곳곳에서 우리는 개인 혹은 소수의 '희생'을 얼마나 찬양하고 숭배하는가?(물론 그런 주장을 힘주어 요구하는 사람일수록 스스로 희생을 감수하는 것을 보기는 힘들다.) 그 과정에서 개인은 집단적 가치 실현과정의 도구로 전락하고, 또다시 희생에 대한 요구는 더욱 정당화된다.[24]

　권혁범 교수는 개인에 대한 일방적 희생 요구가 만연한 사회현실을 지적했다. 그만큼 우리사회에는 너무나도 많은 프로크루스테스들이 존재한다. 그들은 개인으로 하여금 고통과 희생을 감수하는 일을 당연시 여긴다. 그 과정에서 개인은 집단적 가치를 실현시키기 위한 도구로 전락한다. 그것도 익명의 프로크루스테스에 의해 희생에 대한 요구가 정당화된다.

　문제는 약소한 개인에겐 방어권이 없다는 점이다. 개인은 프로크

---

24) 권혁범(2008: 24).

루스테스와 대립할 수도 없다. 집단 혹은 집단을 상징하는 실세와의 대결이란 현실적으로 불가능하다. 한 개인이 이를 타개하기 위해선 사회경제적 여건을 내려놓고 공동체를 벗어나는 길밖에 없다. 결코 불가능하진 않지만, 결국 모든 것을 포기하는 수밖에 없는 것이다.

프로크루스테스의 눈 밖에서 사라져주는 비극적인 선택지만이 개인 앞에 놓여 있는 길이다. 아니면 무조건 맹종하고 참아내야한다. 개인은 집단 혹은 집단을 대표하는 실력자와 대결해도 이길수 없다. 현재로선 개인 위의 상급자나 집단, 혹은 사회와 국가가 큰 몸집으로 자리할 뿐이다. 애초부터 개인은 패배할 수밖에 없는 사회구조 속에 놓여 있는 셈이다.

모든 저항을 무조건 물리력으로 분쇄하려는 파시스트적 국가와 '맹종'에 길든 냉소적인 사회에 절대적이고 도덕적인 원칙을 위해서 도전할 수 있는 사람이 있다면 보통 인간이 아닐 것이라는 사실을 나는 그때 이해했다.[25]

박노자 교수는 권력에 길들여진 사람들을 보며 우리사회를 이해했다고 말한다. 아울러 이러한 사회 안에서 자신의 소신을 발휘해집단에 도전할 수 있는 사람이 나기란 어려운 현실을 지적하고 있다. 특히나 개인이 맹종에 길들여질 수밖에 없는 사회의 구조적

---

25) 박노자(2006: 106).

모순을 에둘러서 드러냈다고 해도 과언이 아니다.

그렇다면 다시금 떠오르는 질문이 있다. 결국 개인은 어떤 사회에 있든 프로크루스테스의 침대에 누워 복종할 수밖에 없는 것일까. 비극적인 답안지를 선택하는 것 말고는 인간실존을 온전히 누릴 수 있는 길은 애초부터 존재하지 않는다는 말일까. 그리고 마침내 우리는 프로크루스테스에게 짓눌려 패배할 수밖에 없는 삶을 살아갈 수밖에 없는 것일까.

이에 대한 대답은 아르헨티나 출신 쿠바 혁명가 체 게바라를 통해 얻을 수 있다. 체 게바라는 무엇을 행위하기에 앞서 항상 불의가 무엇인지를 물었다고 한다. 이 때문에 체 게바라는 피델 카스트로를 만나 쿠바혁명에 가담했고, 라틴아메리카 민중혁명을 위해 싸우다 볼리비아에서 사망했다. 자신의 조국이 아닌 타지에서, 그것도 하지 않아도 될 일을 자신의 일로 가져온 체 게바라는 혁명세력으로부터 제대로 된 지원도 받지 못하고 정부군에 생포돼 총살을 당했다. 그럼에도 체 게바라가 고난의 가시밭길을 선택한 이유는 분명했다. 체 게바라는 억압받는 민중들을 해방하고 궁핍을 해소하고자, 죽음도 불사르고 자신을 헌신한 것이다.

나를 이끄는 것은 진실에 대한 열정뿐이다. 나는 모든 문제를 이 점에서 생각한다.[26]

---

26) 다카라지마사 편집부, 송태욱 옮김(2017: 26).

체 게바라는 진실이 이끄는 곳으로 자신의 몸을 움직였다. 그곳에는 핍박받는 민중들이 있었다. 체 게바라는 새로운 공동체를 세우려고 자신을 내놓았다. 집단을 위해 자신을 희생했지만, 이는 프로크루스테스가 강요하는 '맹종'과는 다른 정신이다. 체 게바라는 집단의 부조리를 뒤집기 위해 스스로 혁명가가 된 것이다. 결국 체 게바라는 건전치 못한 집단규범에 대해 스스로 반항할 줄 아는 인간이었음이 명징하다.

알베르 카뮈에 따르면 부조리 앞에서 '반항'하는 인간의 태도만이 바람직한 인간이 길이라고 한다. 부조리 앞에 선 인간은 '자살'이나 '희망'을 택하게 된다. 인간에겐 이 두 가지 길밖에 없다. 그런데 자살은 자신을 지움으로 인해 벌어지는 문제의 소멸일 뿐 근본적인 해결책이 아니다. 또 희망은 삶을 배반하게 하는 거창한 관념이며, 이를 위해 사는 사람들을 속이는 속임수라 규정한다. 결국 반항만이 진정 우리사회의 부조리를 극복할 수 있는 길이라는 것이다.

사막에서 벗어나지 않은 채 그 속에서 버티는 일, 즉 부조리 앞에서 희망을 갖지 않는 법을 배우고, 구원을 호소하지도 않은 채 묵묵히 견디는 삶을 사는 것이다. 자살로 회피하거나 기권하지도 않고, 그렇다고 체념하는 것도 아니다. 카뮈는 세계의 무의미와 부조리에 대해 스스로 견디며 지탱하는 것이 바로 반항의 참된 의미라는 것을 말하고 있다.[27]

우리의 삶이 프로크루스테스에게 짓눌려 항상 패배할지라도, 진

---

27) 김용규(2016: 196~198).

실에 대한 열정을 갖고 묵묵히 반항하면 결코 패배하지 않는다는 역설이 발생한다. 무작정 참아야 한다는 단순한 결론이 아니다. 일상을 묵묵히 버티되 회피하지 않고 눈을 부라리며 맞서는 일이 중요하다. 때에 따라선 목소리를 꺼내놓기도 한다. 그 순간 우리는 인간실존을 온전히 누리면서 저 부당한 프로크루스테스의 침대에서 벗어나 역으로 머리를 잘라버리는 테세우스가 된다.

진실을 품고 나아가면 매일 패배하더라도 패배하지 않는다. 결국 꼬리를 내리게 되는 건 프로크루스테스일 테니까.

욕설의 농도와 사회상

"참으로 호래자식이라 하겠으니, 안타까운 일이다."

조선 임금 정조의 비밀 편지 중 재미있는 표현을 하나 가져왔다. 왕이 쓸 법하지 않은 속어라 정조의 인간적인 면모가 더 드러나는 듯싶다. 그만큼 정조는 직설적이고 표현을 숨기지 않았다는 점에서 걸걸하고 성질이 급한 것으로 추정된다.

또한 정조는 어떤 장군에게는 젖비린내가 난다고 쓰기도 했다. 신하를 길들일 때면 욕설이나 협박을 한 적도 있다. 왕도 욕을 했다. 이런 정조의 행태는 성군의 모습으로 보이기 어려울 수도 있다. 그러나 정조의 욕은 단순한 배설의 차원이 아니었다. 욕설의 이면에는 애민정신으로 나라를 다스린 정조의 덕이 담겨 있었다.

요즘도 정조에 버금가는 지위에 해당하는 자들이 욕을 해댄다.

단적인 예로 국회의원을 비롯한 공직자들이 그렇다. 탄탄한 실력을 바탕으로 예의까지 갖추면 좋으련만 능력 면에서도 의구심이 드는 데다 막말까지 극성이다. 가는 말이 고와야 오는 말이 고운 법인데 특히 정치권의 막말은 도가 지나치다. 동료를 향해 '쓰레기'라고 지칭하거나 '입을 봉할 공업용 미싱이 필요하다'고 한다. 이보다 더 노골적이고 자극적인 표현을 쓰는 정치인들도 있다. 그들 사이에서는 사회의 품격을 낮추고 갈등을 조장하는 망신살 뻗치는 언어들만이 오가는 형국이다.

그러나 문제는 정치권의 막말만이 아니다. 우리사회가 근본적으로 안고 있는 표면적인 욕설의 농도가 서글플 정도로 과하다는 점이다. 부정적인 현실에 대한 비판의 차원으로 쏟아지는 욕설은 바람직할 수도 있다. 앞서 정조의 욕설엔 애민이 담겨 있었다. 또 풍부한 욕설은 우리언어의 다채로움으로 표현될 수도 있다.

하지만 우리사회의 욕설윤리는 다른 양상으로 치닫고 있다. 사용자들의 입에 붙어서 말버릇처럼 행해지는 욕설은 그나마 양반이다. 최근 욕설에는 인간의 생래적인 증오가 담겨 있다. 분노조절장애도 담긴다. 사람의 영혼을 갈가리 찢을 기세로 욕을 하고 정신승리를 외친다. 잔인한 형태로 인간성을 매도하고 인격을 말살한다. 오로지 같은 인간에게 뼛속까지 고통을 주기 위한 욕설이다. 그래서 더 자극적이고 폭력적이다. 현대사회가 각박해진 만큼 평소 언어생활 자체가 무자비해졌다.

말은 소통의 수단임과 동시에 한 사람의 인격을 표현한다. 발화자는 말을 아무렇게나 뱉을 수 있다. 팥으로 메주를 쑤는 것도 가능하다. 어차피 발화를 통해 공중으로 던져진 언어는 청자의 귀에 박힌 뒤 자체적으로 재구성된다. 화자의 입에서 떠난 언어는 오롯이 청자의 것이다. 청자의 해석이 언어의 가치를 좌우한다. 화자는 자신이 뱉은 언어를 수정할 수 없다. 번복은 언어의 신뢰도를 떨어뜨린다.

그런 뒤 청자가 문맥을 자연스럽게 읽어내고 대답을 하면 둘의 역할이 바뀐다. 청자는 화자가 되고, 화자는 청자가 된다. 이를 반복하면 자연스러운 대화가 성립한다. 그 가운데 동의나 호의와 같은 감정을 읽고 인격을 교환한다. 만약 대화하기 껄끄러운 상대라면 자리를 벗어나고 싶을 것이고, 친하지 않거나 호감이 없는 사이라면 별로 할 말도 없을 것이다.

다만 인간의 언어표현에는 억양, 표정, 제스처 등 비언어적 표현이 섞여 그 메시지를 극대화한다. 단순히 욕설을 하는 것보단 째려보고 손가락질하며 억양을 높여 소리치는 욕설이 더 강렬할 수밖에 없다.

여기에 사회적 분위기도 한몫한다. 일중독과 타산적 태도, 경쟁의식 등이 당연시 여겨지고 미화되는 경향이 짙은 현실 속에서 사람들의 성품은 자연 거칠어질 수밖에 없다. 이러한 가치들이 미덕이 되는 사회로 굴러가면 말도 점점 투박해진다. 얼마나 험하면 산 사람에게도 모자라 죽은 사람에게도 욕을 던지는 세상이 됐다.

'두벌죽음'이란 우리말이 있다. 말 그대로 '두 번 죽음을 당한다'는 의미다. 과거에는 죽은 사람에게 다시 극형을 가하는 일을 지칭하기도 했다. 일상적으로 쓰이는 말은 아니지만 두벌죽음의 의미는 재조명돼야 마땅하다. 지금 우리사회는 폭력적인 언어를 통해 두벌 죽음을 가하고 있기 때문이다. 특히 타인에게 가해지는 짙은 농도의 욕설은 영혼을 죽인다. 단순히 상처를 주는 차원을 넘어 영혼 자체를 갈가리 찢어 분쇄한다. 죽음을 맛보기 전에 영혼이 먼저 죽는 죽음의 전초전이다. 그래서 더 잔인하다.

미국 작가 데이비드 실즈에 따르면 '언어는 우리를 실패시키는 데 실패하는 법이 없고, 우리를 패배시키지 못할 때가 없다'고 했다.[28] 즉 화자나 청자 모두가 언어로 두벌죽음의 가해자나 피해자가 될 수 있으며, 언어는 기어코 우리를 파멸로 이끄는 데 실패하는 법이 없다는 것이다. 언어는 언제라도 각박한 세상을 뒤따르기 때문에 우리는 영혼이 부서지는 두벌죽음에서 벗어날 수 없다. 세상이 어두운 만큼 상처 주는 사람도 필연적으로 존재한다. 육체보다 빨리 정신과 영혼을 죽이는 두벌죽음도 마찬가지다.

원칙적으로 언어는 분명히 세계에, 사고에 구속되어 있지만, 때로는 사고와 세계를 구속하기도 한다. 그러니까 그 구속은 일방적인 게 아니라 상호구속이다. 물론 독립변수는 세계와 사고이고, 종속변수가 언어죠.[29]

작가 고종석에 따르면 세계가 먼저고 언어가 나중이지만, 언어는

---

28) 데이비드 실즈, 김명남 옮김(2014: 110).
29) 고종석(2015: 40).

세계에 영향을 줄 수 있다. 이는 결국 언어가 세상을 변화시킬 수 있는 이유라고 한다. 즉 사람은 누구나 언어를 통해 두벌죽음의 가해자나 피해자가 될 수 있지만, 세상을 변화시킬 수 있는 긍정적인 언어의 지배자가 될 수도 있다는 점을 시사한다.

물론 깨끗한 말을 많이 한다고 해서 세상이 확 바뀌진 않는다. 세상은 그렇게 단순하거나 호락호락하지 않다. 다만 척박한 생활 가운데 사고와 세계를 구속하는 우리의 언어 자체가 아름다움 쪽으로 기운다면 조금은 더 나은 세상을 기대할 수 있을 것이다. 비트겐슈타인의 말을 빌리면 '우리의 언어가 곧 우리의 세계'다. 언어로 타인을 멸시하지 않는다면 세상 분위기도 무언가를 멸시하지 않는 방향으로 기울기 마련이다.

세상이 척박해 우리의 언어가 거칠어진 점도 있지만, 중요한 건 우리의 언어가 무자비할수록 우리의 세계도 불안한 측면이 점점 비대해질 수밖에 없다. 결국 세상이 모진 건 우리의 언어 탓도 간과할 수 없는 것이다. 그래서 하나의 언어는 하나의 세계다. 언어는 세계를 대변한다. 우리의 언어는 우리 세계와 우리 자신의 모습을 비추는 거울이다.

죽는 날까지 프롤레타리아

『자본론』을 쓴 칼 마르크스는 얼마나 경제에 밝았을까. 만인의 기대에 반하는 이야기가 될 수도 있겠지만, 사실 마르크스는 경제의 대가가 아니었다. 젊은 시절 그는 흥청망청한 씀씀이 때문에 빚을 지기도 했다. 특히 마르크스가 런던에서 생활하던 무렵에는 극도로 가난했다고 전해진다. 가구를 저당 잡히기도 하고 옷이 전당포에 잡혀 밖으로 나갈 수조차 없었다. 아마 엥겔스의 도움이 아니었다면 마르크스는 빚에 허덕이다 마침내 파산 신고까지 하게 됐을지도 모른다.

그럼에도 우리는 경제적으로 실패한 사람의 위대한 저작을 읽었거나 혹은 읽으려 한다. 마르크스의 저서는 여전히 만인에게 읽히고 있으며, 앞으로도 읽혀야 마땅하다. 대체 왜 그럴까?

마르크스의 『경제학 철학 초고』에 따르면 노동자들은 노동의 생산물로부터 소외된다. 흥청망청한 씀씀이를 보인 마르크스의 경우와는 다르지만, 대개 인간은 노동을 통해 생산물을 창조하고 자기 실현을 해나간다. 그러나 자본과 노동의 관계에서 인간은 필연적으로 물질에 지배당하고야 만다. 인간은 스스로 가치를 생산해나가지만 자신의 생산물에 대한 권리를 제대로 주장할 수 없다. 실질적인 목소리를 낼 수 있는 건 자본가뿐이다. 노동자는 생활에 필요한 돈을 벌기 위해 일을 하지만, 어느새 그 돈의 포로가 되어 스스로의 자유를 반납하면서까지 노동을 한다. 반면 돈을 쥔 자본가는 더 많은 물질을 원한다. 그렇게 자본가의 요구는 조금씩 교묘하게 늘어가고, 노동자는 먹고 살기 위해 종종 자기헌신도 마다하지 않는다. 순전히 입에 풀칠이라도 하기 위해 철저한 복종을 행하는 것이다. 그러다 보니 노동자는 하루하루 삶을 이어가기 위해 노동하는 것 외에도 자본가의 배를 불리게 해주는 도구로서 살아가게 됐다. 물질에 의해 개인의 본래적 자유가 말살당하게 된 것이다.

이러한 자본주의의 모순을 마르크스는 인간이 자본으로부터 배척당한다고 이야기한다. 노동자가 노동의 생산물과 자유에서 모두 소외되는 것이다. 당시 마르크스는 '인간의 산물이 인간의 손을 떠나 독립적인 세력이 되어 거꾸로 인간을 지배하는 현상, 즉 소외'라고 정의한 헤겔의 사상을 떠받았다. 이는 변증법적 유물론에 기초한 혁명 이론으로 표출돼 오직 자본주의 사회를 무너뜨려야만 인간 해방이 가능하다고 믿었다는 한계가 있다. 그러나 이 한계점이 바로 우리사회의 모순과 부조리에 대해 끊임없이 대항해나가는 정신을 잊지 않도록 상기시키는 역할을 한다. 그래서 마르크스의 저작은 여전히 읽히고 있으며 앞으로도 읽혀야 마땅한 것이다.

사람은 매일 8시간이나 그 이상 상품으로 기능한다. 비유적으로 말하면 개인으로서는 죽은 것이다.[30]

체 게바라도 마르크스와 같은 맥락으로 노동자의 소외를 이야기한다. 노동자가 일하는 하루의 몇 시간은 결코 자신을 위해 뭔가를 산출하는 시간이 아니다. 상품화된 인간이 자본가에게 노동을 팔고 있을 따름이다. 그 시간 동안 개인성은 죽어 있는 것이 된다. 인간이 상품으로 전락하는 순간 보람이나 자유는 존재하지 않는다. 상품으로 기능하기 위해 개인성이 말살됐기 때문이다. 그래서 현대사회의 노동은 소외의 다른 이름이다. 그 소외의 단면은 굉장히 견고하다. 철학 멘토 황광우 교수도 자아를 실현해나가는 노동과정이 기계의 부속품으로 전락했을 때, 노동자가 느끼는 것은 비참함과 자아의 상실이라고 지적한 바 있다.[31]

교만하고 부유한 이들의 목소리—우리는 훌륭한 체제를 갖고 있으니, 열심히만 일하면 성공할 수 있다—를 들을 때면 나는 언제나 분노를 느낀다. 우리 부모님은 얼마나 열심히 일했던가.[32]

---

30) 다카라지마사 편집부, 송태욱 옮김(2017: 104).
31) 황광우(2011: 219).
32) 하워드 진, 유강은 옮김(2010: 20).

평생을 반전과 인권운동에 바친 역사학자 하워드 진은 가난한 조선소 노동자 출신이다. 그의 아버지와 어머니도 공장노동자 출신이었다. 하워드 진의 부모님은 허리가 끊어져라 일했지만 빈민가 아파트에서 벗어날 수 없었다. 노동과 노동의 부산물에서 소외됐기 때문이다. 그래서 아무리 열심히 일해도 가난을 면할 수 없었다. 하루하루 급급하게 먹고 살 수야 있었지만 조금이나마 넉넉해질 수는 없는 것이었다. 그래서 하워드 진은 '열심히만 일하면 성공할 수 있다'는 부유하고 교만한 자들의 위선에 분노할 수밖에 없었다. 더군다나 하워드 진의 부모님은 최소한의 교육만 받아온 자들이다. 세계를 막론하고 사회의 하층부를 담당하는 자들에게 노동은 소외를 예외 시키는 법이 없다. 죽는 날까지 일해도 '가난한 노동자'의 삶을 벗어날 수 없는 것이다. 단지 자본가들의 뱃살만 불어난다. 너무 당연해서 남들은 입에 올리기조차 꺼려하는 적나라한 일상의 진실이다.

반면 현실이 어떻든 자본가들은 '열심히만 일하면 성공할 수 있다'는 슬로건을 내세우며 근면과 성실을 강조한다. 인간은 누구나 평등하다는 기치 아래 더 열심히 노동에 임할 것을 선전하는 것이다. 그러나 권혁범 교수의 말처럼 근면과 성실은 그 자체로 미덕이 될 수 있지만, 그것을 부추기고 강요하는 '근면 이데올로기'는 인간을 더욱 불행하게 만들 수밖에 없다.[33]

가령 근면과 성실을 이유로 야근을 강요하는 회사가 있다고 하자.

---

33) 권혁범(2008: 90).

그런 마인드를 품은 회사에서 야근수당을 줄 리도 만무할뿐더러 야근에 대한 선택지도 없는 실정이다. 반강제의 탈을 쓴 강요로 노동자는 야근에 임해야 한다. 정말 심한 기업은 저녁끼니조차 개인이 알아서 해결하라고 한다. 이정도면 기업이 아니라 날강도다. 물론 노동자는 업무시간 동안 성실하게 일할 의무가 있다. 하지만 이를 초과하는 필요 이상의 부담을 떠안을 이유가 없다. 그럼에도 현실 속 노동자는 자본가에 대항할 힘이 부족해 늘 패배하고 만다.

자본주의 아래 노동자는 자본가들의 필요에 의해 탄생하였고, 자본가들의 이윤을 위해 존재합니다. 노동자에게 임금이란 생존의 수단이지만 자본가에게는 생산비의 일부일 수밖에 없습니다. 아무리 선량하고 양심적인 자본가라도 노동자들을 먹여 살리기 위해 끝까지 적자 공장을 운영해 자신의 재산을 모두 나눠주는 경우는 없습니다. 자본가의 너그러움이란 이윤이 남을 때만, 혹은 당장은 손해가 나더라도 언젠가는 큰돈을 벌 수 있다고 판단될 때만 발휘되는 제한적인 호의일 수밖에 없습니다. 노동자들이 자신과 자본가를 동등한 인간이라고 생각하는 데는 그리 오랜 시간이 필요하지 않지만, 자본가가 노동자를 생산수단이 아닌 인격체로 대하기란 참으로 어려운 일입니다.[34]

노동과 자본, 노동자와 자본가의 본질이 전부 담겨 있는 대목이

---

34) 안재성(2008: 37).

다. 착한 몇몇 기업이 노동자의 소외를 줄이기 위해 애쓰는 것은 희소식이나, 이 또한 말 그대로 기업이 잘될 경우에 국한된다. 자본가의 호의란 노동자가 큰 이익을 가져다줄 때나 가능한 일이다. 결국 회사가 잘돼야 자본가의 너그러움이 발휘될 수 있는 것이다. 이를 위해 노동자는 죽도록 일해야 한다.

세대를 거듭하며 나라가 부강해지고 경제적으로 윤택해져도 개개인이 잘살게 되는 것은 아니다. 조정래 작가는 '지금 시대의 풍요가 전 시대의 가난보다 행복하다고 자신 있게 말하기 어려운 것이 이 시대의 불행'이라고 말했다.[35] 즉 사회가 발전하는 것과 개인이 잘사는 것에는 엄연한 차이가 있다. 21세기에도 여전히 수많은 사람들이 빈곤 노동으로 일생을 보내야 한다면 경제를 바라보는 우리 사회의 관점 자체가 허상이었음을 의미하는 것이 아닐까. 그리고 이러한 사회구조를 만들어놨다는 점에서 기업과 시민은 공범이 되고, 나라는 부강해졌어도 실패한 경제에 불과하다.[36]

평생을 숭고하게 일만 해 온 가난한 노동자를 흘겨보던 어제를 잊었던가. 아니면 모든 것을 자본가의 관점에서만 이해하려 들지 않았던가. 평생을 노동자로 살아온 부모의 지친 기색을 보고 위로하려는 눈짓을 건넨 적이 있던가. 노동자이면서 다른 노동자를 천시하는 비루한 눈 흘김은 우리의 부끄러운 자화상이다. 아무리 발버둥 쳐도 죽을 때까지 일만 해야 한다면, 이러한 사회구조를 벗어

---

35) 조정래(2012: 360).
36) 안수찬 외(2010: 82).

날 수 없다면, 세상을 지탱하는 수많은 일꾼들의 표정을 하나하나 읽어나가는 동반자적 태도가 필요한 시점이 아닐까.

대체 언제부터였을까. 갑작스레 피어난 옆사람의 주름을 세밀하게 바라보는 일을 우리는 얼마나 게을리 해 왔던가. 물론 아직까지 우리사회에서 노동자는 자본가보다 더 많이 패배할 수밖에 없다. 시지프처럼 산 정상을 향해 바위를 밀어올리는 노동자는 돌이 다시 반대편으로 굴러 떨어지면 처음부터 밀어올리고를 반복해야 한다. 그렇기에 같은 노동자의 설움을 인식하고 사회구조를 함께 읽어나가는 것이 중요하다. 노동문제를 집요하게 바라보고 회의하며 들고 일어서는 것이야말로 죽는 날까지 프롤레타리아일 수밖에 없는 현대인들의 운명을 뒤바꾸는 초석이 될 것이다.

인생할부사人生割賦史

20대는 할부로 시작된다. 아니, 평생 이어질 할부의 기점이 되는 시기다. 적어도 평범한 자들이 살아온 20대는 그렇다.

이제 막 대학에 합격한 고등학생이 있다고 하자. 학교에 입학하려고 했더니 집에서 등록금을 내줄 형편이 되질 않는단다. 그래서 아르바이트를 구해본다. 좋은 일자리는 남들이 다 선점하고 최저시급도 안 주는 편의점 야간 아르바이트와 고깃집 서빙 정도밖에 남지 않았다. 일단 그거라도 해본다. 일이 고되지만 몇 달을 일하고 한 푼도 안 써야 등록금 마련이 가능하다. 수능을 마치고 바로 일을 시작한대도 시간이 짧은데다, 악착같이 아껴도 필수적인 생활비는 나간다. 결국 대학 입학 시기까지 아르바이트를 해도 등록금 마련은 현실적으로 불가능하다. 그동안 번 걸로 학기 중 책값과 교통비, 식비로 사용해도 다시 아르바이트를 해야 하는 형편이다. 그렇게

학자금 대출을 신청한다. 이 길이 맞는 걸까 생각하면서도 더 나은 내일을 위한 투자라며 자위한다. 그렇게라도 하지 않으면 부모님께 면목이 서질 않는다. '열심히 해서 장학금도 받아야지' 하고 마음을 다잡지만 전액 장학금 수혜는 수많은 경쟁률을 뚫은 최상위 1명에 불과하다. 나머지는 다음 학기에도 학자금 대출을 신청해야 한다. 보통 아르바이트로 등록금을 마련할 수 없는 대학생들에겐 튼튼한 동아줄이다. 이런 제도가 있어 나라에 고마움까지 느껴진다. 그러나 졸업하고 나면 상환해야 할 원리금이 한 치의 오차 없이 다달이 빠져나간다. 4년이면 넉넉잡아도 자그마치 4,000만 원이다. 결국 내 돈으로 다닌 학교다. 나라는 이자를 받아먹고 돈을 빌려준 것뿐이다.

그러나 할부는 여기서 그치지 않는다. 이제는 굳이 20대라고 지칭하지 않겠다. 나이를 막론하고 인간은 소비성향이 강하다. 트렌드에도 민감해진다. 유행 타는 소비에 대해서만큼은 서로가 서로를 독려한다.

왜? 남들도 다 하니까.

주기적으로 최신형 휴대폰이 출시된다. '어머, 이건 사야해!' 새로운 자동차가 나왔다. '지긋지긋한 5년 만기 끝났으니 이제 새로운 5년의 시작이다!' 30대가 되니 남들 다 시집 장가간다. '성대한 결혼식을 치러야 하기에!' 등 인간은 최소한의 체면을 세우기 위해 높은 비용을 치른다. 남들은 다 하는데 나만 못하면 뒤처지는 느낌을 받는다. 혹은 남들보다 월등해야 만족감이 든다. 실제 내 자신보다 더 훌륭한 나를 남들에게 과시해야 직성이 풀리기 때문이다. 또 이러한 가상적 이미지에 의해 구매욕구가 촉진되고 더더욱 강요된다. 소비사회에서 이미지를 구입하는 일은 엄청난 자본 투자가 수반된다. 결국 체크카드는 어느새 신용카드로 둔갑하고, 심한 경우 대부업체에서 운용하는 고금리 대출에도 손이 간다. 이러한 세상에 대해 박이문 교수는 '삶은 곧 욕망'이라는 말로 표현했다.

욕망 자체는 물질이 아니다. 그러나 물질은 욕망의 조건인 동시에 그 대상이다. 기본적 물질 조건이 없는 삶은 존재할 수 없다. 육체가 없는 인간은 있을 수 없다는 것이다. 인간의 육체는 물질적 만족을 추구하게 마련이다. 의식주가 그러한 욕망을 채워주는 물질적 대상이다. 물질적 만족에는 한계가 없다.[37]

인간의 물질적 추구는 필연이며 만족에 있어서도 끝이 없다. 삶은 곧 욕망이다. 과연 인간은 얼마나 욕심쟁이라는 말인가. 한계치를 측정할 수 없을 정도다.

그러나 인간의 소비성향이 문제이기에 앞서 우리사회의 낙후된 경제구조가 이를 부추기니 할 말이 없다. 결코 해서도 안 된다. 한국사회의 자본주의는 사람들에게 '순간적으로 유행하는 소비재와 같은 천박한 것'에 집착하는 인생관을 심어주어 장시간 노동을

---

37) 박이문(1995: 124).

기꺼이 수용하도록 만들었다.[38] 그래서 욕망은 필연이고 인간 삶에 있어 완전히 배제할 수 없는 항목이 됐다. 이를 포기한다는 건 인간다움을 포기하는 것이나 마찬가지기 때문이다.

사회적 박탈이나 배제는 개인이 그 사회에서 널리 인정되는 음식, 의복, 주거소선뿐 아니라 문화 활동, 대인관계 등을 누리지 못하는 것을 말한다. 빈곤은 이런 사회적 박탈이나 배제의 가장 중요한 원인이 된다. 박탈과 배제가 반복되는 과정을 통해 가난한 사람들은 '유령'이 된다. 그들이 사회에서 차지하는 비중에 비해 그들의 목소리는 잘 드러나지 않는다. 정치, 언론 등 공론의 장에서도 그들이 직면하고 있는 문제나 이해관계는 묻히기 쉽다.[39]

우리사회는 순진무구한 소비사회다. 허영심으로라도 발악하지 않으면 소외되고 만다. 가난한 사람들이 할 수 있는 발악은 빚을 내서라도 사회공동체에 참여하는 일이다. 그렇기에 현 상황에 자족하지 못한다며 그들을 향해 돌을 던지기엔 울분의 골이 깊다.

혹시 돈이 없어 친구를 만나러 가지 못한 경험이 있지 않은가. 20대 초반에는 그렇게 쉽던 친구와의 만남이 30대가 되니 점점 부담이 된다. 남들은 가게도 차리고 외제차도 뽑고 결혼도 했다는데 내 자신만 제자리걸음이다. 동창회에 차를 몰고 오는 친구들

---

38) 노암 촘스키, 강주헌 옮김(2006: 69).
39) 프레시안 특별취재팀(2012: 20).

사이에서 지하철을 타고 가야 한다고 생각하니 자격지심이 앞서 만남을 뒤로 미룬다. 회비 5만원이 없어 바쁘다고 핑계를 댄다. 이러한 박탈과 배제가 반복되면 개인은 점차 '유령'이 되어 간다. 여기에 다달이 빠져나가는 학자금대출과 카드 값으로도 모자라 차를 살까 말까 고민하게 된다. 이러다 동네친구들 말고는 모든 인간관계가 서먹서먹해지고 단절될 위기에 처할까 두렵다. 그러나 할부 액수가 너무 쌓였다. 그동안 할부 횟수와 액수가 내 자신을 대변한다. 그래서 이번까지만 차는 양보한다. 대신 유령생활을 조금 더 지속한다. 자격지심과 열등감의 얼굴을 한 유령이다. 이어 회의감을 느낀다. 정직하게 벌어 알뜰하게 써도 통장은 마이너스다. 성실하게 살았는데도 남들에게 얼굴을 들고 다닐 수가 없다. 남루한 내 모습 그 자체를 알고 있는 건 가까운 친구들뿐이다. 그 외 타인에게 있어 내 자신은 실패의 아이콘처럼 여겨진다. 피해의식은 가라앉지 않는다. 결국 소비사회의 무능력한 개인은 가난과 허영의 굴레를 벗어나지 못한다.

자존감이 낮아지면 스스로에게 실패의 낙인을 찍기 마련이다. 그리고 밑바닥까지 떨어진 자신을 포기하게 된다. '이게 나야', '난 나대로 살자'라며 이미지에 목을 매지 않는다. 나를 포기하니 어느새 남들을 의식하지 않게 된다. '차는 됐다. 대신 할부 먼저 갚자.' 포기가 긍정으로 환원되는 순간이다.

'옆 사람의 잘난 모습에 시선을 빼앗기지 않고 묵묵히 내면이 시키는 일을 따라가니 진정한 자신만 남는다'는 어느 만화의 한 장면처럼 스스로를 다시 일으켜 세울 수 있는 것도 자신뿐이다.

그러나 이러한 긍정적 환원이 모두에게 일어나는 일은 아니다. 자포자기하고 막나가는 선택지밖에 없는 사람들이 더 많다. 그래서 더 서글픈 사회상이다.

인생할부사를 두고 개인 탓으로만 치부하기엔 사회경제적 문제의 골이 깊다. 그렇기에 무턱대고 비난만 할 순 없다. 욕망이라는 인간성을 빌미로 사회구조를 '빚을 내지 않고선 살아갈 수 없는 세상'으로 만들어놓은 자들이, 가난한 사람들을 향해 무작정 '분수에 맞게 살지 않는다'는 관점으로 다가설 때 서글픔을 느낀다. 가난한 대다수의 사람들이 필연적으로 할부에 목을 맬 수밖에 없다면, 그러한 사회구조를 만들어놓는데 조금이라도 일조한 사람들은 부끄러움을 느껴야 하지 않을까.

밑바닥 따라지 인생

옷을 사러 가도 가난한 사람은 가격표를 먼저 본대요. 돈 많은
사람은 가격표 상관없이 우선 '이거 입어 봐도 되요?'라고 말하고,
음식점에 가도 가난한 사람은 싼 음식만 찾지만, 부자들은 질을
따진다죠.[40]

물리적인 조건은 정신을 한계 짓는다. 가난한 사람은 옷을 사러
가도 가격표를 먼저 봐야 한다. 부자는 옷이 얼마나 예쁘고 잘 맞는
지가 우선이다. 음식점에서도 마찬가지다. 빈곤한 사람은 생활비
를 계산해야 하지만 부유한 사람은 그럴 필요가 없다. 그들의 생각
이나 관점은 하루하루 차이난다. 바라보는 방향이 다르고 체감하는

---

40) 프레시안 특별취재팀(2012: 214).

일상도 완전히 상이하기 때문이다.

그런데 한 달 벌어 한 달 사는 노동자들은 가격표를 보는 습관에서 벗어날 수 없다. 그들에게 희망은 돈이지만 현실은 좀처럼 나아지질 않는다. 아무리 열심히 일해도 가난하다. 왜 그럴까?

과거 농업사회에서는 열심히 일하면 대개 노력한 만큼 소득을 얻을 수 있었다. 그러나 자본주의 사회 안에선 개인의 노력만으로 가난을 면할 수 없다. 정부에서 시행하는 소득 재분배정책은 사실상 빈부격차를 줄여나갈 힘과 의지가 없기 때문이다. 더군다나 중산층 같아 보이는 보통 사람들은 대다수가 워킹푸어다. 그들은 일하는 빈곤층이다. 쉬지 않고 일은 하지만 고용도 불안하고 저축할 수도 없으며, 실직이나 질병으로 인해 언제라도 극빈층으로 추락할 수 있는 계층이다.

가난은 죄가 아니다. 하지만 불편한 것은 사실이다. 책 한 권을 사더라도 가격을 살피고 눈을 낮춰야 하는 사람은 금전적인 여유가 없어 자신의 미래에 과감히 투자할 수도 없다. 당장 먹고 살기 급급하면 공무원을 꿈꿔도 학원을 다닐 여유나 시험 공부할 시간조차 없다. 교재 구입조차 무겁게 느껴진다. 공부하는 동안 뒷바라지도 본인 몫이다. 공부도 꾸준히 하려면 돈이 있어야 한다. 결국 꿈을 접고 생각지도 못했던 중소기업에 취직하는 길을 택한다. 그러나 우리가 눈높이를 낮춰 얻을 수 있는 일자리는 저임금, 장시간 노동, 형편없는 복지, 부당한 대우에 속하는 질 낮은 일자리뿐이다. 오늘보다 더 나은 내일이란 존재하지 않는다. 지금 당장 발등의 불을 끄기 위해 노력하는 일만이 유의미하다. 이게 워킹푸어의 현실이다.

『사회철학』의 저자 이유선은 이야기한다. 과연 인간이 적은 보수로 고된 노동을 하는 것이 자유로운 선택인가 하는 데 의문을 제기할 필요가 있다는 것이다. 선택지가 없는 상황에서의 선택은 자유롭지 못하다.[41]

보통 인간은 하고 싶은 일을 하기 위해 하고 싶지 않은 일을 먼저 한다. 꿈이나 목표를 이루기 위해 형편없는 보수나 부조리한 대우를 참아가며 노동에 임한다. 시지프처럼 산 위로 바위를 밀어 올려봤자 다시 반대편 아래로 굴러 떨어지겠지만, 바닥에서 정상까지 쉼 없이 같은 일을 반복한다. 밑바닥 생활을 전전하는 인간의 삶이 꾸준하게 이어지는 것이다.

내 나이 또래의 부잣집 아이들이 생각하는 가난한 사람들이라고는 거리의 거지 정도가 고작이었다. 훗날 내가 한 일에 대해 형편없는 보수를 받는 치욕 속에서 가난이 무엇인가를 비로소 처음으로 어렴풋이 감지하게 된 것은 인식의 위대한 발전이었다.[42]

발터 벤야민의 인식처럼 우리사회의 가난한 사람은 거지를 의미하지 않는다. 보수를 받고 일하는 보통 사람들 중 상당수가 워킹푸어다. 즉 취업 여부가 중요한 것이 아니다. 취업의 질이 빈곤에

---

41) 이유선(2009: 78).
42) 발터 벤야민, 반성완 옮김(2013: 20).

있어 절대적인 요소라는 사실이다. 우리나라의 빈곤율이 1990년대 초반까지 꾸준히 떨어지다 후반부터 지속적으로 증가한 것도 이를 증명한다. 비정규직 확대에 따른 임금소득 하락이 저소득 근로빈곤층을 확산시켰다. 지금도 잘사는 사람은 더 잘 살게 되고 못사는 사람은 더 못살게 되는 상황이 지속되고 있는 것이다. 중간이 없다. 이제 우리사회의 중산층은 부자를 뜻한다. 실물경제 격차는 더욱 심화되고 있다.

그렇다면 밑바닥 따라지 인생을 중산층으로 끌어올릴 수 있는 방법은 없는 걸까. 워킹푸어는 양질의 일자리뿐만 아니라 사회복지적인 측면에서 주택, 육아, 학자금 등 사회적 비용에 대한 개인 부담구조를 개선시키지 않으면 불가능하다. 노동자가 아무리 열심히 일해도 나아지지 않는 경제 상황을 해소하기 위해선 정부의 적극적인 대응책 마련이 절실하다. 개인의 힘만으로는 나아질 수 없다. 밑바닥 따라지 인생은 평생 노동의 굴레 속에서 한 생을 다 팔아치워도 빈곤에서 벗어날 수 없기 때문이다.

'이 또한 지나가리라.'

구약성서의 인물 다윗이 기쁠 때 자만하지 않고 시련에 처했을 때 용기를 줄 수 있는 말로 반지에 새긴 글귀다. 우리는 힘들 때마다 '이 또한 지나가리라' 생각하며 어떻게든 현실을 이겨냈다. 그러나 이러한 격언을 정치적 혹은 경제적으로 지도자 정두의 위치에 선 사람이 사용할 땐 기만이 된다. 실제로 가난을 체감하는 불우한 이들이 현실을 감내하며 사용하는 언어일 때만이 참된 가치가 있다. 영향력 있는 자가 '이 또한 지나가리라'를 슬로건으로 내세우며 사회구조적 문제를 개인의 문제로 치부하는 것은 세치 혀로 화제를 돌리려 애쓰는 일에 불과하기 때문이다.

결과적으로 가난한 사람이 옷을 사기 위해 옷가게에 들러 가격표를 먼저 보게 하는 사회는 건전하지 않다. 마찬가지로 빈곤한 사람이 식당에 들러서 메뉴의 가격표부터 보게 만드는 나라는 더 이상 복지국가가 아니다. 타인의 가난을 방조하는 일은 크게 보면 범죄다. 엄청난 비약일지도 모른다. 그러나 이 모든 방조는 국가라는 울타리 안에서 벌어지는 매우 잔인한 일이다. 그러므로 밑바닥 따라지 인생을 강 건너 불구경하듯 하고 힘없는 자들을 외면하는 일은 과정이 어떻든 매우 이성적인 범죄행위라 할 수 있다.

또한 정이 메말라가는 일은 스스로를 로봇이라 비웃는 짓이다. 아니, 어쩌면 로봇조차 될 수 없다. 나만 잘 먹고 잘 살면 되는 인간은 여태껏 가난한 자들을 외면해 왔지만, 로봇은 적어도 이기적이진 않기 때문이다. 결국 홀로 살 수 없는 세상이 자명함에도 우리에겐 더불어 삶에 대한 관념이 희박하다는 소리다. 이기심의 얼굴을 한 역설의 생이다. 깨끗한 수돗물 한 방울, 편리한 전기 하나 남의 도움 없이 만들어낼 줄도 모르는 무능력한 인간이 타인과 함께 살아간다는 일에 대한 진지한 고민이나 성찰 없이 나 홀로 잘 살아가겠다는 건 무슨 심보일까. 그냥 못난 어른인 것이다.

이러한 관점에서 1931년에 만들어진 찰리 채플린의 영화 <시티 라이트>를 주목할 필요가 있다. 영화에는 미국 대공황의 힘겨운 시기를 배경으로 가난한 떠돌이 채플린과 길에서 꽃을 파는 눈먼 소녀가 나온다.

어느 날 채플린은 자신의 마지막 동전을 털어 눈먼 소녀의 꽃을 사준다. 소녀는 채플린을 부자로 오인한다. 이후 채플린은 소녀와 가깝게 지내고 부자행세를 하며 그녀의 눈을 낫게 할 수술비용을 마련해주기로 약속한다. 그러다 우연히 술에 취한 백만장자에게 수술비를 얻어낸 채플린은 소녀에게 돈을 전해주고 홀연히 사라진다. 시간이 흐른 뒤, 채플린은 수술을 받은 후 시력을 찾아 행복하게 지내는 소녀를 한 상점 앞에서 지켜본다. 하지만 자신의 초라한 모습에 정작 나서진 못한다. 마침 상점 점원은 부랑자처럼 보이는 채플린을 쫓아내려 한다. 그러자 소녀는 그를 불쌍히 여겨 동전을 쥐어주며 손을 잡게 된다. 그때였다. 소녀는 손의 촉감으로 그가 일전에 자신에게 사랑을 베푼 사람임을 깨닫는다. 두 사람은 마주 보고 미소 짓는다.

인류 역사상 이처럼 아름답고 위대한 눈빛이 있었던가. 꾸밈없는 휴머니즘. 그 자체가 사람다운 눈길이요, 밑바닥 따라지가 피워낸 기적 같은 사랑의 힘이다. 영화 개봉 날 미국 물리학자 알베르트 아인슈타인도 이 장면에선 울었다고 전한다.

요즘 같은 세상에선 더더욱 이런 영화가 나올 수 없을 것 같아 못내 아쉽다. 그러나 채플린이라는 선구자가 20세기에 만들어낸 위대한 인간애는 여전히 살아 숨 쉰다. 물질적인 조건이 정신을 규정하지만 떠돌이 채플린은 한계를 뛰어넘었다. 그렇다면 우리는 적어도 20세기 사람보다 한 발 더 나아가야 하지 않을까?

의식과 자기반성

　30년 가까이 어른들 말씀에 고개를 끄덕였더니 특별한 공통점을 하나 발견했다. 일반적인 어른들은 항상 소통을 위해 아슬아슬한 외줄타기를 한다. 어른들은 과장하거나 솔직함의 기로에 서 있다가 결정적인 순간에 진로를 정한다. 방향전환은 자유자재이며 상황에 따라 형상을 달리한다.

　우선 허풍선이 어른들은 부풀린다. 부풀려도 너무 부풀린다. 특히 무엇을 말할 때 자신이 가진 것보다 더 과장하는 경향이 있다. 여태껏 쌓아온 날들에 대한 인정받고 싶은 욕구 혹은 이목을 끌고자 하는 무의식의 발로다. 이는 성격, 성별, 지역, 지위, 학벌 등을 막론한다.

　그럼에도 허풍선이 어른들이 유일하게 솔직해지는 순간이 있다. 바로 잃은 것을 말할 때다. 실연을 당하거나 사기를 당한 사람이 자신의 이야기를 들려줄 때 상황 묘사와 서사의 흐름이 절묘하고 극적이다. 자신에게 유리한 상황을 전파하려는 목적만 아니라면, 또렷한 기억으로 말미암아 되도록 거짓말을 섞지 않는다. 대신 정서적 효과를 극대화한다. 타인의 공감에 목마르고 위로가 절실해지는 순간이기 때문이다.

그러나 서른이 된 만큼 더 이상 부풀리거나 필요 이상으로 솔직해지는 일에 초점을 맞추고 싶진 않다. 지금은 오히려 하고 싶은 말이 있어도 씹어 삼키는 시기다. 내 스스로를 완전한 어른이라 칭하기엔 다소 이른 감이 있다고 느껴진다. 이 시기는 어딘가 맞지 않는 옷을 입은 것 같이 불편하다. 불현듯 찾아온 서른의 얼굴이지만 여전히 낯설다. 저절로 세상에 던져진 뒤로 아무런 의미존재를 찾지 못한 채 방황하는 것 같고, 항상 세상의 중심부보다는 주변부를 겉도는 것 같다. 서른의 실존은 무겁고 할 말은 장황하다. 그래서 갖가지 불협화음을 일으키는 소통의 틈바구니에서 침묵하며 사색으로 대신하는 순간들이 많아지는 건 아닐까.

최승자 시인의 말을 빌리자면 '잘 무르익은 참외는 썩을 일밖에 남지 않았다'는 말이 현실이 되는 순간이다. 그동안 우리의 현실은 얼마나 소모적이었던가. 스스로가 무르익었다는 자만에 휩쓸려 그럴싸해 보이는 공허한 이론들로 현실과 대치하는 싸움을 벌여왔고, 하나마나한 이야기만 오가는 현실 속에서 시간만 허비되는 일이 많았다. 특히 자신의 그릇된 관점과 태도를 합리화하기 위해 행했던 지난 과오들을 떠올리며 부끄러워 숨고 싶은 지경이 된다. 그럼에도 우리는 어리석은 실수를 반복한다. 잘 무르익었기에 썩을 일밖에 남지 않아 지나치리만큼 감정을 휘발한다. 상하관계는 항상 강자가 약자를 찍어 누르게 되어 있고, 대등하면 목소리 크고 우기는 자가 우위를 점하게 되어 있다.

사람은 누구나 자기 이상에 애착을 갖게 마련이므로 오랜 믿음을 고수하고, 인정하기 거북한 사실들은 무시하고픈 유혹을 떨쳐버리기 어렵다.[43]

하워드 진이 지적한 문제는 소통의 어려움에 관한 본질이 담겨 있다. 사람이 자기 이상에 애착을 갖는다는 것은 스스로 잘 무르익었다는 관념을 깔고 있는 것이다. '나는 옳지만 너는 옳지 않다'는 오만함으로 말미암아 타인의 관점을 깨부수려 한다. 그러나 어느 대상이 옳은지 아니면 옳지 않은지에 대해서는 명확히 가려낼 기제가 없다. 단순히 자기 관점에서 내 의견만이 중요하고 타인은 배척의 대상일 뿐이다. 자기중심적인 인간은 이러한 프레임에서 결코 벗어날 수 없다. 때문에 온전한 소통도 이루어지지 않는다. 일방통행 격으로 자신의 의견만 주구장창 피력하고 스스로 만족하는 일은 강요와 합리화로 점철된 '꼰대질'에 불과하다. 이 순간 인간이 '무르익어가고 있다'는 말은 '썩어가고 있다'와 동의어가 된다.

정재찬 교수도 같은 관점에서 소통에 대한 이야기를 펼쳤다.

---

43) 하워드 진, 이아정 옮김(2001: 96).

소통이 안 되는 것은 남이 이해되지 않아서가 아니라 자기가 자신을 모르기 때문이다. 자기 자신이 잘나 보이고 옳게 들리기 때문이다. 그렇게 잘못 알고 있기 때문이다. 그러니 목이 곧으면 안 된다. 자기 목소리를 내기 위해서는 먼저 남의 목소리를 듣는 훈련부터 해야 한다.[44]

소통을 제대로 하기 위해서는 먼저 자기 자신을 앎과 동시에 남의 목소리를 들어야 한다는 것이다. 목이 뻣뻣하고 곧은 인간일수록 타인의 의견에 귀 기울이지 않는다. 그런 사람은 자기 자신을 격려하고 타인을 나무라다 스스로 고립된다. 관계 안에서 겉으로는 우위를 점하는 듯해도 마음은 황량하기 그지없다. 잠시나마 진심으로 소통하던 자들조차 그의 진면목을 깨닫고 다 떠나가기 때문이다.

그렇기에 소통에 앞서 자기반성은 필수적이다. 진실한 자아를 위해 손바닥으로 발바닥으로 거울을 닦으며 자신을 닦은 윤동주 시인처럼 남에겐 관대하고 자신에게 엄격한 잣대가 필요한 것이다.[45] 인간은 누구나 자기 자신에 대한 근거 없는 맹신을 깔고 있으므로 이를 게을리 해선 안 된다. 잘 무르익은 참외는 썩을 일밖에 남지 않기 때문이다.

내가 청춘을 겉늙어 살아간다거나, 노인이 됐을 때 아직도 철이 없는 것쯤은 별 문제가 아니다. 진정 경계하고 있는 바는, 똑같은

---

44) 정재찬(2017: 69).
45) 정재찬(2017: 161).

포즈로 살아가야만 하는 지루함이다.[46]

소설가 이응준의 생각처럼 우리가 현실에 안주한 채 똑같은 포즈로 하루하루 살아간다면 이는 진정 경계해야 할 부분이다. 어른들은 술이라도 한잔 마시며 이야기보따리를 풀어놓으면 부풀리거나 필요 이상으로 솔직해질 수 있다. 즉 누구든 시간이 지나면 별 볼일 없는 보통의 인간이 되고야 만다. 그런 와중에 자기의식이나 더 발전해야겠다는 관념 없이는 겉늙거나 철이 없어지는 것조차 불가능하다. 자기진영의 목소리를 가둔 자들은 무르익기도 전에 고여 썩어버린다. 반면 타인의 언어에 충실한 사람들은 결코 썩지 않는다.

---

46) 이응준(2005: 15~16).

4. 그래서 어떻게 살 것인가?

우리들의 어리석은 방주

한 방송 프로그램에서 정재찬 교수는 영화 <8월의 크리스마스>를 강의로 풀이했다. 상당히 감명 깊게 본 작품이라 그의 강의 속으로 푹 빠져들었다. 줄거리는 간단하다. 영화 속 정원(한석규 분)은 변두리 사진관에서 아버지를 모시고 사는 노총각이다. 정원은 자신의 시한부 인생을 받아들이고 친구들과 담담한 이별을 준비하던 어느 날 주차단속요원 다림(심은하 분)을 만나게 된다. 단속차량 사진 필름을 맡기기 위해 사진관을 드나들던 다림은 정원에게 특별한 마음을 갖게 되고, 정원도 다림에 대해 사랑스러운 감정을 느끼게 된다. 그러나 시한부인 정원은 스무 살 초반인 다림에게 자신의 감정을 털어놓기가 부담스러워 거리를 둔다. 이후 건강이 악화된 정원은 병원에 실려 간다. 그 사이 정원의 상태를 모르는 다림은 문 닫힌 사진관 앞을 서성인다. 그리고 시간이 흘러 크리스마스

이브가 된다. 다림이 초조한 얼굴로 사진관을 찾아왔더니 진열장엔 환한 미소를 짓고 있는 자신의 사진이 액자에 넣어져 있었다. 정원이 죽기 전 남긴 마지막 선물이다.

영화는 처음부터 끝까지 차분하고 담담하다. 인물들의 감정 변화를 놓치지 않기 위해 섬세한 연출로 두 남녀를 천천히 조망한다. 결코 슬프다고 목 놓아 울지 않는다. '사랑해'라는 말이 한 번도 나오지 않지만 가장 아름다운 사랑을 그려낸다. 황동규 시인의 <즐거운 편지>에서 모티브를 얻은 이 영화가 의미하는 바는 간단하다. 정재찬 교수의 말을 빌리면 '우리의 일상은 담담하다' 정도로 풀이할 수 있다. 즉 평범하기 그지없는 일상의 진실을 그대로 드러낸다. 삶은 결코 드라마틱하지 않다. 기승전결이 없기 때문에 우리의 삶은 더 아름다울 수 있다. 정말 그럴까.

일기를 쓴 2016년 10월 24일로 기억한다. 회사를 마치고 친구가 아르바이트를 하는 편의점에서 컵라면을 먹고 돌아가려는데 비가 쏟아졌다. 나는 친구한테 여분의 우산을 받아들고 편의점을 나섰다. 집으로 가는 중 횡단보도에서 신호등이 바뀔 기다리다가 택시에서 내린 또래 청년을 5분 거리인 집 앞까지 데려다주었다. 같이 우산을 쓰고 걸었는데 무슨 이야기를 했는지는 가물가물하다. 집과는 반대 방향이었으므로 다시 돌아오는데, 작전역 근방에서 비를 쫄딱 맞고 가는 여고생에게 우산을 씌워주고 버스정류장까지 데려다주었다. 꼭 선행을 베풀어야만 직성이 풀리는 것은 아니었다. 단지 오늘은 갑작스레 내린 비에 몸이 다 젖은 사람들이 보이는 것을 참을 수 없었다. 그리고 마침내 집으로 걸어가는데, 내가 정말

오지랖이 넓은 아저씨가 된 기분이었다.

우리의 삶에는 기승전결이 없다. 그렇기에 누가 하라고 해서 움직이게 되는 것은 아니다. 단지 마음이 시키는 대로 따라간다. 어떤 일이 벌어지기 전까지 삶은 결코 드라마틱하지 않기에 생래적 의미가 존재하는 것도 아니다. 단지 흘러가는 대로, 매순간 무수한 상황과 선택지 속에서 사람은 스스로 결정하며 살아가는 것이다.

이러한 인간의 삶에 대해 철학자 김용규는 말한다. 야스퍼스, 하이데거, 사르트르, 카뮈 등 소위 실존주의자들이 말하는 사유들을 전부 종합해보면 '우리의 삶은 무의미하기 때문에 오히려 의미 있다는 역설적인 결론'에 도달하게 된다. 즉 우리의 삶에는 아무런 고정된 의미가 없기 때문에 우리 스스로 그 의미를 만들 수 있는 자유가 주어진다는 말이다.[1]

'사지 없는 인생' 대표 닉 부이치치 또한 비슷한 이야기를 했다. 그에 따르면 우리의 삶은 모험담을 기록해 나가는 일기장이라고 한다. 그리고 우리의 삶을 기록하는 일기장에 어서 첫 줄을 적으라고 말한다. 드라마틱하고 사랑이 넘치며 행복한 이야기로 가득 채우라고. 그리고 거기에 적힌 대로 살아가라고 말이다.[2]

다만 내 마음대로 살아간다는 것은 방종과는 완전히 다른 개념임을 인식할 필요가 있다. 무조건 내 멋대로 살다가는 공동체의 윤리관과 빈번하게 부딪히는 수가 있기 때문이다. 일례로 선과 악이라

---

1) 김용규(2016: 160).
2) 닉 부이치치, 최종훈 옮김(2012: 40).

는 이분법적 잣대에 인간의 행위를 대입해보면 개인의 선 추구가 공동체에는 해악이 되는 경우가 있다. 그런 때는 의도가 어떻든 행위의 종말을 맞는다. 아무런 인간적 의미를 찾을 수 없다. 특히 내가 돈을 많이 벌고 나만 잘살기 위해 타인을 속이고 타자에게 해를 끼치는 삶을 살아간다면 이때는 인간적 삶의 의미를 완전히 박탈당하는 꼴이다. 애초에 의미가 없기 때문에 의미 있는 삶을 살아갈 수 있는 것이 인간인데, 이러한 삶은 끝끝내 아무런 의미도 찾을 수 없다. 의미 없는 의미, 즉 타자에게도 아무런 의미가 없고 스스로도 의미 있는 삶을 만들어가지 못하는 인간은 결코 인간이라 말할 수 없다. 인간적 삶을 포기한 짐승의 삶이다. 아니, 어쩌면 이를 형용할 수 있는 말을 찾을 수 없는지도 모르겠다. 짐승도 나름의 행위를 통해 개체의 존재적 의미를 발설하기 때문이다.

혼자 우산을 받고 가면 비를 피할 수도 있겠지만, 아! 너무 견디기 어렵지 않은가? 축축한 빗방울이 적시는 그 포도의 길목이 너무 미끄럽고 쓸쓸하지 않은가? 단조한 빗소리가 너무 외롭지 않은가? 같이 젖어야 한다. 좁은 우산을 너와 내가 받는 편이 좋다. 흠씬 젖는 것이 좋다. 그것이야말로 비를 피하는 우리들의 마음이다. 젖는 것이 말이다. 한 우산을 둘이서 셋이서 함께 받고 가다가 들판에서 비를 맞는 외로운 쥐들처럼 서로 몸에 묻은 빗방울을 털고 있는 것이 비를 피하는 우리들의 어리석은 방주이다.[3]

---

[3] 이어령(2010: 122~123).

이어령 선생은 '함께'라는 어리석은 방주를 이야기하며 혼자서만 살아가는 생을 배척한다. 인간은 집단에 속하지만 공동체의식 없이는 사람다운 삶을 살아갈 수 없다. 공산당이 말하는 모두의 평등 같은 일률적인 공동체의식은 아니다. 또 개인주의를 멸시하는 것도 아니다. '함께'라는 의식은 진정한 자유를 위해 자신의 존재 의미를 꾸준히 발설해나가는 진정한 개인주의자들일수록 더 유리하다. 나 혼자 잘 살아가는 것을 개인주의라고 생각한다면 더 이상 할 말이 없다. 이런 자들은 자체적으로 벼농사 지어서 밥해먹고 수돗물 대신 빗물 받아 목축이라고 하면 그때만큼은 공동체를 남발할 자들이다. 남들 도움만 받을 줄 알았지 필요한 경우에만 개인주의를 외친다. 개인주의는 결코 이기주의와 동의어가 아니다.

우리의 일상은 담담하다. 삶에는 아무런 의미가 없기 때문에 무엇이든 의미를 만들어갈 수 있다. 살아가기에 따라 드라마틱하지 않은 생을 영화보다 더 극적으로 만들어가는 수도 있다. 그러기 위해선 내게만 초점을 두기보단 '너와 나', '우리 함께'라는 관점을 길러갈 필요가 있다. 타인은 나를 비추는 거울이기 때문이다.

물론 우리에겐 고정된 선택지가 없기에 흘러가는 대로 자유롭게 살아가도 의미 있다. 단지 비가 내리는 오후 좁은 우산을 너와 내가 함께 받고 걸어간다면 우리의 일상에는 하나의 더 큰 의미가 자리하게 될 것이다. 비에 젖은 타자를 외면하고 내 갈 길만 가는 것보다 어리석은 방주를 타고 함께 젖으며 나아가는 것이 우리에게 더 유의미하다.

아이도 어른도 아닌 생의 모험길

2018년 새해가 밝자마자 뮤지컬 '카라마조프'를 봤다. 대학로에서 딱 2주 동안 진행하는 공연이고 관람료도 비쌌기에 다음날 리뷰 기사를 써주기로 하고 무료로 프레스 티켓을 얻었다.

'카라마조프'는 19세기 러시아를 배경으로 하는 도스토예프스키의 소설 <카라마조프가의 형제들>을 뮤지컬로 각색한 법정추리극이다. 원작 내용 중 소도시 지주 집안 카라마조프가에서 일어난 존속살해 사건을 중점적으로 다룬다. 내용도 간단하다. 아버지 표도르 카라마조프는 작품에 등장하자마자 누군가에게 죽임을 당한다. 그리고 그를 죽이고 싶어 하던 맏아들 드미트리의 재판을 중심으로 사건이 전개된다. 문제는 둘째 아들 이반이 드미트리를 변호하는 과정에서 착한 막내 아들 알렉세이, 사생아 스메르, 표도르의 연인 그루샤까지 모두가 용의선상에 오른다. 다들 진범 같지만 누가 범인이지는 알 수 없다. 관객들은 흥미진진한 추리게임에 임한다. 마지막에 범인이 밝혀지는 대목에선 신선한 반전을 가져다준다. 문제는 표도르가 정욕대로 살고 돈만 밝히는 악역에 가까운 인물이라 주인공임에도 관객들의 공감을 얻지 못하고 있다는 점이다. 관객들은 '누가 그를 죽였나'만을 궁금해 할 뿐이다.

표도르를 연기한 배우 이정수는 인터뷰를 통해 표도르를 '욕망 그 자체'라고 명명하며 아래와 같은 설명을 덧붙였다.

표도르는 약 150여 년 전 작품 속 인물이지만 평소 금기시되고 위배되는 행위를 서슴지 않는다. 우리 주위에도 이런 사람들이 있다. 대다수 사람들이 일상에서 문제가 되는 사람들을 보고 '저 사람은 왜 저럴까' 고민할 때가 많다. 그런데 이런 행동의 이면을 살펴보면 사회적 도덕률을 벗어나는 사람들은 스스로의 욕망에 대해 정직하다는 점이다. 다른 말로 표현하면 이기적인 건데, 그런 사람들한텐 나밖에 없다는 유아적인 측면이 상당히 강하다. 악한 자들의 생각을 면밀히 살펴보면 오히려 순진무구해서 아이 같은 면이 크다. 선과 악이라는 틀과는 별개로 인간 그 자체에 대해 많은 생각거리를 던져줘 우리 현실에서 유의미하다.[4]

더군다나 요즘은 누구나 타자의 시선을 통해 인간을 바라본다.

4) [인터뷰] '카라마조프' 이정수 "내게 무대는 밥벌이", 헤럴드경제, 2018.1.11. 14:39.
   http://biz.heraldcorp.com/culture/view.php?ud=20180111426406338027_1
   (2018년 1월 13일 검색) 참조.

타인을 판단하는 행위 자체가 그 사람을 겪어보지도 않은 채 이루어진다. 보통은 선과 악이라는 이분법을 통해 타자의 시선에 휘둘린다. 그런데 이게 정말 맞는 건지 회의감에 사로잡힌다. 우리의 일상적 도덕률에 따르면 모든 것이 아리송하다. 스스로의 욕망에 대해 솔직한 게 옳은 것인지 아닌지, 이것이 해악을 가져다준다면 자신의 마음을 접어야 하는 것인지 아닌지 모든 판단이 유보되거나 헷갈리기 마련이다. 그렇다고 욕망을 꽁꽁 감춰놓고 살아가는 것도 답답하고 표도르처럼 욕망에 치우쳐 살아가도 관객들이 공감하지 못하는 해악적인 인물로 자리할 수밖에 없다. 역시나 선택은 어렵다.

매순간 모든 상황에 대해 우리는 아이도 아니고 어른도 아닌 순간이 몇 차례씩 꼭 찾아온다. 대학에 합격했는데 재수를 해야 할까, 아니면 그냥 다녀야 할까? 지금 다니는 회사를 계속 다녀야 할까, 아니면 이직해야 할까? 남자친구와 헤어져야 할까, 계속 만나야 할까? 수많은 사람들이 하는 질문이다. 짜장면과 짬뽕을 고르는 정도의 무게가 아니라 선택하기가 더 난감하다. 이런 순간엔 나도 모르게 선택의 자유로부터 도피하려고 한다. 하나를 선택하면 나머지 하나를 포기해야 하기 때문이다. 선택에 따른 대가도 스스로 치러야 한다. 그 대가는 우연의 가능성을 포함하기에 더 위험하게 느껴진다. 결국 갈림길 앞에 선 우리는 더더욱 망설인다. 행위를 유보하고 갈팡질팡하는 일은 인간으로서 어쩌면 당연한 일이 아닐까.

그러나 우리는 이것저것 다 쥐려고 하면 이도저도 아니란 사실을 뒤늦게야 깨닫는다. 어떤 삶의 행로로 걸어가든 어느 정도 후회를 동반하기 때문이다. 버트런드 러셀도 자신의 저서를 통해 어느 한 주제를 너무 배타적으로 생각하는 것은 잘못이며, 특히 행동이 뒤따르지 않을 땐 더욱 그렇다고 강조한 바 있다.[5] 단순히 생각에 빠져 있기보단 움직여야 하는 순간에 집중해야 한다는 것이다. 어차피 선택해야 하는 가치가 동등하거나 비슷하다면 무엇을 택하든 상관없다. 모든 선택은 어느 정도 우연에 기댈 수밖에 없다. 운도 뒤따른다. 결국 삶은 선택이라는 모험길을 걷는 것이다.

1453년 수양대군은 한명회, 권남 등과 함께 계유정난을 일으켜 단종을 몰아내고 왕위를 찬탈했다. 그러나 이에 불만을 품은 집현전 출신 학자들은 단종 복위 운동을 전개했다. 사육신 성삼문, 박팽년, 이개, 하위지, 유성원, 유응부는 모의장소인 집현전에서 자주 논의한 끝에, 세조 2년 6월 창덕궁에서 명나라 사신을 맞이하는 자리를 이용해 세조를 살해하고 단종을 복위시킬 계획을 세우게 된다. 그러나 한명회의 주장으로 연회 절차에 변동이 생겨 거사가 미루어졌고, 단종 복위 운동에 참여한 김질이 장인인 정창손에게 이들의 계획을 알려 세조의 귀에 들어가게 된다. 세조는 즉시 단종 복위 주모자들을 잡아들였고, 성삼문 등 다섯 명은 처형당한다. 사육신 중 유성원은 자결의 길을 택한다. 그는 사육신들이 체포됐다는 소식을 듣고 아내와 이별주를 나누어 마신 뒤 사당에 올라갔다. 이후 유성원은 관복을 가지런히 정돈해놓은 채 칼로 목을 찔러 죽었다고 전해진다.[6]

---

5) 버트런드 러셀, 송은경 옮김(2009: 231).

물론 자살은 결코 문제의 근본적이거나 현명한 해결책이 될 수 없다. 그러나 유성원의 자결에는 삶의 책임을 넘는 무거움이 실려 있다. 만일 그가 자살을 택하지 않고 다른 사육신처럼 세조의 심문을 받다 죽음을 맞았다면 어땠을까. 끔찍한 고문을 동반하는 고통스러운 죽음 앞에서도 그는 절개를 지켰으리라 생각된다. 그에게는 목숨보다 소중한 것이 있었기 때문이다. 바로 올곧은 신념이다.

어쩌면 그는 세조의 심문 앞에서 신념이 흔들리다 뜻을 바꿔 목숨을 부지할 수도 있었을 것이다. 그럼에도 유성원은 그러한 가능성조차 남겨두지 않았다. 결국 그는 스스로 목숨을 끊었다. 이러한 행위는 세조에게 패배하지 않겠다는 불굴의 용기를 뜻한다. 물론 목숨보다 소중한 것은 없기 때문에 목숨을 버리면서까지 신념을 관철시키는 일이 권장돼서는 안 된다. 다만 지난 날 그의 정신이 그만큼 숭고했다는 점을 강조하고 싶을 뿐이다.

더욱이 이러한 기개는 독립운동가들이 일제에 항거하며 목숨을 내놓은 역사에서도 분명하게 발견된다. 그들에겐 목숨보다 더 높은 뜻이 있었다. 그들이 선택한 내일은 자신을 내려놓더라도 후손들이 더 나은 세상을 살아가도록 앞날을 밝혀주는 일이었다. 물론 그들도 사람인지란 엄청난 두려움과 고통 속에 갇혀 있었을 것이다. 보편적인 죽음은 결코 개인적인 죽음을 위로하지 못하기 때문이다. 그럼에도 그들은 대의를 위해 스스로를 버렸다. 고민하고 또 고뇌하다 결국에는 택했을 것이다. 자신을 버리는 길을. 시간이 아무리

---

6) 정구선(2011: 63~64).

흘러도 그들의 선택이 어리석기보다 숭고할 수 있는 이유다.

　그럼에도 우리는 어떤 선택이 더 현명한지 알 길이 없다. 그러나 선택해야 한다. 아이도 어른도 아닌 생의 모험길에서 욕망 그 자체에 진솔할지, 아니면 타인에게 해를 끼치지 않는 삶을 살아갈지를 말이다. 물론 선조들의 숭고함을 더럽히는 선택지라면 과감히 재낄 필요가 있다. 그 정도의 역할은 오롯이 후손들의 몫이다. 어차피 결과는 누구도 알 수 없다. 생각은 할 만큼 했다. 이제 움직이자. 후회가 남거나 스스로에게 부끄럼이 없도록 말이다.

아이들도 이렇게 남을 생각하는데

아이들은 순수하다. 너무 순진무구한 나머지 상대를 생각하지 못하고 경솔할 때가 많다. 가끔은 질투도 하고 거짓말도 한다. 하지만 상대방을 생각할 때는 이다지도 투명할 수가 없다. 무엇보다 진솔하고 낭만이 있다.

〈첫 번째 일화〉

비 오는 날 어린이집 선생님이 차량지도를 나갔다. 바깥에서 비 맞으며 아이들을 태우고 있는데 말을 제일 안 듣는다던 5살 남자아이가 소리쳤다. "선생님 빨리 타요! 비 오잖아요!"

〈두 번째 일화〉

어린이집 할로윈데이 행사 중에 벌어진 일이다. 분장한 마녀가 나와서 아이들에게 이야기를 하자 무서움에 떨던 아이가 울음을 터뜨렸다. 그러자 한 아이가 말하길, "괜찮아, 내가 지켜줄게."

〈세 번째 일화〉

어린이집 부모참여수업 날 부모님들과 아이가 가위 바위 보를 해서 이긴 사람은 사탕을 먹고, 진 사람은 주스를 마시기로 했다고 한다. 여기서 주스는 독이 든 주스라고 아이들에게 소개한다. 보통 가위 바위 보를 할 땐 아이들이 이기도록 해주었으므로, 부모들은 가위 바위 보에 졌으니 독이 든 주스를 마셔야 한다. 이때 무서운 마녀가 아이들한테 묻는다. "부모님 대신 마셔줄래?" 그러자 아이들은 겁먹은 얼굴을 하고는 행동파로 변신한다. 대부분의 아이들은 부모님을 대신해 주스를 원샷한다. 독이 든 주스를 말이다.

아이들은 아이들만의 세계가 있다. 그 세계는 하얗고 낭만적이다. 가끔은 순진무구함이 너무 지나친 나머지 위악적일 때도 있다. 그러나 이 모든 감정의 본질은 순수함에서 발현된다. 아이들은 투명하기에 어떤 지점에서든 새로운 색을 덧입힐 수 있다.

발터 벤야민에 따르면, 아이들이 세계를 파악하는 방식은 해묵은 세계를 새롭게 하는 일이다. 즉 아이들이 바라보는 세상은 창조적이다. 아이들은 자신들이 겪은 최초의 경험을 모두 열린 마음으로 잘 받아들인다. 그리고 받아들인 무언가를 표현하는데 주저하지 않는다. 남을 모방하지 않기에 톡톡 튄다. 그럼으로써 어른들에 의해 타성에 젖은 세계를 탈피시키고 세상에 특별한 활력을 불어넣는다. 그들의 생각, 말 한마디가 신세계일 수 있는 이유다.

그러나 톡톡 튀던 아이들도 어른들의 주입식 교육을 받고 나면 다들 똑같이 자라난다. 아이들 각자에겐 아무런 특별함이 없다. 커가면서 개별성을 잃는 대신 보편성을 획득해나간다. 아이들 스스로도 보편적인 게 더 좋은 것처럼 느껴진다. 그 가운데 어른들의 가치관을 쏙 빼닮는다.

누구나 어릴 적에는 횡단보도에서 손을 들고 걸어가던 때가 있었을 것이다. 오른손을 들고 가는 아이, 왼손을 들고 천천히 주위를 살피며 걷는 아이, 혹시 몰라 양손을 모두 들고 가던 아이도 있다. 또 어른들을 향해 큰 소리로 인사하는 아이, 또박또박 인사하고는 말끝을 흐리며 수줍어하는 아이, 눈치보다 나지막이 인사하고 도망가는 아이도 있다.

그러나 조금 자라고 나니 모두가 기성세대처럼 변했다. 우리는 어느새 무단횡단하길 밥 먹듯 하는 어른이 됐고, 연세가 지긋한 어르신들을 봐도 본체만체하는 자들이 됐다. 시간이 흐르고 나이를 먹는다는 것은 지난 날 예의바르고 법규를 준수하던 시절을 점차 잃어가는 일이 아닐까. 많은 사람들이 날이 갈수록 형편없는 어른이 되어 간다. 다들 어떻게든 자라나고 보니까 각자 개성을 띠던 순수한 아이들의 모습은 온데간데없고 모두가 똑같은 이름으로 살아간다. 닭장 같은 곳에 갇혀 보편화된 교육을 받고 자라온 결과다.

결국 교육이라는 이름을 올리는 것조차 불순한 일이 돼버렸다. 여태껏 모든 교육은 실패한 것이나 다름없다. 교육이라 불리는 모든 이름은 어른들의 입맛에 맞게 구색을 맞춘 사육 지침서에 불과하다. 교육을 위한 교육이 아니라, 교육자들이 가르치기 쉽도록 구성한 자기 입맛에 맞는 교육이다. 여기엔 상대방에 대한 배려가 전혀 없다. 심지어 교화·교훈에 인이 박혀 수혜자로 하여금 매너리즘에 빠지도록 만든다. 교육의 본질이 이처럼 타인을 이해하지 않고 메시지에만 목적을 두기에 허술할 수밖에 없는 것이다. 그래서 교육은 여전히 현실과 동떨어진 채 악순환을 거듭하며 제자리에 머물러 있다. 아이들을 교육하기에 어른들은 너무 형편없다.

도올 김용옥 선생은 교육을 현재의 순간 속에서 영원을 발견하는 것이라고 했다. 과연 우리는 교육으로 어떻게 현재에서 영원을 발견할 수 있을까. 이를 위해 다시 아이들의 이야기로 넘어가야 한다.

아이들의 순진무구함은 타인을 배려하도록 설계되지 않았다. 그래서 떼를 쓴다. 욕망 그 자체에 충실하기 때문이다. 그러나 배려하지 않는 것에 대한 충분한 설명과 납득이 동반될 때 아이들은 실수를 반복하지 않는다. 그것이 어른들을 위한 아이들의 배려. 아이들의 순수함은 비 맞는 선생님을 걱정하고, 마녀가 무서워 우는 친구를 위로하고, 부모를 대신해 독약을 마시도록 만든다. 아이들은 자라며 배워온 가치들을 아무런 계산 없이 수행해내기 때문이다.

아이들은 비를 맞으면 옷이 젖는다는 것을 안다. 옷이 젖으면 추워지고, 추우면 감기에 걸린다는 것을 안다. 그래서 선생님을 걱정한다. 또 마녀를 무서워하는 친구에게 안심을 시켜주면 더 이상 울지 않을 것을 안다. 그래서 친구를 안심시켜주고자 '내가 지켜주겠다'는 말을 꺼낸다. 실제로 지켜줄 수 있을지에 대해선 생각하지 않는다. 그 자체로 정말 '지켜주겠다'는 계산되지 않은 직관에서 나온 순수한 언어다. 더욱이 아이들은 생각할 것도 없이 부모를 대신해 독이 든 주스를 마신다. 자신에게 있어 부모가 무엇보다 소중하기 때문이다. 독이 든 주스를 마시고 난 뒤 자신이 어떻게 될까를 먼저 생각하지 않는다. 다만 그들은 곧장 행동으로 보여준다. 이 순간에도 어떻게 하면 독약을 마시지 않을까 머리를 굴릴 어른들을 향해 아이들은 배려라는 게 무엇인지를 몸소 보여주고 있는 것이다.

　지난날 고故 노무현 대통령은 아이들 교육에 위선만큼 해로운 것도 없다고 말한 적이 있다.[7] 자라나는 아이들은 어른을 보고 배운다. 아무것도 배려하지 않는 어른이 배려를 이야기한다면 어불성설이다. 그런 어른들의 언어는 아이들이 보기에도 아무런 설득력을 가질 수 없다. 위선에 불과하다. 아이들도 이렇게 남을 생각하는데 어른들이 점점 형편없어져서야 어떡할까. 아직까지는 아이들 교육에 어른들은 해로운 면이 많은 것이 현실이다.

---

7) 노무현(2005: 141).

감사가 있는 풍경

애도에 대해서 말하지 말자. 그건 너무 정신분석학적이다. 나는 슬픔 속에 있는 게 아니다. 나는 슬퍼하는 것이다.[8]

어머니가 돌아가신 뒤 첫 주일날이었다. 교회를 다니지 않는 아버지는 어머니가 다니던 교회에 감사헌금을 하라고 내게 20만원을 주셨다. 사후 어머니의 이름으로 드려진 예물이 첫 감사라니. 당연히 '어머니가 돌아가셔서 감사하다'는 패륜적인 의미는 아니었다. 당시 나는 하나님께 '어머니를 왜 벌써 데려가셨냐'고 원망은 했지만, 아버지가 말씀하신 감사의 의미를 모를 나이는 아니었다. 그래서 묵묵히 어머니의 이름을 적어낸 헌금봉투가 온전히 하나님께

---

8) 롤랑 바르트, 김진영 옮김(2016: 83).

드려지는 순간 나는 온전한 감사의 진정성을 맛보았다.

돌이켜보면 감사헌금은 하나님께 '어머니를 잘 좀 돌보아주세요'라는 뇌물의 의미가 더 컸을 수도 있겠다는 생각이 든다. 물론 예물이 드려지는 그 순간만큼은 감사가 아니면 다른 그 어떤 단어로도 표현할 수 없을 것 같았다. 어머니가 천국에 잘 가셨을 거라는, 그리고 천사가 천국으로 잘 데리고 가셨을 거라는 기원과 감사가 한데 뒤엉켜 생성된 감정이 '감사'라는 말로 함축됐을 뿐이다.

내 여린 입술이 '하나님'을 운운할 만큼 그리 신실한 편은 아니다. 그러나 내가 아는 하나님은 각자의 삶 속에서 발현되는 '체험의 하나님'이 분명하다고 여겨진다. 물론 올곧은 기독교인의 입장에서는 하나님은 체험이 아닌 말씀 속에 있는 거라는 반론이 들어올지도 모르겠다. 나는 신학에 대해 아는 바가 없다. 그러니 하나님의 지고한 뜻이야 잘 모른다. 다만 드넓은 세상의 티끌 같은 작은 인간의 입장에서 어머니가 돌아가신 뒤, 아버지가 감사헌금을 하라고 지시한 이유는 어머니를 미워하기 때문이 아니라는 사실을 안다. 아버지가 어머니를 진실로 사랑했기 때문에 가능한 행위였다.

나는 입관식에서 목 놓아 울던 아버지의 모습을 기억한다. 생전처음 보는 아버지의 대성통곡이었다. 세상을 다 잃은 표정의 아버지 얼굴에서 나는 그 슬픔을 짐작조차 할 수 없었다. 자식된 입장에서도 함께 울고 울다 목소리를 잃고 실성할 뻔했다. 그만큼 슬픔의 무게는 걷잡을 수 없을 만큼 컸다. 나는 몇 년이 지나도 롤랑 바르트처럼 어머니를 잃은 슬픔 속에서 헤어 나올 수 없었다.

그러나 아버지의 슬픔은 경우가 달랐다. 아버지에게는 사랑하는 아내였으므로 자식이 느끼는 슬픔에 비할 바가 아니었던 것이다. 아버지는 꺼이꺼이 울며 '다음 생애에는 아프지 말라'고 소리쳤다. 16년간 투병해 온 어머니였으니 마지막 전언으로 가장 적합한 말이 아니었을까 싶다. 돌이켜보건대 아버지는 그 순간 가장 완벽한 남편이자 아버지였다. 그리고 나는 이 말이 어떻게 감사로 승화될 수 있었는지 헤아릴 길이 없다. 다만 자식 된 입장에서 어리석게나마 이를 짐작하는 것밖에는 방법이 없다. 그리고 아주 위대한 사람을 내 아버지로 두고 있다는 것에 진실로 감사의 마음이 우러나왔다.

그 이후 20대 중반부터 감사는 내 화두가 됐다. 나는 타인에 대해 감사하는 방법을 터득해나갔다. 감사는 종류를 막론하고 한 가지를 담기만 하면 됐다. 바로 진심이다. 나는 말주변이 없고 종종 말을 더듬기까지 했다. 생각이 깊어 말을 해도 요점을 잘 꺼내놓지 못하고 장황했다. 그래서 똑 부러진 메시지를 전하거나, 별 볼일 없는 말을 화려한 미사여구로 치장하는 일에는 자신이 없었다. 이를 갖추기 위한 특별한 어휘창고나 순발력도 없었다. 다만 이 순간 진실로 감사할 수 있는 사람들에게는 진심으로 고마움을 전했다. 아버지는 16년을 자신이 간병하던 아내를 잃고도 훗날 감사를 말할 줄 알았다. 결코 모든 것에 초연한 초월자가 아니었음에도 아버지는 극렬한 고통을 뛰어넘어 감사를 입에 올린 것이었다. 그런데도 내가 감사하지 못할 순간들이 대체 어디 있을까?

추운 날 폐지를 줍는 어른들은 사람의 형상을 한 예수다. 이렇게 생각하면 누구든지 사람다움을 잃지 않을 수 있고, 더불어 치열하게 살아가는 그들에게 고개를 숙이지 않을 수 없게 된다. 나는 내 스스로 가장 낮은 자라는 생각으로 다른 낮은 자들을 우러러보는 마음을 갖고 싶었다. 혹시라도 누군가를 멸시하려는 시선이 발견되면 스스로를 책망했다. 물론 나는 도덕군자가 아니었으므로 가끔은 타인에 대한 애꿎은 짜증을 속으로 퍼붓기도 했다. 그러면서도 한편으론 약자들에 대한 감사를 잊지 않았다. 고통스러운 순간을 제외하곤 모든 것이 감사했다. 나는 '감사합니다'를 남발하는 사람이 됐다. 모든 사람들과의 소통 속에서 '감사하다'는 말을 빼놓지 않았다. 대화의 끝은 언제나 '감사합니다'였다. 마치 일본인하면 떠오르는 온의 문화처럼 예의를 중시하는 사람이 된 듯싶었다.

과거에는 감사의 남발이 관계의 진정성을 떨어뜨린다는 생각도 있었다. 그러나 한 번 감사한다고 더 진한 감사는 아닐뿐더러 한 번보다 두 번 감사를 전하는 것이 더 낫다는 게 결론이었다. 무언가를 바라고 감사하는 것은 아니다. 감사한다는 건 단순히 감사를 위한 감사다. 또한 감사는 생활의 지혜다. 감사하면 할수록 주변이 달라진다. 고마움을 표현하는 이 작은 성의는 결코 헛된 일이 아니다. 무엇보다 내 안에서 즐거운 혁명이 벌어진다.

말기암에 걸린 한 사업가가 지인들을 초대해 감사하는 자리를 가졌다는 기사를 본 적이 있다. 그는 치료가 불가능할 정도로 몸이 망가졌음에도 살아온 인생을 되돌아보며 자신의 옆을 지켜준 지인들에게 감사의 인사를 전했다. 그가 평소 얼마나 삶에 감사하며 살았는지 알 수 있는 대목이다. 또 토크쇼의 여왕 오프라 윈프리도 성폭행과 마약 등으로 불우한 어린 시절을 보냈지만 수십 년째 감사 목록을 기록한다는 일화도 있다. 세상엔 이런 사람들도 있다. 어느 누구도 손쉽게 감사할 수 없는 상황에서 감사할 줄 아는 훌륭한 사람들이 같은 공기를 마시고 있는 것이다.

물론 감사해야 할 사람은 많다. 그런데 내 마음이 너무 비좁아 감사할 일로 여기지 못하는 경우가 다반사다. 게다가 가까운 사람들에게 감사를 전하지 못하는 강퍅함 가운데서 스스로는 감사를 받아야 한다고 여기는 것이 모든 문제의 원흉일 수 있다. 결국 자존감과는 별개로 타인에 대해 마음을 전할 땐 헤퍼야 하는 것이 맞다고 본다. 그러니 헤픈 인간이 되자. 감사에 대해서만큼은 헤퍼야 마땅하다.

내 안의 우주

로맨스 소설을 위주로 선보이는 출판사에 성장소설을 보냈다. 전자출판이 가능하다는 연락이 왔다. 다만 애정전선을 좀 만들자는 피드백이 왔다. 로맨스 소설로 출판하겠다는 것이었다. 그래서 교정하는 동안 약간만 손보고 다시 보냈다가, 다시 이야기를 추가하고 보내길 반복했다. 당시 나는 피곤함을 덜어내고 싶은 마음에 신속하게 처리하려고 애썼다. 그렇게 몇몇 형식적인 노력으로 작은 결과물이 나오게 됐다. 퇴고도 잘 되지 않은 글이 장르조차 맞지 않게 나왔다. 당연히 로맨스소설을 기대한 독자들의 분노를 자아냈다. 독자들은 '이건 로맨스가 아니다'며 혹평을 쏟아냈다. 별점테러도 이어졌다. 성장소설을 성급하게 로맨스물로 포장해 버린 결과였다. 나는 자괴감에 휩싸여 출판사에 물었다. 로맨스 소설이 아닌 성장형 소설로 카테고리를 바꿀 수 없겠냐고 말이다. 돌아오는 대답은 짤막한 거절이었다. 로맨스물로 확정지어 장르변경이 불가능하다는 것이었다. 답답한 심경이었다. 당장 기분전환으로 할 수 있는 게 없었다. 위로라도 받고 싶은 마음에 가장 좋아하는 마종기 시인의 에세이를 펴들었다. 어떻게 알았는지 마종기 시인은 나를 혼내기 시작했다.

행동이 없이 관념의 추상 언어로만 지껄이는 문학을 나는 믿을 수가 없었다. 체험을 통한 현장의 은유야말로 살아 있는 시를 만드는 새로운 질료라고 생각했다. 그거만이 진정성을 갖춘 문학이라고 믿었다. 행동이 밑바탕이 되지 않는 문학은 공중누각이고 세상에 필요 없는 문학이라고 믿었다. 골방에만 박혀서 하루하루의 질박한 삶을 외면하는 의식의 조작이 아니고, 땀과 눈물과 피로 만들어내는 것만이 진정한 시의 길이라고 믿었다.[9]

첫마디부터 마음이 흔들렸다. 내 언어는 구체성이 결여된 추상의 언어였다. 나는 진정성이 없었다. 그 누구도 믿을 수 없는 문학을 하고 있었다. 의식의 조작이 빚어낸 세상에 필요 없는 문학이었다. 혹평이 마땅했다. 그때 깨달았다. 독자들의 비판은 정말이지 당연한 일이었다. 상처받고 체념하기보단 우선적으로 수용해야 한다는 마음이 들었다. 땀과 눈물과 피로 만들어낸 것만이 진정한 글이다. 갑작스레 등짝을 한 대 맞은 듯한 지각이었다. 눈앞이 번쩍했다.

---

9) 마종기(2010: 45).

그러자 내 안의 우주가 폭발하듯 서서히 펼쳐지기 시작했다.

철학자 하이데거에 따르면 인간은 아무 특별한 의미 없이 세계에 '내던져진 자'다. 인간의 삶은 전부 자기 자신에게 맡겨져 있다. 스스로의 불완전한 선택과 결단에 따라 존재의 의미가 주어진다는 말이다. 이 내던져진 상황 때문에 인간은 항상 불안해하고, 염려하는 존재자다.[10] 세상 속에 내던져진 인간은 항상 불안해하고 염려하기 때문에 고통으로 일그러져야 하는 것이 맞다. 누군가와 함께한다면 모를까 인간 혼자의 힘으로 세계에 맞서기엔 한없이 연약하고 왜소하기 때문이다.

이러한 인간에 대해 장일순 선생은 한 인간이 소우주이자 풀 하나와 낟알 하나에도 우주가 있다고 했다.[11] 생각도 하나의 우주다. 깨달음은 내 안의 의미를 새롭게 구축해나간다. 그것은 우주를 경이롭게 하며 더없이 풍성하게 만든다. 그렇기 때문에 인간은 항상 불안해하고 염려하는 존재자들이지만, 즐거움의 우주를 알고 고통 속에서 탈피하는 우주를 알기도 한다.

박이문 선생도 인간을 우주 전체에 비해 무한히 왜소한 존재이면서 우주를 자신의 머릿속에 넣고, 우주 전체에 대한 신비를 의식하며 그것을 밝히려 하는 존재라고 이야기했다.[12] 우주의 티끌 같은 인간은 그 자체로 하나의 소우주다. 인간은 작은 우주이면서 저마다 마음속에 어마어마한 우주를 품고 있다. 또 인간은 미약한 존재

10) 김용규(2016: 173~174).
11) 장일순(2009: 50).
12) 박이문(1995: 185).

지만, 모든 것이 가능하다는 역설을 품고 있다. 현실이 이러하니 '나락 한 알 속에도 우주가 있다'는 장일순 선생의 말에는 전적으로 동의할 수밖에 없다. 인간의 한계는 단 한 번도 확실하게 측정된 적이 없기 때문이다. 한계가 없다는 말은 가능성 면에서 무한하다는 이야기가 된다.

다만 인간에게 한계가 있다면 모든 상황에 있어 성급하게 굴기 때문이 아닐까 싶다. 누구든지 일단 도전해보고 안 되면 슬쩍 발을 뺀다. 섣부른 만큼 피드백을 가질 새도 없이 손쉽게 패배를 인정한다. 그럼 아무런 이득도 없다. 조급함에 휩쓸려 스스로의 한계를 되새길 뿐이다. 번성과 전락 가운데 후자를 택한 결과다. 나 역시 그랬다. 결과물에 급급해 완성도를 고려하지 않고 일을 처리했다가 많은 비판을 받았다. 그때만큼 독자의 눈이 적확한 순간은 없다. 게으르고 허황된 작가에게는 한계치가 적용된다. 개인 역량에 상관없이 구설수에 오르는 정도로 평가받는다. 개인 우주의 한계가 타자로부터 정해지는 셈이다.

그러므로 우리 안의 우주를 펼치는 일은 최선을 향한 열망과 끈덕진 노력이 아니라면 외면 받기 마련이다. 물론 상황이나 타이밍, 운 등 다양한 변수가 작용한다. 그럼에도 이를 가장 유리하게 이끄는 것은 분명 자신의 우주를 스스로 넓혀나가는 일이다. 이를 위해 지금 당장이라도 움직여야 한다. 어제의 나를 버리고 진중하게 나아가야 하는 것이다. 이와 같은 관점에서 프랑스 사회운동가 스테판 에셀은 인간 행위의 본질을 이야기했다.

"인간은 스스로 변화해야 한다. 그러면 이 작은 행성 위의 실존에서 새로운 단계로 접어들 수 있을 것이다. 아직도 이곳엔 경이로운 지평들이 우리를 기다리고 있기 때문이다."13)

모든 인간에게는 우주가 있다. 지구 밖 우주가 스스로 팽창하듯 인간은 자신의 작은 우주를 확장시켜 나갈 수 있다. 우리 안의 우주는 저절로 넓어지지 않는다. 스스로가 퍼져나가길 끊임없이 되풀이해야 한다.

---

13) 스테판 에셀, 임희근 옮김(2012: 87).

이 시대의 지성인

미국 소설가 어니스트 헤밍웨이는 스페인 내전에 참전한 이력이 있다. 프랑스 사상가 겸 작가 장 폴 사르트르는 레지스탕스에 가담했다. 마찬가지로 프랑스 소설가 에밀 졸라는 드레퓌스 사건을 짊어지고 정부 권력에 도전했다. 그들은 모두 시대를 대표하는 지성인이었고, 자신의 작품과 함께 행동으로 진실을 지키고자 했다.[14] 이를 두고 조정래 작가는 모든 비인간적 불의에 저항하고 올바른 인간의 길을 위해 걸어가는 것이 작가의 '사회적 책무'라고 말했다. 즉 작가라는 지성인들은 단순히 글만 쓰는 사람이 아니다. 인간으로서 불의에 타협하지 않고 행동으로 맞선다. 물론 펜을 들고 불의에 타협하는 방법도 있다. 하지만 상황에 따라 펜을 들거나 내려놓

---

14) 조정래(2012: 35).

는 순간을 안다. 그것이 작가라는 지성인의 사회적 책무이기 때문이다.

반면 요즘 우리사회의 지성인은 권위라는 행복에 젖어 있는 아마추어다. 그들은 각종 포즈를 취하기 위해 하나마나한 말을 던질 뿐이다. 시류에 이론을 얹거나 지나간 일에 대해 '이랬다면 저랬다면' 하고 말을 섞는다. 설령 지성인의 할 일이 그것뿐이라 해도 스스로와 자기 공동체만 생각하는 언어는 세상에 별 도움이 되지 않는다는 사실을 모른다. 그 순간 그들의 허울뿐인 지성은 파괴되고, 그들은 지성인이 아닌 존재들로 자리할 수밖에 없다.

미국 문명비판론자 에드워드 사이드는 자신의 저서 『권력과 지성인』을 통해 지성인이 자리할 수 없는 사회현실에 대한 의견을 꺼내놓았다.

대부분 과거의 권력은 신랄하게 비판하지만 현재의 권력에 대해서는 침묵하고 있고, 독자적으로 분명히 말을 하기보다는 집단으로 무리지어 말함으로써, 자신을 공공연하게 드러내기 보다는 익명성에 안주하는 것이 우리 지성인의 모습일 것이다. 그러나 편협한 이기주의와 집단감정의 분파주의로 촘촘하게 얽혀 있는 우리 사회가 과연 비판적이고 독립적 지성인이 설 수 있는 공간을 허용하고 있는지에 대해서도 냉철한 자성을 해보아야 할 것이다.15)

---

15) 에드워드 W. 사이드, 전신욱 외 옮김(2006: 9).

물론 에드워드 사이드가 말하는 지성인의 모습은 현 사회 지성인들의 모습과 100% 완전히 일치한다고 보긴 어렵다. 그럼에도 지성인이 설 수 없는 현실에 대해서는 명확히 꿰뚫어보고 있다.

지성인은 언제나 충성의 문제로 인해 공격당하고 무자비한 도전을 받게 된다. 예외 없이 우리들 모두는 어떤 종류의 국가, 종교, 또는 민족의 공동체에 속한다. 달리 말하면 저항의 정도가 아무리 커도, 어느 누구도 가족, 공동체, 그리고 국적이라는 것에 개인을 묶고 있는 유기적 연결끈을 뛰어 넘지 못한다.[16]

이는 어느 사회에서나 통용되는 지성인 개인의 한계를 뜻한다. 지성인들은 언제나 그들의 시대와 환경 가운데 함께 놓여 있다. 그들도 크든 작든 어떤 집단에 속할 수밖에 없는 것이다. 이에 반하면 공동체의 추방자가 될 뿐이다. 개인으로서 사회적 방랑자 신세가 되기 싫거든 공동체를 따를 수밖에 없다. 설령 반발하더라도 꾸준한 도전에 시달린다. 그러다 결국 약소한 개인은 패배하고 만다. 이처럼 에드워드 사이드의 관점을 빌리면 우울한 결말밖에 나오지 않는다.

그렇다면 우리사회에선 모든 상황맥락에 구애받지 않는 온전한 지성인이 나올 수 없다는 걸까? 궁극적으로 에드워드 사이드가 강조한 지성인의 조건은 '신성하고 절대적인 권위를 거부하는 비판정

---

16) 에드워드 W. 사이드, 전신욱 외 옮김(2006: 83).

신'이라고 할 수 있다. 이를 통해 인간의 자유와 지식을 발전시키는 게 지성인의 역할이다. 그러나 우리의 토양에선 거의 불가능에 가까운 것이 현실이다.

당초 지성인은 똑똑한 사람을 뜻하지 않는다. 똑똑한 사람은 세상에 얼마든지 많다. 그 중 집단의 도전에도 굴하지 않는 까칠한 사람을 지성인이라 한다. 지성인은 결코 사익을 위해 움직이지 않는다. 공의와 공익을 위해 목소리를 높인다. 그리고 궁극적으로 도달해야 할 바람직한 사회의 모습을 제시한다. 약자와 소외된 자들을 섬기는 문화가 누군가를 멸시하는 세상보다 더 아름답다는 걸 이야기한다. 그들만이 우리사회의 온전한 지성이다. 헤밍웨이가 스페인 내전에 참전하고, 사르트르가 레지스탕스에 가담하고, 에밀 졸라가 정부권력에 도전한 이유는 모두 이러한 관점에서 보면 올바른 지성이라 말할 수 있다. 그들은 진정한 지성인이다.

반면 대한민국 사회에서 지성인을 자처하는 사람들은 모두 SNS를 필두로 깨어 있는 시민 코스프레에 여념이 없다. 그들은 때에 따라 대중에 대한 '우매함'이라는 시선을 놓지 못한다. 그러면서도 표면적인 지지를 잃지 않기 위해 대중들을 위하는 척한다. 또한 모든 현안에 대해 선동하거나 비판하는 차원에서 그친다. 옳은 일인지 아닌지는 중요하지 않다. 그들은 본질을 잊고 오로지 자신들의 집단을 기준으로 언어를 쏟아낸다. 하나마나한 이야기는 휘발성이 강하고 딱히 영양가도 없다. 그럼에도 여론은 집단 분위기에 광신적으로 휩쓸리기 일쑤다. 한번 흐름을 타면 옳고 그름 따윈 상관없다. 지금 우리사회를 뒤흔드는 언어가 옳은 소리라는 최면을 걸고 있는 것이다.

또한 모든 교육과 가치관은 기성사회를 지탱하거나 유지하도록 설계된다. 이를 의도하든 아니든 대다수의 선은 자신이 속한 집단에 유리하도록 되어 있다. 반항은 이단자들의 몫이다. 다만 이단자들 중 일부는 옳고 그름을 기준으로 저항한다. 그들의 항거는 결코 반목을 위한 행위가 아니다. 포즈를 취하고 하나마나한 이야기를 하기보단, 옳은 말을 외치고 우상을 파괴한다. 끊임없이 번민하며 신념을 갖고 움직이지만, 한편에선 스스로가 완벽하지 않을 수도 있다는 사실을 알기에 급진적으로 행동하진 않는다. 흐름을 거슬러야 한다면 문제의 본질을 중심으로 움직인다. 때로는 공의를 지키기 위해 스스로가 파괴되는 일마저 감수한다. 결코 타인에게 해를 끼쳐선 안 된다. 그것만이 올바른 지성의 길이다.

"나는 인성을 만드는 것이 본성보다는 교육이라고 확신한다. 그러나 불굴의 정의감을 갖춘 내 아버지는 자부심을 가지고 저항하셨다. 나는 그러한 정의감을 후일 내 안에서 발견하게 되었다."[17]

남아프리카공화국 최초의 흑인대통령 넬슨 만델라가 학창시절 쓴 저항정신에 대한 글 일부다. 만델라는 '아파르트헤이트'에 맞서다 약 27년을 복역했다. 아파르트헤이트는 남아프리카공화국 백인정권에 의한 유색인종에 대한 차별정책을 말한다. 만델라는 인종

---

17) 자크 랑, 윤은주 옮김(2009: 47).

차별정책에 맞서 투쟁을 벌이다 반역죄로 체포돼 대략 한 세대를 감옥에서 살았다. 만델라가 정치범 수감생활을 감당하면서까지 투쟁에 나선 이유는 간단하다. 그가 보기에 차별정책이란 결코 옳지 않은 정책이었다. 또 인류사회에 아무런 도움이 되질 않았다. 그래서 만델라는 기성 백인정권의 흐름을 거슬러가면서까지 크나큰 대가를 치렀다. 그것이 지성의 명과 암이다. 바른 세상을 열망하는 자신의 신념을 고수하기 위해 개인적인 고통을 감수해야 한다. 여차하면 기성 집단에 도전을 받거나 추방자가 되는 수도 있다. 그 결과 만델라는 27년 간 스스로의 자유를 헌납했다. 만델라는 에드워드 사이드가 말한 '신성하고 절대적인 권위를 거부하는 비판정신'이란 지성인의 조건에 완벽히 부합한다. 웬만한 사람이면 꿈도 못 꿀 수준이다.

우리사회는 사익만을 추구하는 아마추어들 사이에서 건전한 지성을 기다린다. 필요한 경우에는 우리들의 우상을 뒤엎을 각오를 하고 나서는 '꼴통'을 말이다. 물론 아직까지는 집단감정으로 촘촘하게 얽혀 있는 사회구조가 독립적 지성인을 허용하지 않고 있다. 집단 토양 자체가 불의에 저항하고 올바른 길을 걸으려는 사람들을 막아서고 있는 셈이다. 이런 시대가 하루 빨리 종식되길 염원한다. 올바른 목소리를 내는 지성인이 사회적 방랑자나 추방자가 되지 않는 세상을 기다리며.

정치적 관점에 혜안이란 존재하는가?

　대한민국 사람들이 가장 환멸을 느끼는 분야 중 1순위로 '정치'를 꼽지 않을까 한다. 과거부터 정치인들의 진흙탕 속 아귀다툼은 끊이질 않았다. 정치인 자신 혹은 자기 진영의 이권이나 이념을 위해서다. 이 때문에 흑백논리로 상대 진영을 철저히 부수려 한다. 하다 못해 참사 현장을 방문한 정치인들은 상갓집에서도 싸움을 한다. 정치는 안중에도 없다. 단순히 이기기 위한 싸움에 불과하다. 한 유명인은 '싸움을 어떻게 하는지가 정치인의 실력'이라는 비정상적인 언행을 펼치기도 한다. 자기 진영 혹은 개인의 정치적 행로의 정당성을 확보하기 위한 싸움이란다. 나라의 앞날을 좌우해야 하는 다 큰 어른들 싸움의 이유라는 게 고작 자기 밥그릇 싸움이다.

　이에 앞서 촘스키는 정당성을 입증할 수 없는 지배구조는 부당한 것이라고 말한 바 있다. 더군다나 개인의 정치적 정당성 확보 말고는 세상에 아무런 의미가 없는 정치인들의 싸움은 국민들의 삶과는 동떨어져 있기까지 하다. 그럼 우리사회의 정치는 대체 누구를 위한 정치란 말인가?

20세기 중반이 지나갈 무렵 유럽 사람들은 인류를 전쟁이라는 재앙 속으로 몰아넣은 '정의'나 '진보' 같은 장밋빛 이념에 환멸을 느꼈다고 한다. 그들이 느끼기에 이념은 결코 사람을 행복하게 만들지 못한다.[18] 1958년 당시 68세였던 프랑스 대통령 드골은 이러한 사실을 깨달았다. 그래서 드골은 "나는 좌도 아니고 우도 아니다. 나는 그 위에 있다"고 말했다. 결코 드골이 교만해서 한 말이 아니다. 그는 본래 우파 출신 대통령이지만, "난 더 이상 우파도 아니고 좌파에도 속하지 않는다. 나는 모든 프랑스 국민을 품는 프랑스 대통령이다"라는 말로 해석하는 것이 옳다. 그렇게 드골은 분열된 프랑스를 강력한 프랑스로 통합시키는 물꼬를 틀 수 있었다.[19] 즉 좌우의 대립을 멈추고 양측을 조화롭게 받아들이려는 노력의 소산물인 것이다.

이를 현재 우리나라에 대입한다면 가장 부족한 점이 아닐까 싶다. 우리사회는 조화보다 분열에 더 익숙하기 때문이다. 우리나라는 해방 직후에도 이념이나 정의와 같은 가치가 상당히 자의적이었다. 물론 이념이나 정의의 본래적 가치는 모두 숭고하다. 그러나 그것이 사람들마다 자의적으로 해석될 경우 만행이 되거나 폭력을

---

18) 안광복(2010: 298).
19) 이어령·이재철(2013: 221).

일으키는 위험성을 떠안을 수 있다. 특히 나라를 양분해 버린 두 이념은 자신들의 권력 유지를 위해 내포되어 있는 악을 정당화하고자 상대 진영의 어둠을 들추기 급급했다. 그러다보니 그들의 이념에 진리는 없고 진영논리로 인한 애꿎은 희생양들만 늘어갔다. 여기서 이념은 나쁜 얼굴로 둔갑한다. 이념 자체는 나쁜 것이 아니지만, 자신이 속한 집단에 함몰돼 맹목적으로 타인의 진영과 선을 배척해 피해를 주는 경우가 많기 때문이다.

철학자 버트런드 러셀은 자신이 파시즘에 반대하는 근본적인 이유는 인류의 일부를 선택해 그들만이 중요하다고 보는 데 있다고 했다.[20] 파시즘은 사람이 가장 기본적으로 품어야 할 인간애를 잊고 이념의 완성을 위해 타자의 희생을 요구하기 일쑤다. 이 순간 이념은 세상의 진리를 추구하는 숭고한 가치가 아니다. 단순히 이념을 위한 이념으로 전락한다. 그 사이 인간은 주객이 전도된 자기 진영의 이권을 붙잡고자 남에게 해를 끼쳐 왔다.

대한민국이야말로 수십만의 무고한 동족 위에 세워진 피의 공화국이라는 사실을 부인할 수 있는 자는 누구인가?[21]

소설가 안재성은 『박헌영 평전』을 통해 우리사회가 숨기고 싶어하는 추악한 현실을 들춰낸다. 사실상 정치인들의 밥그릇 싸움과

---

20) 버트런드 러셀, 송은경 옮김(2009: 167).
21) 안재성(2015: 622).

자기 진영 논리는 대한민국을 피로 물들게 했다. 특히 정치인들은 민주의 이름으로 비민주적인 일을 공공연히 자행해 왔다. 한국전쟁이 그 결과물의 대표격이다. 오류에 길들여진 정치인들의 혀가 수많은 인간을 죽음으로 내몰았다. 그리고 이러한 판단은 지금 이 순간에도 끊이질 않고 있다.

일찍이 플라톤은 올바른 균형점에서 사상을 봐야 한다는 것을 익히 배워 알고 있었다. 그래서 플라톤은 모든 극단을 반진리라고 보았다. 즉 모든 문제의 한쪽 면들은 진리의 작은 부분일 뿐이다. 이들이 나눠져 있으므로 공정하게 중심을 잡고 바라봐야 조화롭다는 입장이다.[22]

양극단에 서서 차이를 존중하지 못하는 순간 진정한 선은 소멸한다. 그러므로 관용과 성숙을 통한 합의 모색이 가장 중요하다. 교과서 같은 발언일지라도 늘 사회와 문명의 새로운 진전을 위해 조화로움을 인식하며 살아야만 한다.

어느 날의 진실이 영원한 진실은 아니다.[23] 체 게바라가 입버릇처럼 자주 했던 말이라고 전해진다. 그가 말하는 진실이란 한때의 진리다. 즉 자신의 행동이나 사상도 한때의 의미밖에 갖지 못한다는 사실을 의미하는 것이다. 우리사회의 진실도 그만큼 다양하고 다른 얼굴을 하고 있다. 진보가 옳을 때도 있고, 보수가 옳을 때도 있다. 혹은 둘 다 맞는 순간이 있다. 나만 옳다는 신념은 썩어 문드

---

22) 윌 듀랜트, 임헌영 옮김(2016: 31).
23) 다카라지마사 편집부, 송태욱 옮김(2017: 58).

러지기 마련이다. 그릇된 신념은 인류의 역사를 잔혹한 방향으로 이끈다. 희망과 우애의 역사로 빚어내기 위해서는 무엇보다 시야를 조화롭게 넓혀나가는 것이 중요하다.

세일즈맨의 죽음

이십대 초반에 읽었던 미국 극작가 아서 밀러의 <세일즈맨의 죽음>을 두 번째로 읽었다. 몇 년 만에 다시 읽은 만큼 감회가 새로웠다. 작품 속 주인공 윌리는 지방을 돌아다니는 영업사원으로, 36년간 평생을 다 바친 회사에서 한순간 잘리게 된다. 실업자가 된 윌리는 자식들에게 외면당하기 시작하고, 대화할 상대가 없어져 혼자 중얼거리는 인간이 된다. 무능한 가장이 되면서 소외감이 점점 커져가던 윌리는 큰 결단을 내리게 된다. 자신이 사랑하는 아들 비프에게 생명보험금을 남겨주기 위해 자동차 사고로 위장해 자살을 한 것이다. 관계의 공복 가운데 이루어진 윌리의 행위로 가족들에게는 돈이 돌아갈 것이다. 그러나 세상을 등진 아버지는 다시 돌아오지 않는다. 가족들은 모두 슬퍼한다. 비프가 생각하기에 아버지의 희생은 잘못된 판단이 분명하다.

작품의 분위기는 전반적으로 먹먹하다. 아버지 윌리가 회사에서 잘리고 죽음을 택한 이유는 따로 있다. 스스로를 파멸로 이끄는 부추김이 사회의 냉대 속에서 더욱 가속화됐기 때문이다. 사회가 개인을 다 소진시키고 내팽개치는 일은, 한 개인의 여생을 껍데기만 남겨놓음과 동시에 서글픈 삶의 굴레를 선사한다. 궁핍한 상황으로 치달은 개인은 이를 자력으로 이겨낼 수 없다. 그래서 자살이 선택지 중 하나로 자리하게 된다.

분명 희곡작품 속 이야기지만 우리사회에도 윌리와 같은 아버지들이 있다. 또한 가족들을 끔찍이 사랑한 나머지 잘못된 판단을 내리는 아버지들도 곳곳에 존재하고 있다. 과연 개개인들이 진정 살기 좋고 행복한 사회라면, 우리사회의 아버지들이 이런 선택지를 용인할 수 있을 것인지 본질적인 물음을 던져 봐야 하는 것이 아닐까.

아버지가 스스로 죽음을 택하게 만드는 사회는 병든 사회다. 세상 모든 아버지들은 위대하기 때문에 궁지에 몰리면 가족들을 위해 극단적인 생각을 품을 수 있는 자들이다. 그리고 우리는 그것을 함께 막아야 할 의무가 있다. 돈이 없으면 살아갈 수 없는 자본주의의 노예일지언정, 가난해도 여전히 살아갈 수 있다. 단지 가족과 함께 숨 쉬고 살아간다는 것 자체가 얼마나 소중한지를 깨닫는다면, 감히 아버지의 목숨을 어디 돈 따위와 비교할 수 있을 것인가?

우리사회에서 이루어지는 각종 자살과 극단적인 죽음들이 내포하는 비극은 잔인하게도 사회 내 가장 하층부에서 시작돼 같은 계층 전반으로 물들어간다는 점이다. 그러므로 덮어놓고 죽음을 애도하며 숭고한 희생이라 치장한다거나, 반대로 죽으면서까지 남한테 피해를 주었다고 비난만 할 일이 아니다. 가늠할 수 없는 고통을 견디다 못한 그들의 마음을 위로하고 알아주면 된다. 다만 우리사회가 무언가 잘못돼도 크게 잘못됐음을 인식하는 의식의 끈을 놓지 않고 있어야 한다.

아버지는 평생 동안 쥐꼬리만 한 보수를 받으며 열심히 일했다. 나는 미국에서는 열심히 일하기만 하면 부자가 된다고 말하는 정치가들과 언론의 논평가들, 기업 중역들의 잘난 체하는 말을 들을 때면 언제나 분개했다. 그 말이 뜻하는 바는, 만약 가난하다면 열심히 일하지 않았기 때문이라는 것이었다. 어느 누구보다도, 은행가나 정치가보다도, 열악한 일자리에서 일하고 있다면 실제로 더욱 열심히 일할 수밖에 없다는 점을 인정한다면, 그 어느 누구보다도 더 열심히 일한 내 아버지와 셀 수조차 없이 많은 다른 사람들, 남자와 여자들을 보면 이 말이 거짓임을 나는 알고 있었다.[24]

미국 역사가 하워드 진은 쥐꼬리만 한 보수를 받으며 일하는 아버지를 보며 '열심히 일하면 부자가 될 수 있다'는 사회 중역들의 원론적인 말에 분노했다. 그의 말마따나 누구보다 열심히 일한 많은 사람들은 결코 가난해선 안 되기 때문이다. 그럼에도 사회는 여전히 그들의 가난을 개인의 탓으로 치부한다. 개인이 쉴 새 없이 일해

---

24) 하워드 진, 유강은 옮김(2010: 228).

도 가난을 면하지 못한다면 이는 개인의 탓인가, 아니면 사회의 탓인가?

그럼에도 아버지들은 묵묵히 일한다. 현재 처한 상황을 당장 벗어날 수 없을지라도 '열심히 일하면 부자가 될 수 있다'는 말을 곧이곧대로 믿는 순진한 사람처럼 노동에 임한다. 마치 시지프가 끊임없이 산 위로 바위를 밀어 올리듯 무용한 노동을 행하고 있는 것이다. 정상에 오른 바위는 다시 아래로 굴러 떨어질 테지만, 그들은 다시 바위를 밀어 올린다. 생활을 영위하기 위해 혹은 소중한 사람들의 얼굴을 떠올리며 더 힘을 내게 되는 것이다. 세일즈맨의 죽음 같은 극단적인 상황은 아니지만, 그들이 추구하는 정신사적 궤적은 동일하게 숭고하다.

그래서 우리사회의 아버지들은 시지프다. 일찍이 카뮈는 "무용하고 희망 없는 노동보다 더 끔찍한 형벌은 없다"고 했다. 아버지들은 무용하고 희망 없는 노동을 하는 '시지프의 형벌'을 받고 있다. 시지프가 형벌을 견디기 힘든 이유는 산 정상으로 바위를 밀어 올리면 다시 굴러 떨어져 그 힘겨운 노동을 반복해야 하기 때문이다. 그리고 그 무의미한 고단함 사이에서 버틴다. 버틴다는 것은 저항이고 가장 유의미한 행위다.[25] 우리사회의 아버지들은 완전히 타들어가 소멸하는 최후의 순간까지 버티고 버텨낸다. 세상에서 가장 소중한 사람의 웃는 얼굴을 위해서다.

---

25) 김용규(2016: 186).

청소부 아주머니는 누군가의 어머니

당신의 골수를 열 달이나 받아먹고
어머니, 내가 생겨났습니다.
동생들도 당신 뼈에 구멍만 뚫어
해 지난 갈대같이 속 빈 육신,
골다공증으로 늙으신 어머니.
당신 뼈가 얼마나 가벼워졌으면
바람까지 들락거리는 큰길 사이로
먼 데 어디 날아가실 준비까지 하시는지.[26]
(…후략…)

---

26) 마종기(2011: 43).

마종기 시인의 <골다공증>이란 시다. 시인의 말마따나 세상 모든 '나'는 어머니의 골수를 받아먹고 태어났다. 그 사이 당신 뼈엔 구멍만 송송 뚫렸고 육신은 속 빈 강정처럼 가벼워졌다. 감사하면서 불행하게도 어머니의 희생 속에 나는 태어난다. 평생 사랑하지 않을 수 없는 존재에 대해 해를 끼치는 가운데 나는 피어나는 것이다. 그러나 어머니는 결코 스스로를 불행하다 여기지 않는다. 오히려 나를 축복하고 자랑스러워한다. 그 순간부터 어머니는 여자의 일생을 내려놓는다. 당신 뼈가 송송 뚫려 가벼워지는 것도 모른 채 사랑으로 품어주는 것이다.

우선 어떤 이유로 어머니와 떨어졌다거나 엄마 얼굴을 결코 떠올릴 수 없는 분들에게는 미안하다. 단지 부모를 경험한 자들 가운데선 자신이 태어난 이후 가장 친밀한 건 엄마라는 존재가 아닐까. 우리는 기억나지 않는 순간부터 어머니와 정을 나누며, 엄마 없는 삶은 상상할 수 없을 만큼 큰 관심과 애정이 내 안에 녹아든다. 어른이 돼도 어머니의 영향력을 벗어날 수 없다. 누구든 할머니나 할아버지가 돼서도 어머니 앞에선 만년 어린아이일 수밖에 없다. 훌쩍 커버린 그들도 결국 어머니의 자식들이기 때문이다.

가끔 이런 생각을 한다. 식당 아주머니는 누군가의 어머니고, 회사 화장실 청소를 하는 아주머니도 누군가의 어머니다. 또 지하철에서 자리를 찾는 아주머니 역시 누군가의 어머니다. 낯선 중년 여인들을 보면 맘속으로 경의를 표하게 된다. 그저 스쳐지나가는 모르는 사이일지언정 세상 모든 어머니들께 친절하라는 무언의 메시지 같다. 지극히 감상주의적일 수 있다. 그러나 이런 마음이 결코 타인에게 해가 된 적은 없다. 착한 척한다고 질투를 살 순 있어도 누군가에게 상처를 주진 않기에 지상의 어머니들을 존경하길 멈추지 않고 싶다.

그렇지만 우리사회의 어머니들은 과연 존경받고 있는가, 또 존경받아야 마땅한 존재인가에 대한 본질적인 물음은 이미 사라진지 오래다. 어머니는 어머니란 이유만으로 이러한 질문조차 사치가 된다. 어처구니없을 만큼 부당한 현실이다.

우리사회는 산업주의시대를 지나며 지나친 생산 강조로 몸살을 앓았다. 소비나 생활에는 역점을 두지 않고 오로지 생산을 통해 이윤을 강조한 결과다. 철학자 버트런드 러셀은 이러한 산업주의 경향을 비판함과 동시에 가사가 노동으로 취급받지 못하는 부당한 현실을 지적한다. 공장이 과학화와 노동 분업의 최대화를 이룬 반면 가정이라는 영역은 여전히 비과학적인 채로 남겨져 있다. 그리고 가부장적 사회가 영위하고자 하는 정상적인 가정을 위해 과중한 노동이 어머니에게 떠맡겨진다. 특히 가사가 다양한 인간활동 가운데 가장 무계획적이고 비조직적이며 불만족스러운 영역으로 금전상의 이익을 기대할 수 없는 부문이라는 시각이 대두된 것은, 이윤 창출이란 동기가 지배적인 데서 나온 결과라고 보는 것이다.[27]

러셀의 의견을 뒷받침하듯 녹색평론사 김종철 발행인도 저서 『간디의 물레』를 통해 돈으로 보상받지 못하는 집안일에 관한 사회적 시각에 대해 비판을 제기한다.

---

27) 버트런드 러셀, 송은경 옮김(2009: 65).

여성들이 집에서 해 온 노동—가족과 노약자를 돌보고, 텃밭을 가꾸고, 일반적인 가사일을 맡고, 이웃과 교류하고, 그리고 아직도 많은 발전도상국에서는 남자들 대신에 가족의 기본생계를 해결하는 일을 맡고 있는 여성들의 일입니다. 그런데 이런 일들은 자동차나 텔레비전이나 컴퓨터를 만들고 파는 일보다도 더 근본적이고 필수적인 일임에도 불구하고, 돈으로 보상받지 못하는 거예요.[28]

가사는 사회에서 가장 근본적인 노동임에도 이윤이 주어져야 한다고 주장하는 사람은 없다. 어떤 깨어 있는 자들도 여태껏 이를 제대로 실행하지 못했다. 세계 각국도 이러한 현실을 깨닫지 못할 뿐더러 그럴 의지도 없다. 단지 대한민국 사회는 가사가 여성의 일로 치부되고 있으며, 어머니는 어머니란 이유만으로 이 모든 걸 묵묵히 감내하고 있을 따름이다.

그러나 독박육아와 독박살림이 더 이상 어머니들의 노동이어선 안 된다. 최소한 돈으로 보상해주지는 못할망정 배우자가 밖에서 돈을 버는 동안 가사노동을 하는 주부가 집에서 놀고먹는다는 인식도 걷어져야 마땅하다. 그런 의식을 가진 이들은 아무리 완벽한 삶을 살려고 해도 도덕 점수 0점짜리 삶에 불과하다.

어머니는 어머니란 이유만으로 모든 걸 감내할 의무가 없다. 그럼에도 어머니들은 묵묵히 자신의 일처럼 모든 일을 행한다. 단지 사랑이 많아서다. 그러므로 그들이 가족에 대한 사랑으로 말미암아

---

28) 김종철(2010: 161~162).

자신을 헌신한다고 모든 게 그들의 책임처럼 여겨져선 안 되는 것이다. 그저 내 일이 아니어도 내 일처럼 해 왔을 뿐이다. 그렇기에 어머니들의 희생을 외면하거나 평가절하해선 안 된다. 그동안 어머니들은 여자로서의 일생을 내려놓고 살았다. 이것만은 부동의 진실이다.

어머니의 헌신을 되새기고 그들의 마음을 헤아려보기 위해 그리고 궁극적으로는 그들을 마음으로 응원하기 위해 함민복 시인의 <성선설>이라는 짧은 시를 음미해보며 짧은 글을 마친다.

손가락이 열 개인 것은
어머님 배 속에서 몇 달 은혜 입나 기억하려는
태아의 노력 때문인지도 모릅니다.[29]

---

29) 함민복(2009: 44).

효도+ing

대학교 2학년 때 동기가 추천해준『존재의 세 가지 거짓말』이란 소설을 읽었다. 세 권으로 나눠진 책에는 각 권마다 다른 시점의 이야기가 담겨 있었다. 권수에 비해 분량도 짧고 내용도 특이했다. 전반적으로 특별한 책이었다. 여기서 가장 기억에 남는 구절이 있다. '모든 인간은 한 권의 책을 쓰기 위해 이 세상에 태어났다'고 쓰여 있다. 아무것도 쓰지 않는 사람은 영원히 잊혀진다고, 그런 사람은 이 세상을 흔적도 없이 스쳐지나갈 뿐이라고 했다. 수차례를 곱씹어도 서글픈 글귀였다. 우리는 타인의 흔적을 남기기 위해 하기 싫은 언어를 배열하는 일을 한다. 그런데 나의 부모님은 또 얼마나 열심히 일하고 살아왔던가. 그런 당신들을 위해 세상은 단 한 줄의 위로도 남겨주지 않았다. 그러므로 '지금 이 순간 왜 효도해야 하는가'에 대한 대답이 벌써 나온 셈이다. 무수한 보편의 이름에 가로막혀 개별적인 당신을 위로할 수 있는 건 자식인 나밖에 없기 때문이다.

기억하지 못할지라도 꼭 기억돼야만 하는 순간들이 있다. 뱃속에 든 나를 대신해 호흡해주던 어머니의 좁은 혈관을 추억해본다. 학교 갈 때마다 늦잠 자는 나를 깨워주던 당신, 늦게 귀가하는 날이면 잠 안자고 기다리던 당신, 새 옷이며 새 화장품, 새 냄비까지 무엇하나 아깝다고 사용하지 않던 당신을 떠올려본다. 어쩌면 시간이 많이 흐른 어느 날, 지하철역에 있는 구두매장을 지날 때면 아무리 돈이 많아도 당신 발에 신겨줄 수 있는 구두가 없다는 사실에 가슴이 미어질 것이다.

보통은 부모가 자식보다 먼저 죽음을 맞는다. 가는 데는 순서가 없다지만 일반적으로 수명을 다한다는 전제 하엔 그렇다. 먼저 세상에 나온 만큼 다시 세상을 등지는 것도 빠르다. 그러나 그 순간이 언제일지는 누구도 알 수 없다. 또 어떤 자식은 부모보다 먼저 세상과 작별하기도 한다. 우리사회는 그런 자식을 '불효자'라 말하기도 한다. 결코 그러지 않았으면 하는 부모의 바람이 담겨진 언어가 아닐까 생각해본다.

효도는 가깝고도 먼 이야기다. 효도가 무엇이라고 쉽게 정의할 수도 없고, 안다고 누구나 다 할 수 있는 것도 아니다. 또 금전적인 측면이나 횟수로 환산되는 종류의 가치도 아니다. 모든 관계는 개별적이기에 타인과의 비교 자체가 불가능한 형질이다. 그래서 각각 부모와 자식이 체감하는 정도가 다르듯 누군가에게 효도 자체를 가르칠 수도, 강요할 수도 없는 일이다. 다만 현대사회의 효도는 자녀의 부모에 대한 일방적인 도리가 아닌, 상호 관계 안에서 펼쳐지는 즐거운 가치여야 한다.

그렇다면 진정한 효도란 무엇일까. 불효를 저지르지 않는 것을 효도라고 한다면 그렇다고 할 수도 있고, 아니라고 할 수도 있다. 앞서 말했듯 효도는 단한 줄로 정의할 수 있는 단어가 아니다. 그만큼 내포된 의미가 많고 가치도 무궁무진하다. 이는 관계라는 개별적 속성 때문이다.

모든 인간은 타인과의 교류를 통해 관계를 형성한다. 한 사람과 깊게 만나기도 하고 한 번에 여러 사람과 친하게 지내기도 한다. 그리고 타인들과의 관계는 개별적 사람에 대해 고유의 의미를 생성해낸다. 같은 사람이라도 상대에 따라 그려지는 이미지나 관계적 속성은 제각각이다. 특정인을 바라볼 때 사람마다 공통적이고 비슷한 점이 있을지라도 누구에게나 완전히 100% 일치한다는 건 불가능하다. 각자가 대하는 관계적 속성은 모든 시공간적 상황과의 결합을 통해 딱 하나뿐인 희소하고 고유한 가치가 만들어지기 때문이다. 그것이 바로 관계다.

부모와 자녀의 관계도 마찬가지다. 세상엔 수많은 부모와 자녀의 관계가 있지만 각각 관계는 고유한 속성을 지닌다. 부모에겐 자녀라는 고유한 의미가 있고, 마찬가지로 자녀에게도 부모에 대한 동일한 의미가 존재한다. 세상에 딱 하나뿐이기에 다시 시작한다거나 수정될 수 없어 무엇보다 희소하다. 또 한번 지나간 순간은 다시 돌아오지 않는다. 부모와 자녀의 사이는 고유한 관계와 유한한 시간에 속해 있다. 그래서 소중하다.

우리의 시간은 유한하다. 영생할 수 없기에 의미 있다. 설령 부모가 먼저 세상을 등진다거나, 반대로 자녀가 먼저 세상을 떠나 후회가 남아도 다시는 불러올 수 없다. 그럼에도 다들 후회한다. '좀 더 준비가 되면 이 다음에 효도할게요.' 그러나 지금 이 순간을 회피하고 미루기를 남발하는 순간에도 인간은 죽음을 향해 걷고 있다. 하루만큼의 삶은 하루만큼의 죽음이다. 삶은 태어나는 순간부터 죽음으로 향해 가는 여정이다. 인간은 태어나는 순간 누구보다 기뻐하지만 사실은 죽음을 향해 가고 있다는 점에서 비극적일 수밖에 없다.

그래서 효도가 무엇인가. 이 질문에 대한 답변을 계속해서 피하려고 한 것은 아니다. 결국 우리사회의 효도는 부모와 자녀가 한순간이라도 더 함께하는 것이 아닐까. 차일피일 미루다 어느 날 갑작스런 이별을 맞고 효도하지 못한 순간들을 후회하기 전에 지금 이 순간 함께하는 것이 바로 효도의 본질이다. 효도는 상호관계 안에서 현재진행형일 때 가장 값진 얼굴을 한다.

용서에 대하여

누구나 상처를 주고받은 기억들이 있다. 지우고 싶은 자신의 부끄러운 기억부터해서 남들로 하여금 상처받고 아파하며 가슴 저릿하던 일까지 선명하게 떠오르기도 한다. 이로 인해 용서하고 용서받은 기억도 존재한다. 대개 이러한 경험은 일반적이다. 양심을 가진 누구나 마주할 수 있는 진솔하고 뼈아픈 지점이다. 그래서 용서는 선과 종교적인 지점과도 맞물리는 경향이 있다. 특히 누군가 스스로 행하는 회개는 용서와 짝을 이룬다. 다만 회개는 용서의 대상과 관계된 인물이 아닌 신의 용서를 구할 때만 유효하다. 설령 극악무도한 악인이라도 신 앞에서 회개만 하면 용서받을 수 있다는 믿음은 용서의 대상을 두 번 죽이는 꼴이 된다. 악행에 대한 정당화와 동시에 누구도 허락하지 않은 기만적 면죄부이기 때문이다.

그러므로 용서를 바라건 구하건 당사자 앞에 가서 하는 것이 먼저

다. 시간이 많이 흐른 뒤 흐릿해진 기억 속에서 진행되는 건 기억의 말소일 뿐 그 자체로 용서되는 건 아무것도 없다. 단지 게으르고 양심 없는 자들의 개인적인 합리화일 따름이다.

그러나 용서는 말처럼 쉽게 할 수 있는 행동은 아니다. 누군가의 잘못을 벌하지 않고 덮어주는 행위는 자연스러운 인간 행위에 반하는 것이라고 생각될 만큼 어렵다. 특히 무조건적인 용서가 그렇다. 누구라도 처벌을 전제하지 않는 용서 속에 놓일 순 없다. 인과응보의 가르침처럼 피해를 당한만큼 비등한 처벌을 받길 원하는 것은 사람으로서 당연한 일이다. 진정성 있는 참회일지라도 상대방이 용서하고 말고는 또 다른 문제다. 그럼에도 모든 걸 초월하고 용서를 하는 사람도 있다.

다만 용서는 신의 영역이 아니라는 점을 핵심으로 삼고 싶다. 용서는 지극히 인간다운 인간의 영역이다. 그렇기에 용서하고 말고는 지극히 개인의 몫이다. 스스로가 마음으로 용인하지 못하는 가운데 타인의 시선에 휘둘려 행하는 용서는 아무런 의미가 없다. 강요된 용서는 용서가 아니다.

마찬가지로 무조건적인 용서가 미덕이 돼서도 곤란하다. 용서라는 단어의 칼자루를 쥔 사람은 오롯이 당사자의 몫이다. 그는 자신의 마음에 비추어 용서하고 말고를 결정할 수 있다. 용서한다고 타인의 찬사를 얻는 덕망 높은 사람이 되는 것은 아닐뿐더러 용서하지 않는다고 비난받을 일도 아니다. 모든 건 자신의 양심을 따라가면 된다. 자기 마음 한켠에 놓여 스스로만 꺼내볼 수 있는 메시지를 읽고 그대로 행한다. 그게 용서의 본질이다.

또한 혹독한 이야기일지라도 용서를 구해야 하는 당사자라면 평생이라도 사죄해야 마땅하다. 설령 시간의 흐름이 상황을 무디게 만들고 기억에서 잊히도록 만든다 해도 죄의 본질은 사라지지 않는다. 상대방에게 용서를 구하고 또 구해야 한다. 용서받는 대상은 용서를 받을 수도 있고, 그렇지 않을 수도 있다. 만약 용서를 받는다면 다시는 같은 실수를 반복하지 않고 미안한 마음을 가지고 살아가면 되겠지만, 혹시라도 용서받지 못한다고 하면 그건 정말 어쩔 도리가 없는 일이다. 누군가에게 준 상처만큼 마음의 짐을 안고 살아가야만 하는 것이 인간의 운명이기 때문이다.

결국 사람은 누군가에게 용서를 구하기까지의 과정을 만들지 않기 위해 모든 인간 그 자체를 존중하고 도덕원칙에 충실하며 살아가야 한다. 내 삶의 과정이 아름다울수록 누군가에게 상처를 주지 않고 스스로도 고통 받지 않는 유일한 길이 될 거라는 이유에서다. 그게 바로 인간이 스스로 찾아 나설 수 있는 올바른 구원과 가장 맞닿아 있다.

정말 우리는 묵은 기억들을 되찾아 위로해주어야만 될 것이다. '그때의 일을 용서해달라'고, 하지만 지금 만나는 그 얼굴들은 모두 생활하는 괴로움 때문에 주름살이 잡혀 있고 이지러진 그 입술은 어렸을 때처럼 그렇게 웃지는 않을 것이다. 날아가버린 연처럼[30]

---

30) 이어령(2010: 68~69).

이처럼 용서의 본질은 명확하다. 아무리 시간이 흐르고 모든 게 해묵은 기억이 될지라도 어떤 죄악 같은 행위나 상처를 주고받은 기억 자체는 소멸하지 않는다. 저절로 사라지지 않기에 많은 세월이 흘러도 일일이 찾아가 용서를 구하고 또 구해야만 하는 것이다. 설령 상대방이 대수롭지 않게 여길지라도 그건 그 나름대로 의미가 있다. 용서에는 가식이나 강요의 얼굴이 드리울 자리가 없다. 당사자 외엔 온전한 불가침의 영역이다.

그렇기에 용서는 그 자체로 숭고하다. 더 이상 무조건적인 용서가 미덕이 되는 사회가 돼선 곤란하며, 타인이 왈가왈부할 수 있는 성격이 돼서도 안 된다. 올곧이 자신의 마음에서 발현되는 진솔한 부름만이 용서의 본질이다.

사랑의 대상

"그 사막에서 그는

너무도 외로워

때로는 뒷걸음질로 걸었다.

자기앞에 찍힌 발자국을 보려고."

— 오스텅스 블루의 시 〈사막〉

인간은 외로움의 동물이다. 외로우니까 외로운 사람끼리 모여 산다. 그러면서 사랑을 한다. 외로운 사람들은 하나의 사랑이 끝나면 다른 사랑을 시작하길 멈추지 않는다. 지금 사랑이 없으면 다른 사랑을 갈구할 수밖에 없다. 역시나 외롭기 때문이다.

어쩌면 사랑하고 있는 중에도 외로움을 느끼는 순간들이 있다. 외로우니까 사람이다. 외로워서 사랑을 부르짖는다. 인간의 외로움은 필연에 가깝다.

　에리히 프롬에 따르면 사랑이란 깊어질수록 쓸쓸하고 다가갈수록 허전해지는 존재론적 구조를 가졌다. 사랑을 완벽히 통제하고 상대를 완전히 소유하려고 해도 결코 완벽한 하나가 될 수 없다. 사람 간 완전한 합일은 영원히 불가능하다는 것이다. 그래서 우리는 사랑하는 사람을 소유할 수 없기에 더욱 비극적일 수밖에 없는 운명이다. 그럼에도 해야 한다는 것, 할 수밖에 없는 것이 사랑이다. 프롬의 말마따나 사랑은 갖는 것이 아니다. 사랑은 '하는 것'이다. 사랑의 대상도 소유의 대상이 아닌, 행위의 대상으로 자리한다.[31]

　더욱이 사랑의 감정은 생겼다가도 다시 사라질 수 있는 것이다. 그렇기에 당장의 감정만으로 지금 하고 있는 이 사랑이 영원하리라 단언할 수는 없다. 다만 사랑에 대한 접근법이 달라질 필요는 있다. 사랑은 결코 감정만으로 주어지는 것이 아니다. 의지와 행위를 포괄하는 범개념적인 가치가 바로 사랑이기 때문이다. 그러므로 지금 이 순간을 충실하게 사랑하면 되는 것이다.

　중요한 건 사랑의 대상이다. 과연 모든 인간은 매순간 최선을 다해 사람을 사랑하고 있는가. 이런 질문을 던진다면 '그렇다'고 대답할 수 있는 사람이 몇이나 될지 자신이 없다. 그저 사랑을 갈구하던 마음이 좀 줄어든다 할지라도 사랑의 대상이 스스로에게 확실한 존재라는 사실을 잊지 않는다면 그 사랑은 아름답다. 더없이 행복하다.

---

31) 에리히 프롬, 황문수 옮김(2011: 40).

그러나 모든 사랑의 감정은 시간의 흐름을 거부하지 못한다. 간사한 인간은 한 사람과 함께하는 소중함을 잊고 또 다른 사랑을 갈구한다. 새로운 사랑에 대해 자신감이 충만하고 능력도 따라주는 사람이라면 이 흐름을 벗어나지 못한다. 외로움이 충족되면 식어감도 필연이다. 언제나 삶의 충일함에 따른 반작용이 존재하는 것이다. 이는 인간 존재의 복합적인 양상이자 일상의 훼방꾼 노릇을 한다.

우리가 그토록 사랑했던 사람을 잃고 그 사람 없이도 잘 살아간다면, 그건 우리가 그 사람을, 자기가 믿었던 것과는 달리, 그렇게 많이 사랑하지 않았다는 걸까?[32]

모든 사랑은 정점을 향해 나아갈 때 더 위대하다. 그렇지만 시간의 흐름에 의해 마음의 보폭이 줄어든다고 꼭 비열하다거나 위대하지 않은 것은 아니다. 외로움과 식어감이 필연인 것은 시간의 흐름에 연유한다. 흘러가는 시간은 무엇으로도 막을 수 없다. 사랑은 시간을 타고 형태를 달리한다. 오늘의 사랑을 보고 나서 또 내일의 사랑이 어떨지 알 수 없다. 내 맘대로 할 수 있는 것이 아니다. 그럼에도 한 사람에 대한 사랑을 끝까지 가져가는 사람도 있다. 그래서 사랑은 이러이러하다거나 어떻다고 단언할 수 없는 것이다.

결국 사랑은 인간존재의 가장 큰 쟁점이자 앞날을 예측할 수 없는

---

32) 롤랑 바르트, 김진영 옮김(2016: 78).

인생의 화두다. 다만 류시화 작가의 말처럼 사람이 사랑하며 살아
가기 위한 오늘날의 공통 주제는 한 가지가 아닐까. 바로 인간은
서로 만져주어야 한다는 것을 말이다. [33]

---

33) 류시화(2007: 108).

참고문헌

게오르그 루카치, 김경식 옮김, 『소설의 이론』, 문예출판사, 2013.

고종석, 『불순한 언어가 아름답다』, 로고폴리스, 2015.

권혁범, 『갈치조림 정치학』, 생각의나무, 2008.

김두식, 『헌법의 풍경』, 교양인, 2011.

김소운, 『가난한 날의 행복』, 범우사, 2014.

김애란 외, 『눈먼 자들의 국가』, 문학동네, 2014.

김어준, 『닥치고 정치』, 푸른숲, 2011.

김영민·이왕주, 『소설 속의 철학』, 문학과지성사, 1999.

김용규, 『영화관 옆 철학카페』, 이론과실천사, 2009.

김용규, 『철학카페에서 문학읽기』, 웅진지식하우스, 2016.

김용옥, 『계림수필』, 통나무, 2009.

김정자, 『유럽문학 오디세이』, 작가와비평, 2011.

김종철, 『간디의 물레』, 녹색평론사, 2010.

김찬호, 『사회를 보는 논리』, 문학과지성사, 2003.

김 현, 『행복한 책읽기』, 문학과지성사, 2011.

남문기, 『나는 여전히 성공에 목마르다』, 금붕어, 2010.

노무현, 『어보, 나좀 도와줘』, 새터, 2005.

노암 촘스키, 강주헌 옮김, 『실패한 교육과 거짓말』, 아침이슬, 2001.

노암 촘스키, 강주헌 옮김, 『촘스키, 누가 무엇으로 세상을 지배하는가』, 시대의창, 2006.

닉 부이치치, 최종훈 옮김, 『닉 부이치치의 허그』, 두란노, 2012.

다카라지마사 편집부, 송태욱 옮김, 『체 게바라의 100가지 말』, arte(아르떼), 2017.

데이비드 실즈, 김명남 옮김, 『문학은 어떻게 내 삶을 구했는가』, 책세상, 2014.

롤랑 바르트, 김진영 옮김, 『애도일기』, 이순, 2016.

류시화, 『지구별여행자』, 김영사, 2007.

마루야마 겐지, 김난주 옮김, 『소설가의 각오』, 문학동네, 2009.

마종기, 『당신을 부르며 살았다』, 비채, 2010.

마종기, 『우리는 서로 부르고 있는 것일까』, 문학과지성사, 2011.

밀란 쿤데라, 이재룡 옮김, 『참을 수 없는 존재의 가벼움』, 민음사, 2010.

박노자, 『당신들의 대한민국』, 한겨레출판, 2006.

박민규, 『죽은 왕녀를 위한 파반느』, 예담, 2011.

박이문, 『문학과 철학』, 민음사, 1995.

반칠환, 『뜰채로 죽은 별을 건지는 사랑』, 지혜, 2012.

발터 벤야민, 반성완 옮김, 『발터 벤야민의 문예이론』, 민음사, 2013.

버트런드 러셀, 송은경 옮김, 『게으름에 대한 찬양』, 사회평론, 2009.

버트런드 러셀, 이순희 옮김, 『행복의 정복』, 사회평론, 2005.

법륜, 『스님의 주례사』, 휴, 2012.

비트겐슈타인, 김양순 옮김, 『논리철학논고·철학탐구·반철학적 단장』, 동서문화사, 2015.

생텍쥐베리, 허희정 옮김, 『인간의 대지』, 펭귄클래식 코리아, 2009.

솔로몬 노섭, 유수아 옮김, 『노예 12년』, 펭귄클래식 코리아, 2014.

스테판 에셀, 임희근 옮김, 『스테판 에셀의 참여하라』, 이루, 2012.

신영복 외, 『한국의 명강의』, 마음의숲, 2009.

안광복, 『처음 읽는 서양철학사』, 웅진지식하우스, 2010.

안수찬 외, 『4천원인생』, 한겨레출판, 2010.

안재성, 『박헌영 평전』, 실천문학사, 2015.

안재성, 『한국노동운동사 1』, 삶이보이는창, 2008.

알베르 카뮈, 김화영 옮김, 『시지프 신화』, 2015, 183쪽.

에드워드 W. 사이드, 전신욱 외 옮김, 『권력과 지성인』, 도서출판
       창, 2006.

에리히 마리아 레마르크, 장희창 옮김, 『사랑할 때와 죽을 때』, 민음
       사, 2011.

에리히 프롬, 황문수 옮김, 『사랑의 기술』, 문예출판사, 2011.

오르한 파묵 외, 이영구 옮김, 『아버지의 여행가방』, 문학동네,
       2009.

윌 듀랜트, 임헌영 옮김, 『철학이야기』, 동서문화사, 2016.

유시민, 『거꾸로 읽는 세계사』, 푸른나무, 2011.

유시민, 『어떻게 살 것인가』, 아포리아, 2013.

이어령, 『어머니를 위한 여섯 가지 은유』, 열림원, 2010.

이어령·이재철, 『지성과 영성의 만남』, 홍성사, 2013.

이오덕, 『이오덕 일기 1』, 양철북, 2013.

이유선, 『사회철학』, 민음인, 2009.

이응준, 『그는 추억의 속도로 걸어갔다』, 민음사, 2005.

이재철, 『청년아 울더라도 뿌려야 한다』, 홍성사, 2009.

이태석, 『친구가 되어 주실래요?』, 생활성서, 2011.

이회창, 『아름다운 원칙』, 문예당, 2002.

자크 랑, 윤은주 옮김, 『넬슨 만델라 평전』, 실천문학사, 2009.

장영희, 『살아온 기적 살아갈 기적』, 샘터, 2010.

장일순, 『나락 한알 속의 우주』, 녹색평론사, 2009.

장정일, 『너에게 나를 보낸다』, 김영사, 2005.

전혜린, 『그리고 아무 말도 하지 않았다』, 민서출판사, 2011.

정구선, 『조선의 메멘토모리』, 애플북스, 2011.

정재찬, 『그대를 듣는다』, 휴머니스트, 2017.

조영래, 『전태일평전』, 아름다운전태일, 2009.

조정래, 『황홀한 글감옥』, 시사인북, 2012.

진중권, 『시칠리아의 암소』, 다우, 2008.

최재천, 『생명이 있는 것은 다 아름답다』, 효형출판, 2010.

프레시안 특별취재팀, 『한국의 워킹푸어』, 책보세, 2012.

피천득, 『인연』, 샘터, 2010.

하워드 진, 유강은 옮김, 『달리는 기차 위에 중립은 없다』, 이후, 2010.

하워드 진, 이아정 옮김, 『오만한 제국』, 당대, 2001.

함민복, 『눈물은 왜 짠가』, 이레, 2009.

홍은영, 『성 철학』, 민음인, 2012.

황광우, 『철학콘서트』, 웅진지식하우스, 2011.

황석영, 『개밥바라기별』, 문학동네, 2010.

황석영, 『돼지꿈』, 민음사, 2014.